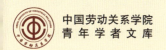
中国劳动关系学院
青年学者文库

发展与公平

农村劳动力空间转移动力研究

杜 宇……著

DEVELOPMENT AND EQUITY

MOTIVATION AND EVALUATION
OF RURAL LABOR SPATIAL TRANSFER

社会科学文献出版社
SOCIAL SCIENCES ACADEMIC PRESS (CHINA)

目　录

第一章　导论

改革开放四十多年来，中国城镇化、工业化取得了非凡的成绩，成为改变全世界社会面貌的重要因素，与城镇化和工业化始终相伴的是中国农村劳动力的跨区域、跨产业大规模流动。中国农村劳动力跨省域的大规模流动既为经济建设取得辉煌成绩做出了巨大贡献，也给社会发展带来了巨大变革。从全世界人口迁徙的视角来看，中国农村劳动力的产生与发展具有独特的背景，呈现不同的特点，其流动规模之大、转移难度之高广受政学两界关注。随着我国经济发展进入新阶段，经济增长速度与增长方式都进入变革和调整的新时期，但劳动力的流动与转移将继续是影响产业结构调整、地区经济发展的重要因素。

近年来我国劳动力转移出现了新问题、新现象，如"用工荒"与"就业难"同时出现、企业劳动力成本上升与工人工资水平增长缓慢等，我国农村劳动力相关研究备受关注，但众多研究成果对一些基本问题仍然难以取得共识，例如中国的劳动力市场是否已经出现了刘易斯拐点、后刘易斯时代是否已经开启、库兹涅茨事实是否呈现了中国国情等。这些学术争论的焦点基本都建立在对中国农村劳动力问题的不同见解上。因此，劳动力尤其是农村劳动力的规模到底如何测算？以跨省区为空间特征的农村劳动力迁徙有什么模式或特征？如何解析农村劳动力的持续转移动力？在此基础上怎样看待不同转移模式下的持续动力评价分析？研究这些问题对理解和思考中国发展的现状与未来都具有非常重要的意义。

第一节　研究背景

（1）为什么要研究农村劳动力转移问题？

研究农村劳动力转移问题对于当前中国经济发展与转型具有重要意义。农村劳动力是我国改革开放以来实现经济增长过程中最重要的劳动力要素之一，是深度参与到经济全循环中生产、分配、交换、消费环节的最为活跃的动力因素。农村劳动力的转移、流动，是劳动力因素随着空间、地位、结构的变化而实现优化配置的过程，是推动经济社会发展的重要动力。农村劳动力转移的规模与数量估算是进一步探究劳动力资源与经济增长关系的客观数据基础，是正确认识我国人口与劳动力流动现状的首要条件。农村转移劳动力在城市和农村两个领域的交界中大量存在，这既起源于中国独特的二元经济社会体制，也对这种结构性的社会转型起着决定作用，在未来的城镇化和工业化进程中，农村转移劳动力将会逐渐融入城市。农村劳动力从农村向城市转移既是国家战略，又是个体选择。农村劳动力的现状研究是解决城镇化、工业化进程中各项难题的起点，也是推进新型城镇化战略的现实基础。

（2）为什么要研究农村劳动力转移的模式问题？

我国农村劳动力跨省区转移呈现了不同模式的空间特点。基于农村劳动力流动跨省区的聚类划分，结合相关影响因素的分析，建构相对准确科学的模式类别，是进行农村劳动力转移研究的普遍归纳方法。中国经济社会发展在区域间的表现有着不平衡的特点，行业间的劳动生产率和报酬率也有着异质性特征，这是农业劳动力转移的根本动力，也是在转移过程中出现不同模式的客观物质基础。在农村劳动力集中转出和主要转入的地区中，农村劳动力转移进展程度不一，发展路径不同，从中西部地区向东部发达地区转移、从农村向城市转移的路径具有地域流动的特征，因此很难用统一的模式来分析和推导经济发展的政策意见。农村劳动力持续有序转移是一项复杂的系统工程，不可能用过于简单的、标准化的模式笼统推进，要依据事实和发展现状，分类统筹、因地制宜，找到不同类别的模式路径，为加快城镇化战略进程提出针对性的科学建议。城镇化作为一项国家主导下的政策决策，在实施过程中必然会结合中央政府指导、中央财政支持，由中央向省级财政分权，并由省级部门具体落实。因此，在分析农村劳动力转移的现实基础、研究转移进程推进的模式路径依赖时，必然要以省（区、市）为基本单位，再根据相关分析总结出具有不同共性特点的类别。根据空间、地理经济学的研究，结合中国经济区域发展不均衡、产业机构异质化、财政分配省级化的特点，以省级为单位计算农村劳动力转移、流动规模，具有充分的现实价值和强烈的政策意义。

在推进新型城镇化战略进程中，农村劳动力持续有序转移的"因地制宜、分步推进"原则正是肇因于此。为此，推进农村劳动力持续有序转移不可能是一刀切式的胡子眉毛一把抓，应探索与区域经济发展相适应的不同模式，实事求是地解决农村劳动力持续有序转移的地区以及个人的不同发展问题，有针对性地采取相应的政策措施，为城镇化加速加油。空间经济学、经济地理学的进步，能够为我们研究农村劳动力转移提供新的研究方法和研究视角，为现实发展提供更多的经验教益，因此，把地理、空间因素加入农村劳动力转移研究议程中，既是现实需要，又是理论需要。

（3）为什么要研究农村劳动力持续转移的动力评价问题？

农村劳动力的持续有序转移进程与地方经济发展有着密切关系，二者之间的耦合关系不仅决定了转移进程的效率，也影响着本地区经济发展的质量。有一些学者认为，改革开放以来中国经济的腾飞主要得益于庞大的"人口红利"，但随着农村劳动力的不断转移，"人口红利"基本见底，中国整体的劳动力市场面临调整的窗口期。农村劳动力持续转移的动力是否尚在？如何从经济发展与社会进步的角度，巩固和发展劳动力转移的持续动力，是经济发展转型面临的重要课题。根据行为经济学和身份经济学的最新理论成果，农村劳动力持续转移的动力包括两类，即经济结构动力和身份认同动力。经典的刘易斯二元结构理论从经济角度阐释了农村劳动力转移的结构动力，而社会建构主义理论从身份认同的角度解释了农村劳动力向城市市民转型的内在动力。另外，从根本上说，经济社会的发展与进步需要依赖全社会劳动者的共同努力，而经济发展成果也必须为社会所有成员所共享。农村劳动力转移到城市以后，在个人收入、子女教育、家庭生活、社会保障等方面仍未能及时平等享受市民待遇，社会认同的内在需求与外在压力俱在，而解决这一困境的着力点仍然在于经济的更进一步发展，包括农村劳动力个人人力资本的不断提升。因此，从外在动力来说，经济增长与社会公平是影响农村劳动力持续转移的关键条件，并且在不同的转移模式下，经济增长与社会公平的耦合度也呈现不同的状态。加强经济增长与社会公平的相互耦合，是促进农村劳动力持续转移的基本出发点，全国各省（区、市）应依据不同发展模式与路径，采取相应的政策来推动劳动力自由流动和全面发展，提升经济增长的质量与效率，促进社会公平与和谐进步，为全体劳动者营造更好的生活和发展环境。

第二节 研究价值

农村劳动力转移是一个长期过程，转移到城市中的劳动力如何实现城镇化、市民化问题，是国家和各级政府都颇为关注的大事件。为更好地推动农村转移劳动力城镇化、市民化，应不断加强农村劳动力转移模式研究、持续动力评价研究等。我国农村劳动力转移是人口流动或迁徙的主要内容，劳动力的流动改变了中国经济地理格局及发展路径。

从现实意义上来说，对农村劳动力问题开展深入研究，是经济社会发展的客观需要，是推进我国经济社会转型的必然要求，其深层原因如下。

第一，需要对农村劳动力转移的规模有更为准确的认识。从转移规模上来看，农村劳动力的存量与余量一直是争议的热点。推动实施新型城镇化战略和乡村振兴战略，都要求了解和掌控农村劳动力转移的实际进程，农村劳动力转移进程反映了城乡劳动力转移整体工作的进展。对农村劳动力转移进程的了解和掌控，是中国促进城乡劳动力转移、推动城镇化建设和经济社会全面发展的必然要求。

第二，需要对农村劳动力转移的模式有更为科学的理解。在人口地理经济学中，传统意义上的"胡焕庸线"一直是学者对人口经济地理的经典理解模式。考察经济发展的空间特征时，学者往往以东部、西部、中部的地理位置划分来统计农村劳动力转移的流动方向，这种粗略的划分难以厘清形成不同农村劳动力转移模式的因果关系，尤其是缺乏对同一区域内不同经济发展阶段与状态的区分考察，因此也很难给出准确的政策建议。

　　第三，需要对农村劳动力转移的政策评估有更为明确的思路。加强对农村劳动力问题的深入研究，有助于正确评估相关政策实施的效果。中国为解决农村劳动力转移问题采取了许多措施，但只有用科学方法来测量和评估政策实施效果，才能紧跟相关动向，把握不断出现的新问题，并根据量化的结果，结合实际情况做出及时调整。

　　另外，本书认为对农村劳动力区域间转移的规模做出测算是非常必要的，只有准确测算出区域间转移的规模，才能比较和判断农村转移劳动力在城市的生存和生活状况，才能进一步采取措施推动城镇化质量和程度提高。本书强调从社会公平和经济发展两方面对农村劳动力转移的外部动力进行分析。现有的研究成果对农村劳动力转移的经济效应和经济动力较为关注，往往只是从宏观经济的实际需要方面去考量农村劳动力转移的影响或趋势。而农村劳动力的转移不仅是个人选择，更是社会结构转型的结果，一些具体的公共管理服务政策，例如户籍制度开放、人力资本提升、公共资源供给等，都会对农村劳动力转移的持续动力产生影响。因此，综合经济发展和社会公平两项指标体系，评估劳动力转移的综合动力和耦合效应，研究在不同模式下的农村劳动力转移的具体政策，在一定程度上更具有探索或创新的意义与价值。

　　本书的理论价值主要在于实证研究了劳动力流动与经济增长之间的关系。农村劳动力转移是各增长要素如土地、资本、劳动力等重新配置的形式之一。经济增长是现代经济研究的主要问题之一，发展经济学界普遍认为劳动力的转移与经济增长之间密切相关，城镇化和工业化是中国经济快速发展的两把利器。农村劳动力转移是中国社会转型的重要组成部分，既涉及与经济增长关系紧密的劳动力转移问题，也涉及经济成果的再次分配问题。农村劳动力转移是中国特有的阶段性发展问题。作为对经济现象的经验研究，本书力图在为经济增长研究提供案例的同时，也在一定程度上丰富经济增长研究内容。本书分析认为，影响农村劳动力向城镇转移的内在动力是经济收入，而社会公平因素是个体是否向城镇转移，以及向哪些城镇转移的决定性因素，这对当下研究中国经济形势，尤其是研究劳动力结构变化对宏观经济形势的影响具有一定的参考意义。

　　目前学术界对农村劳动力转移问题的关注颇多，无论是社会学、政治学、法学，还是经济学、管理学等学科，都有大批相关研究成果涌现。在宏观经济学意义上来说，农村劳动力转移首先是劳动力资源的转移和分配问题，是经济增长过程中的要素配置合理化过程，是生产要素不断聚集追求规模效应的过程。在微观经济学意义上，即对农村劳动力个人而言，是个人资本提升，绝对收益增长的过程。农村劳动力转移在推动经济增长和社会融合方面具有重要意义，农村劳动力转移推动经济增长与社会经济发展之间的耦合关系理应受到重视，厘清农村劳动力转移进程与地区经济增长之间的联系及其内在机理，便是本书的重要价值所在。

第三节　研究方法

本书以农村劳动力的转移模式和转移动力作为研究对象，主要采用理论结合实际、全面结合重点、定性结合定量的研究方法来对农村劳动力的转移展开分析。具体来说，本书采用的分析方法主要有以下几种。

（1）工日法

在估算我国农村劳动力的数量方面，不同学者有着不同，甚至相差极大的见解。对农村劳动力数量的估算，最重要的步骤就是对农业生产所需劳动力数量的计算，其中，生产函数法和基准年法主观成分太大，容易产生误差，现在已基本不使用这两种方法，而且本书受成本等因素的限制，也不适合使用这两种方法。工日法虽然计算比较复杂，但可以基于已有的统计数据展开，相对而言误差较小，本书在第三章中将采用此方法估算31个省（区、市）的农村劳动力数量。

工日法是根据每公顷土地或每头牲畜需要的劳动工日数、每个劳动者一年能够提供的劳动工日数、每种作物种植面积或每种畜禽总数来计算劳动力需求数量的一种方法。其核心计算公式是农业劳动力需求量 = 农作物生产所需的工日数之和/全年充分就业工作时间，其中农作物生产所需的工日数为每种农作物单位产出所需的用工量与每种作物的播种面积或产出的乘积。

（2）决策试验和评价实验法

决策试验和评价实验法（Decision Making Trial and Evaluation Laboratory,

DEMATEL）是一种对指标因素进行系统分析的理论方法。决策试验和评价实验法在社会科学领域的应用，能够帮助人们理解和确认复杂系统中各因素之间的相互关系。农村劳动力转移涉及的相关因素繁多。作为群体性的社会行为，农村劳动力转移的各个相关因素之间相互影响。为更好地把握影响农村劳动力转移的关键因素，本书使用决策试验和评价实验法，利用矩阵理论和数学运算，来确认影响我国农村劳动力转移的因素，以及各个因素之间的影响度、被影响度、中心度和原因度等组合关系。

（3）聚类分析法

结合农村劳动力各省（区、市）的输出、输入数量以及影响农村劳动力转移的因素，利用聚类分析法将 31 个省（区、市）的 13 项指标进行聚类。

（4）面板数据模型

采用面板数据构建回归模型，研究农村劳动力转移对不同模式区域的经济增长贡献、不同农村劳动力转移模式区域的经济增长潜力。

（5）数据包络分析法

采用数据包络分析法（Data Envelopment Analysis，DEA）测度各省（区、市）2005～2016 年的区域技术效率。使用 DEA 进行效率评价的理论思路为，在不需要事先设计好生产函数具体形式的前提下，利用线性规划方法直接对投入与产出进行效率测度。用线性规划方法来构造生产的前沿边界，将测算出的效率值与前沿面进行比较得出效率评价结果。

（6）德尔菲法

德尔菲法是由美国兰德公司于 1946 年总结出来的，主要运用于复杂系统的决策咨询，这一方法的独特之处在于多轮次、单向性、背对背地征集专家意见，确保所收集意见的独立性、客观性、真实性。德尔菲法的实施关键在于要充分重视专家的权威性和代表性，确保专家在咨询过程中能够真实、完整地表达意见。本书采用德尔菲法构建社会公平推动系统以及三类模式下经济发展拉动系统的评价指标体系。

（7）综合集成赋权法

采用综合集成赋权法，对社会公平推动系统以及三类模式下经济发展拉动系统的评价指标体系进行指标赋权。

（8）加权求和法

运用加权求和法，分别计算得出社会公平推动指数和经济发展拉动指数。

（9）空间计量法

采用空间计量法对区域要素集聚模型进行估计。根据三种空间面板模型，即空间自回归模型（SAR）、空间误差模型（SEM）和空间杜宾模型（SDM），对经济增长潜力进行估计。

（10）变异系数法

从耦合的角度构建测量模型，考察经济发展和社会公平的协调统一性。考虑到变异系数法模型简单、原理清晰，在系统耦合测度问题上应用广泛，本书也采用该方法来测度经济发展与社会公平的耦合度。

第四节　主要内容

劳动力配置问题是古典经济学时代以来经济学研究的核心主题之一，我国劳动力在城乡、区域间的转移与流动是备受政学两界关注的重要社会现象。研究农村劳动力转移是理解改革开放以来中国腾飞秘诀的关键，也是探索中国经济未来转型发展的重要切入点。从学术探讨的角度来看，中国经济在城乡、区域、行业间发展的不平衡状态既是激活经济活力的关键背景，也是经济发展进程中必须直面解决的现实问题。由于我国劳动力市场的二元、区域分割，农村劳动力向城市转移同样受政策导向、资源禀赋、产业格局等空间地理因素的影响，在空间格局上呈现值得深入研究的样貌特征，因此根据对劳动力转移数量的定量测算与观察，总结和分析农村劳动力转移的模式特征是研究我国劳动力流动的现状与未来的可能视角。近年来空间经济学、身份经济学等经济学学科与其他学科的交叉发展成果，也为我们开展劳动力转移的区域模式研究提供了思路和借鉴，由此我们从现实测算出发总结出来的农村劳动力转移模式也更具有学术探讨的价值与意义。为了更进一步对已经出现的劳动力转移模式进行探讨，关注模式形成的原因与未来的可持续性，对劳动力转移的动力开展学理分析自然成为研究的重点。根据学术理论的分析，结合我国经济发展的实际状况，我们把劳动力转移的动力因素分为内部动力与外部动力，并着重研究及评价外部动力。通过构建评价指标体系的方法研究内外部动力，围绕动力评价分析进一步探讨农村劳动力转移的经济社会发展综合效应，这是本研究的最终落脚点。因此，本书对我国农村劳动力转移进行划分模型、分析动力、研究评价等逐步递进的研究，目的在于更好地把对劳动力转移的经济现象研究转化为对农业产业发展政策实施的具体化探讨，增强研究的实际价值，提高政策建议的针对性与可操作性。

从研究目标与过程设计来看，本书从研究农村劳动力转移的现状出发，使用合理的计算方法，认真探讨农村劳动力转移这一概念本身应有的经济学内涵，对农村劳动力转移的存量和增量予以核算，深入分析农村劳动力转移的动力因素所在，从社会公平和经济发展两个角度来研究农村劳动力转移的可行性和必要性。因此，本书从逻辑关系上主要分为现状研究、模式研究、动力研究和政策研究四个部分。

第一部分，现状研究，主要是核心概念解析和相关研究综述。

概念与现状研究是研究能够开展的基础。对于作为非常具有中国特色和多学科意义的"农村劳动力"概念，本书尽可能对其问题的产生、发展和变化做出梳理，分别从农村劳动力概念、转移现状、转移模式和转移动力四个方面进行总结和归纳。本部分包括两章。

第一章，导论。本章主要是提出研究问题，论述研究意义和价值，介绍研究方法和技术路线。

第二章，文献述评。介绍农村劳动力转移的理论基础和中外文献综述。

第二部分，模式研究，主要是估算农村劳动力转移的输出、输入数量以及确定农村劳动力转移影响因素，将三者结合共同确定农村劳动力转移模式。

第三章，我国农村劳动力转移数量估算。在对比农村劳动力数量测算方法优劣的基础上，选择相对更可靠但核算工作量大的工日法，以省（区、市）为单位，核算我国农村劳动力转移的输出数量。根据劳动力平衡模型，导出农村劳动力输入数量的核算方法，计算各省（区、市）农村劳动力输入数量。在估算输出、输入数量的基础上，根据农村劳动力净输入量进行分类。

第四章，我国农村劳动力转移模式分析。通过决策试验和评价实验法，确定影响农村劳动力转移的因素。在此基础上结合第三章农村劳动力输出、输入数量的估算结果，采用聚类分析法，确定我国农村劳动力转移模式。

第三部分，动力研究，主要是农村劳动力持续转移的动力分析与评价研究。

根据聚类分析法确定农村劳动力转移的不同模式，理解不同模式形成的原因，以及不同模式对地区经济社会发展带来的影响，是本研究的落脚点。从理论分析的角度入手，分析农村劳动力持续转移的动力类型发现，内部驱动与外部拉动共同促进了农村劳动力的持续转移。从动力发生作用的机理和作用效果的直接直观性来说，经济发展和社会公平是促进农村劳动力转移的关键因素。根据三类模式的不同特点，分别建立评价指标体系与模型，对农村劳动力转移所产生的经济增长效应、社会公平推动作用做出评析。最后基于空间变异的耦合测度方法，对三类不同模式下经济发展与社会公平之间的发展度、协调度和耦合度进行测量评价，形成对农村劳动力持续转移的深度认知。本部分包括第五章、第六章、第七章和第八章。

第五章，农村劳动力持续转移的动力分析。阐述了农村劳动力转移动力有内部和外部两类，其中内部动力为农村劳动力人力资本提升，外部动力为经济发展和社会公平。研究了这三种动力的现状及面临的主要问题，在此基础上提出了内、外两类动力中都有哪些关键因素影响农村劳动力的持续转移。因为第四章已对农村劳动力的转移模式进行了划分，本章还提出了不同模式下经济发展动力中的关键因素。

第六章，农村劳动力转移社会公平推动系统评价。将社会公平细分为就业收入公平、教育文化公平、医疗卫生公平和社会保障公平，通过德尔菲法确定了评价指标体系，通过综合集成赋权法对各级指标进行赋权，采用加权求和法计算社会公平推动系统和各子系统的指数，进而进行状态评价。

第七章，农村劳动力转移经济发展拉动系统评价。经济发展是农村劳动力持续转移的根本动力，根据不同转移模式区域经济发展的关键因素，确定了不同的、有针对性的经济发展拉动系统评价指标体系，通过综合集成赋权法确定各级指标的权重，采用加权求和法计算指数，对各类别的经济发展拉动系统进行评价。提取影响经济发展的关键因素，通过面板数据建立回归模型，对不同模式区域的经济发展潜力进行分析评价。

第八章，农村劳动力转移经济发展与社会公平综合动力评价。通过分析经济发展与社会公平的耦合度来评价不同模式下的外部综合动力。

第四部分，政策研究，主要是农村劳动力转移模式与相关政策研究。

国家新型城镇化战略提出，要在 2020 年完成户籍人口城镇化目标，也就是说农村劳动力转移与人口城镇化都要获得突破性进展。实现这一目标，需要有针对性的解决办法，从对农村劳动力转移的难点分析中，发现现有及现行模式的不足，从而提出因地制宜、分类处理、各有侧重的解决方案和政策意见，为实现新型城镇化战略目标和经济快速健康发展提供支持。

第九章，主要结论与政策建议。根据前文分析，分别对外来人口导入与经济强劲拉动模式、相对封闭的本地自发型流动模式、本地人口导出与经济强劲推动模式下的农村劳动力转移提出相应的政策优化建议。

第五节 技术路线

本书以农村劳动力为研究对象，首先估算 31 个省（区、市）农村劳动力的输出数量和输入数量，再通过决策试验和评价实验法确定影响我国农村劳动力转移的因素，结合这三项数据全面科学地划分我国农村劳动力的转移模式。保证我国农村劳动力持续健康转移的动力分为内部人力资本和外部经济发展、社会公平两大类，在研究它们之间的理论逻辑和发展现状的基础上，本书确定了影响内外动力的关键因素，尤其是针对不同转移模式区域，根据其不同的经济基础、环境挑战、发展路径，提出了有差异性的保持农村劳动力持续转移的动力路径。教育是需要经过长期投资才能看到效果的，因此应创造良好的外部动力环境，激励农民工提高自身素质，进而通过内外动力的共同努力实现农村劳动力健康、持续、有质量的转移。本书重点研究不同转移模式下外部动力系统评价以及综合动力，有针对性地提出政策建议。

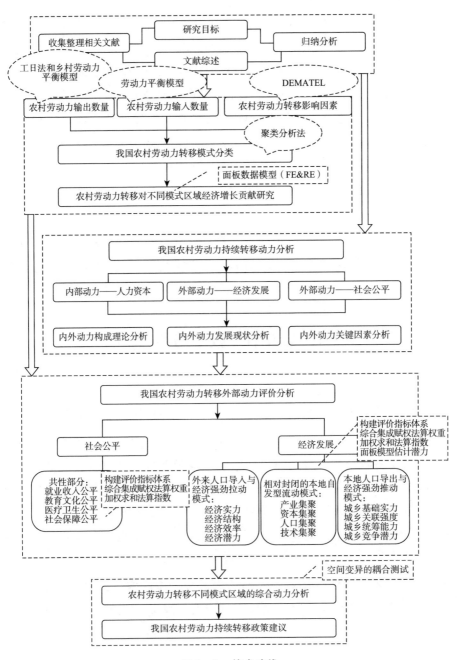

图 1-1　技术路线

第六节 主要创新点

农村劳动力转移问题获得了学界的广泛关注，本研究在选择适用的计算方法的基础上，从建立农村劳动力转移的基础数据出发，探索农村劳动力转移群体数量规模，并依据影响农村劳动力转移的因素，进行了农村劳动力转移的聚类分析，得出了我国农村劳动力转移的模式。本研究充分考虑农村劳动力转移进程的复杂性，把农村转出和城市融合作为农村劳动力转移的两大主要阶段，在现实面板数据基础上分析相关影响因素，并从农村劳动力转移和经济社会发展耦合关系的角度论证农村劳动力持续转移的内外部动力，进行了农村劳动力转移外部动力的评价研究。本研究的创新点主要体现在以下几个方面。

（1）相较其他学者在研究成果中只计算了静态数据或某一省（区、市）的动态数据，本书采用了计算量大但误差较小的工目法，估算了 31 个省（区、市）2009～2016 年的农产品实际产出所需农业劳动力数量，在此基础上构建了乡村劳动力平衡模型和劳动力平衡模型，进而估算出 31 个省（区、市）2009～2016 年农村劳动力输出和输入数量的面板数据。本书将估算出的 31 个省（区、市）农村劳动力的输出和输入数量按照国家统计局公布的农民工监测报告的区域划分标准（2009～2015 年区域划分标准为东部、中部、西部，2016 年后区域划分标准更改为东部、中部、西部、东北）进行整合，与农民工监测报告相应数据进行对比，开展科学性验证，保证研究数据的高精准性，对我国农村劳动力转移的方向把握得更加全面。

（2）区别于现有农村劳动力转移研究将农村劳动力转移简单划分为"净输入和净输出"或"东部、中部、西部（东部、中部、西部、东北）"的模式，本书将 31 个省（区、市）估算出的农村劳动力输出数量、输入数量和净输入量与农村劳动力转移的影响因素相结合，进行综合考量，划分出我国农村劳动力转移的几种模式。通过实证分析，因地制宜地提出不同模式区域的差异化发展路径。

（3）提出了我国农村劳动力持续转移的多元动力机制，即内部动力人力资本以及外部动力经济发展和社会公平。从发展的经济拉动和公平的社会推动两个维度，基于农村劳动力转移的不同模式，分别构建了更具针对性和引导性的农村劳动力转移的外部动力评价指标体系，并从二者之间的发展度和协调度的耦合组合关系出发判定发展轨迹，有针对性地提出农村劳动力转移不同模式区域的发展政策建议。

第二章 文献述评

　　农业或农村劳动力向工业或城市转移，是世界现代化进程的必经之路，对于农村劳动力问题的关注自然也由来已久。传统社会向现代社会转变，必然要经历农业社会向工业社会的过渡，在这个生产方式、社会结构大转型的过程中，农村与城市、农业与工业的二元对立是世界各国发展过程中普遍存在的，中国也不例外。中国农村劳动力转移的规模之大和历程之长，均受世界瞩目。从新古典经济学时期对劳动力转移的普遍研究，到对当前中国劳动力现状的特殊关注，学术界的研究成果层出不穷，本章根据研究需要首先对相关概念予以说明，再对相关研究议题的文献进行综述。

第一节　概念界定

一　农村转移劳动力

　　从学术研究上来说，农村转移劳动力是一个具有特定意义的理论范畴，从政策制定或社会关注的角度来看，它可以用来指代具有共性的社会群体。由于国情差别，中外学术界在研究中就使用农村转移劳动力还是农业转移劳动力的概念问题有一些分歧。根据文献整理，我们可以看到在早期研究中，尤其是西方经济学研究成果中，一般会从工业化或产业分工的角度，把转移劳动力聚焦在农业剩余劳动力的概念上，但在中国学者的研究中，更倾向于使用农村转移劳动力的概念，具体原因大致有两个方面，一是大规模劳动力转移的场景环境不同，二是转移劳动力本身的特点也不尽一致。由于西方学者研究劳动力转移的起点与场景是与早期工业化相联系的，西方的产业与产权特征研究更容易通过工业、农业的两分法来开展，而中国的劳动力转移与城镇化发展更为密切，且本书主张在研究中更加全面地探讨农村与城市之间的互动，再加上中国农村劳动力在转移过程中始终具有"兼业""半流动"等具体国情特征，因此本书认为使用"农村转移劳动力"概念更为合理。

长期以来，中国传统社会以农立国，农业是国民经济的主要组成部分。尽管一些研究表明，中国经济结构经历"唐宋变革"以后，商业经济逐渐超过农业经济所占比例，尤其是江南经济的早期工业化在明末以后获得长足发展，但这些并没有改变中国社会的农业主导性质。晚清民国以来的工业化因时局动荡未能获得稳定有利的发展环境，经常处于被打断的战时经济状态。新中国成立以后的初始阶段，中国迎来经济发展的良机，计划经济体制下国家优先发展重工业，农业生产为工业发展服务，这一时期农民、工人等阶层职业身份处于相对稳固的社会结构之中。

改革开放以后，国家计划经济体制逐渐退出历史舞台，市场经济先后在农村和城市获得发展机会。由于家庭联产承包责任制等改革政策的实施，农业生产力得到大大解放，生产效率迅速提高，原本被计划经济体制固定在土地和农村的劳动力出现大量剩余，城市和工业在新的管理体制内得到"放开搞活"，农村劳动力逐渐成规模地向城市流动。农村劳动力向城市流动是在中国改革开放的大环境中发生的，城市和工业领域的改革也在"摸着石头过河"的状态下不断取得进步，第三产业和劳动服务业在这一时期获得良好的发展机遇。谨慎的改革步骤并没有完全放开城市、工业等所谓"正规"部门的政府管制，如国有企业、集体所有制企业在国民经济中仍然占有举足轻重的地位。在改革开放初期，这些正规就业部门在政策上并不接受农村劳动力的转入，农民作为计划外的劳动力只能参与"非正规"的就业形式。随着改革开放的深入发展和经济形势的不断变化，各个经济领域和企业对农村劳动力需求日益增长，农民在城市中就业的形式更加灵活、多样，一大部分从农村转移出来的农民参与到城市建设、工业企业和第三产业发展中，形成数量庞大的群体，这个群体与城市市民、工人、未转移出来的农民相比，具有一定的特殊性，先后被称作"农业剩余劳动力""外来人口""进城务工人员""流动人口""农业转移劳动力"等后来一些社会学家（如张雨林，1984）提出了"农民工"一词，因这一称呼兼顾了这一群体"农业、农民、农村""工业、工作、工厂"的身份、职业、行业等特征，又描述出了他们所处的从农村向城市"应转而未转"的中间阶段和尴尬状态，随后不断被使用和接受，成为国家政策、学术研究、社会舆论中的热词。

从本研究涉及的学科领域和主要内容来看，使用"农村转移劳动力"这一表述指代从农业、农村转移出来的这一群体，较"农民工"更为妥当，原因在于它既保留了劳动力这一经济要素的基本定位，还能凸显和兼顾从农村走出又暂时未完成城市化的个体特征。将从农村走出的剩余（转移）劳动力称为农民工，在媒体传播领域应用广泛，但在经济学领域，更常使用"农村转移劳动力"这一概念。农村转移劳动力主要体现出这一群体产生的经济学原因，即农业劳动生产率提高的排挤效应和城镇工业生产发展的强势需求拉动。农村农业生产领域的剩余劳动力人口转向城镇的非农领域，他们在城市中越来越适应，离农村、农业越来越远，这一过程中从农业中"剩余"的推力因素影响逐渐下降，并逐渐被城市建设离不开的劳动者这一客观需要的影响所代替，"农业转移劳动力"这一概念逐渐被淡化，他们在城镇化进程中的融入适应、劳动力价值贡献与社会经济均衡发展等得到更多关注。

在社会生活中，农民工和农村转移人口在能指上基本一致，但在学术研究领域的具体所指上有着微妙区别。农村转移人口不仅包括未转城市户口的农民工，也包括在一段时间内以多种途径刚从农村转出户口进入城市的人口，具体包括农村生源的高校毕业生、农村兵源的转业军人、通过购置房产落户的新兴城市阶层等，而这些群体尽管规模较小，但明显不应属于农民工范畴。

二 农村劳动力转移

无论农村还是农业中的相对剩余或绝对剩余劳动力都在农村的生产环境中面临着失业的风险，只能去城市中寻求新的就业机会，于是就形成了农村劳动力向城市的转移或流动。这种转移或流动不仅是劳动力生存、发展的地理空间变迁，更是劳动力与资本、技术等其他经济要素重新配置的市场过程。在西方一些劳动力市场完全开放的国家，农村转移劳动力与其他领域产生的移民一样，同属于人口迁移的范畴，在劳动力的流动、转移、迁移等概念上没有区别。但由于中国实行特殊的二元户籍制度，劳动力就业市场、福利保障条件又与户籍充分挂钩，劳动力流动的自由程度受限，加剧了劳动力市场的分割程度。因此，中国农村劳动力转移有着独特的特点：一是阶段性，二是历时性。

一般而言，我国农村劳动力转移或流动是指随着农业机械化、工业化生产水平的提升，一部分农民从农村向城市、从农业向工业转移，进而形成劳动力资源重新配置的过程。这一过程仅仅完成了劳动力转移的第一阶段，即从农村（业）向城市非农业转移，而更为关键的转移到城市以后的融入转化则往往受阻，出现农村劳动力的回流、再迁徙等现象。实际上，农村劳动力作为劳动力资源的再分配，更多是在历时性意义上由不同的劳动力群体持续不断地从两个层面上进行转移，即产业转移和地区转移。

根据改革开放以来国家对农村劳动力向城市转移的政策倾向，我国农村劳动力向城市转移可以大致划分为以下几个时期或阶段。

（1）改革开放初（1978 年至 1992 年）。众所周知，家庭联产承包责任制开启了中国经济领域改革开放的先声，农村、农业生产关系的大大解放，提高了劳动效率，释放了经济活力，农村劳动力冲破制度障碍，走向城市，推动和促进了商品经济的繁荣和轻工业的发展。在这一时期从农村走出的农民主要向本省（区、市）、本区域的城市流动，同时由于国家出台政策鼓励发展乡镇企业，一大批集体合作制的乡镇企业如雨后春笋般发芽、成长。这一时期农民工流动的特点是"进厂不进城，离土不离乡"，职业和劳动方面逐渐走向非农领域，但区域位置方面还并未离开农村。随着经济的发展，乡镇企业逐渐发展壮大，一部分城市近郊乡镇逐渐被并入城市辖区，这些属地上的农民也一跃成为市民。

（2）限制流动期（1993 年至 2002 年）。1992 年以后，中国经济增长加速，改革开放进入新阶段，经济的繁荣加速了农村劳动力的转移进程，大量的农民从农村、乡镇企业走向东南沿海、区域大城市。这一时期国家出台了各项政策推动农民工的有序流动。但随着国企改革的深入推进，城市职工的下岗潮开始出现，为化解本地人口就业压力，城市对"外来人口"相继出台各种限制政策，如上海出台外来务工人员分类管理办法，开始控制、清退、驱赶外来务工人员（俞德鹏，2002）。很多城市模仿出台了这类政策。深圳在1997年颁布《深圳市居民按比例就业暂行办法》，以行业为单位规定本市居民就业比例，严格控制外来劳动者的就业（李若建等，2007）。这一时期，农民工具有跨区域流动的特点，尤其是向沿海城市、大中型城市集中流动，形成举国关注的"民工潮"，冲击了城市居民就业。通过户口来限制农民工的流动成为各城市竞相效仿的管理手段，虽然政策上限制了农民工的流动和就业范围，但并没有限制住农民工的流动倾向和流动趋势。

（3）鼓励流动期（2003年至2007年）。2002年中国加入世贸组织以后，经济发展获得新机遇，尤其是沿海外贸加工企业，农民工需求量激增，而这一时期农民工的流动出现散点化特征，不仅向大城市、沿海区域转移，省内、区域内流动也在不断加强，甚至沿海企业一度出现"招工难""民工荒"的现象。农民工在向城市流动的过程中，其个人权利意识也在不断增强。随着城镇化战略的不断推进，农村劳动力的总量增加，涨幅走低，企业劳动用工成本不断攀升，所谓的"人口红利"的初期利好基本见底，国家在农村劳动力流动的政策导向上也基本从限制改为了鼓励自由流动。这一时期，农村劳动力在城市间流动的频率高，基本上都属于候鸟式迁徙模式，根据工作岗位需求在城乡间流动，每年春运民工潮成为举国关注的热点话题。在这一时期，农村劳动力走向市民化的苗头已经出现，一部分城市已经改变管理政策，逐渐接纳农村劳动力的城市化转移。

（4）鼓励转化期（2008年以来）。2008年全球金融危机爆发，中国政府采取积极财政政策予以应对，四万亿的巨额投资保证了中国这一庞大的经济体的增长速度。2008年，国家批准成都、重庆成为城乡综合配套改革试验区以后，两地大力推进加快农村劳动力市民化进程，在政策层面为市民化提供有力支持，获得了丰硕成果。2014年12月，《国家新型城镇化战略规划（2014—2020年）》发布，明确提出城镇化的核心是人的城镇化，对农村转移劳动力在城市的落户和融入问题提出具体要求，并从城镇基本公共服务、户籍管理有条件放开、农村劳动力转移的机制建设等方面做出详细规划。新型城镇化战略作为国家发展大战略，把"农业转移人口"的"市民化"纳入长远发展规划，这是加强农村劳动力持续深入转移的最大政策利好，惠及全国一亿多农村转移劳动力，使上千万家庭得到政策实惠，获得更多更好的发展机遇。

由以上分析我们可以看出，使用农村转移劳动力不仅能够更加准确地概括中国自身的城镇化发展特点，也在最大范围内囊括了这一群体的规模、发展趋势。另外，根据一般产业划分和数据统计方法，农业劳动力不仅应包括狭义上在农村从事耕地生产的农民，也应涵盖林业、牧业、副业等行业中具有明显兼业特征的农村居民，因此农村劳动力统计中包含一部分在农村的其他行业性劳动力，具有广泛性。

第二节　农村劳动力转移的现状研究综述

农村劳动力转移不只是劳动者本人的个体行为选择，也不只是劳动力群体自发活动的单一现象，从结构性、行为性、身份性等多个角度开展研究，是全面认识劳动力转移的必然要求。有关农村劳动力转移的理论研究，西方学者起步较早，一些学者也建构起了相对比较成熟的理论模型，这些经典理论模型既是开展研究的重要基础，也是科学认识农村劳动力转移的重要方法，比较典型的有二元结构理论、人力资本理论、推—拉理论、劳动力市场分割理论、身份经济学理论等。

（1）二元结构理论

一般认为，研究农村劳动力转移问题最为经典的理论贡献来自西方经济学家刘易斯（Lewis, 1954）。实际上，在古典经济学时期与劳动力迁移相关的理论就已经问世，从威廉·配第到刘易斯、费景汉等学者，都建立了二元结构的农业劳动力转移模型。刘易斯认为，在西方工业化起步的早期，劳动生产率的提升造成了农业劳动力的大量剩余。他借鉴早期古典经济学的边际效率概念，构建了农业劳动生产率的边际效应函数，并用此函数来描述早期工业化时期农业生产的边际效率降低甚至为零或负数时，劳动力不得不转向工业生产的经济学现象，这一函数后来得到许多学者的认同或使用。当然也有其他经济学家把土地与劳动力之比（"地—劳比率"）发生变动以后出现冗余的农民称作农村转移劳动力，其实这与刘易斯的定义并无二致。费景汉和拉尼斯在刘易斯研究的基础上，进一步完善了二元结构模型，更加注重工业、农业两个部门的平衡增长，提出了工业部门劳动力的需求曲线。

国内外学者对我国农村劳动力问题的研究开始得很早，但就农村劳动力的转移问题进行具体研究却开始得相对较晚，基本是从 20 世纪 90 年代才开始的，这也是实行改革开放以后农村生产力得到了解放，农村劳动力规模不断壮大，社会各层面开始更为集中地关注的结果。国内有学者如陈吉元认为农业转移劳动力是特指概念，专门指在特定时期、一定范围内农业生产领域出现的失业或半失业的人群，他们的转移与否并不影响农业生产的效率与产量。农村转移劳动力的产生有两种途径：一是单纯的农业人口自然增长，造成农业劳动力绝对剩余必须向外转出；二是农业劳动生产率提高，农村劳动力出现相对剩余，为提高生产效率而向外转移。一般而言，随着工业化的推进，农业生产率必然会提高，农村劳动力的出现是工业化的必然结果，也是社会经济形态进步的自然现象，尤其是从全世界的经济发展历史来看，农村劳动力的出现以及向城市的转移，是各个国家向工业化迈进的必经历程。

（2）人力资本理论

行为主义理论作为一套研究方法，20 世纪在各学科均得到了应用和发展，经济学领域的行为主义理论主要用于有关决策行为的研究。有关劳动力转移的行为主义研究，主要透过劳动者的微观决策来研究整体的规模行为规律，这种研究并没有摆脱新古典主义和结构主义的基本框架，对个体行为和整体变迁的关注仍然依赖结构的分析方法。这些理论代表主要是"推—拉理论"和舒尔茨的人力资本理论。阿罗在 1962 年提出的"干中学"（Learning By Doing）模型和卢卡斯在其 1988 年发表的论文《论经济增长的机制》中提出的人力资本的外溢效应，均属于这一研究路径。人力资本理论也基本上坚持新古典经济学中的结构主义设定，在一定程度上补充解释了劳动力流动的个人选择机理，成为劳动力转移的新的解释方法。

（3）推—拉理论

哈里斯—托达罗模型也是建立在一种二元结构的研究方法基础上的行为主义理论研究成果，解释了劳动力转移的成本与收益的决策过程。但对 20 世纪后半期的劳动力转移，尤其是移民问题的研究发现，工资不是移民决策的唯一影响因素，在劳动力在流入地和流出地的工资由影响生产率的人力资本所决定之外，尚存在外出打工决策的"推动"因素，如家庭工资的收入等，以及城市经济的"拉力"因素，如城市生活本身的便利、政策的倾向等（Stark，1991）。推—拉理论对于解释中国近年来新一代农村转移劳动力在城市中的融入状况具有很强的说服力。

（4）劳动力市场分割理论

二元结构的研究方法并不一定要限制在工业、农业两个部分，尤其是如果把劳动力作为具有内在活力的经济因素来考虑的话，劳动力市场存在普遍的分割现象。一些学者发现，劳动力市场并不是充分竞争或完全统一的，存在着一级劳动力市场和二级劳动力市场的客观分割（Doeringer，1971），两个劳动力市场的结构存在差异，从而对工资和劳动分配形成不同的决定机制，这些机制又会转化为内部的排外性组织结构安排，而且一级劳动力市场与二级劳动力市场之间形成的竞争关系，也会导致劳动力的普遍阶层化。对于中国的劳动力市场分割而言，普遍存在的城乡差别形成了正规就业的劳动力市场和非正规就业的劳动力市场，扩大了劳动力就业的机会与工资收入水平差异（姚先国等，2005）。劳动力市场分割对人力资本的形成同样具有决定作用，从而形成比较复杂的劳动力流动内生与外在动力。

（5）身份经济学理论

目前，社会科学领域中从行为主义走向建构主义的风潮正劲，建构主义所强调的身份认同和规范研究理论已经被经济学研究方法所沿用。最早将身份行为和身份认同理论引入经济学的效用函数的，是美国经济学家乔治·阿克洛夫（George A. Akerlof），2001年的诺贝尔经济学奖得主。根据身份经济学理论，"城市人"身份认同会激励农村劳动力向城市转移，并为此进行相应的人力资本和社会资本投资，逐步实现从"农业人"到"工业人"，甚至"管理人"的转变（田帆，2019）。这也是中国在推进以人为本的城镇化战略进程中，加快农村转移劳动力市民化的理论解释之一，因此有学者提出要加快农村转移劳动力与产业工人队伍建设的相互促进与融合（刘向兵，2017；李中建等，2018）。

一 农村劳动力转移的规模数量研究

根据人力单位法、有效劳动工日计算法、生产函数法、国际标准模型法、基准年法、生产资源配置优化模型法等计算方法，一批学者对我国农村劳动力转移的数量和规模进行了测算，但得出的结论不尽相同，甚至相差较大。有学者提出中国农村劳动力的转移已经从"无限供给"阶段转为"有限剩余的新状态"，东北地区的剩余劳动力转移以就近转化为主（高双等，2017）。赵卫军等（2018）使用效用工日法对1984～2050年中国农村劳动力的总量进行了计算和预测。徐晓华等（2018）利用比较劳动生产率推算法对农业剩余劳动力转移状况进行分析，以1978～2013年我国农业剩余劳动力转移情况为样本，预测到2018年我国可能会出现农业剩余劳动力供给不足的问题。赵胜雪（2016）采用动态估算方法建立了我国农村劳动力研究的系统模型，并以黑龙江省农村劳动力转移为例，做了估算和预测。这些学者的努力为本书核算农村劳动力提供了思路和方法启示，在后面的研究中，本书将根据工日法合理测算全国31个省（区、市）的农村劳动力输出数量、输入数量，为进一步的研究打下基础。

二　影响农村劳动力转移的相关因素

早期结构主义的刘易斯模型、哈里斯—托达罗模型、拉尼斯—费模型都从二元的经济类型假设出发，认为农业劳动生产率的提高导致农业劳动力的剩余，并逐渐向现代工业部门转移。工业部门的劳动报酬率高于农业部门，劳动力向城市的迁移完全取决于城市和农村的收入差距。城市部门持续吸纳农村的剩余劳动力，进一步优化促进劳动力与资金、技术之间的资源配置结构，促进经济增长。因此经济发展就是农村劳动力不断被转移、吸纳的根本动力。

我国很多学者结合具体国情对农村劳动力转移的影响因素进行了探讨。陈明生（2015）认为收入水平过低是农村劳动力实现进一步转移的主要障碍因素，当前城市粗放式的增长并不利于农村劳动力的收入水平提高。刘军辉、张古（2016）从新经济地理学的视角建构模拟模型，研究户籍制度对农村劳动力转移的影响，提出要从户籍制度和土地制度改革协同入手，释放经济系统红利，促进经济增长。刘慧、伏开宝、李勇刚（2017）通过对30个省（区、市）面板数据的实证分析，指出农村劳动力转移与产业结构升级、城乡收入差距关系密切，要通过加快劳动力转移来降低产业升级给城乡收入差距带来的负面影响。

第三节　农村劳动力转移模式研究综述

改革开放以来，我国农村劳动力的转移，不是某一个地区或某一个人的个别现象，而是形成了具有浪潮性质的大规模、跨区域、长时期的流动状态，自然呈现了具有共性特质的固定模式。目前关于农村劳动力转移模式的研究主要有以下三个视角。

一　国别视角下的农村劳动力转移模式

农村劳动力转移是随着经济社会工业化推进而产生的，因此对农业劳动力转移问题的研究，最初也是以国家的经济发展模式为视角的。我国的很多学者对早期率先开展工业化的国家进行了认真观察和思考，认为英国、德国、法国、美国等国家的农村劳动力转移各具特色，为我国及其他发展中国家的工业化进程提供了有益的借鉴。

欧洲的近代早期资本主义起源于英国，英国农村的非农化开始较早，在公元 11～12 世纪就已经露出苗头，中世纪典型的农奴制面临瓦解，自由农和自由手工业者增多，敞田制导致了土地的大量集中，农村日益破败的环境迫使大量的穷人离开土地和农业，转而向城市迁移，在城市中寻找商业或手工业的工作机会，大量的手工劳动者、学徒工等开始出现，甚至一度导致城市中的人口出现激增。第一波人口迁移带来了城市的热闹和拥挤，但并没有在短时间内使城市出现经济繁荣景象。直到 15 世纪以后，第二波人口迁移开始出现，大批原来在农村的商业、手工业者和年轻女性，纷纷到城市中寻求发展机会。实际上这一时期的人口迁移，是"羊吃人"的圈地运动引起的。贵族和大商业者为发展养羊业，兼并自由农和小生产者的土地，导致大批农民成为失地者，这些失地者唯有向城市中的工厂主、贵族出卖劳动，才能获取生活和生存资料。伴随着工业革命的开展，18 世纪下半叶，英国人口迁移迎来又一高峰。工业革命推动城市化和工业化的加速发展，城市商业经济需要吸纳大批量劳动力，商业资本再次在农村和城市中形成圈地趋势，劳动者日益成为社会结构中的无产阶级群体，从而登上历史舞台。从历史上看，英国三次规模较大的人口迁移中，农民都被裹挟着进入城市和工业中，农业人口在英国总人口中的占比也从 1520 年的 76% 降到 1801 年的 64%。到了 1851 年，英国的城市人口比重已经超过 50%，是世界上首个基本完成城市化的国家。

相对于英国"强制性"的市民化模式，美国的市民化进程显现出了更多"自由化"的特征。19 世纪 70 年代以前，美国的农业社会特征还比较明显，农村人口占全国总人口的 75% 以上。但随着欧洲大陆内战与动乱的爆发，大批西欧移民进入美国。到达美国的第一代移民，大部分是在欧洲被流放、破产、另寻出路的新教徒。而在第二个移民高峰时期，移民的背景与身份则大不相同，他们往往是欧洲的新兴贵族或市民，他们把欧洲第二次工业革命的成果带到美国，推动了美国的工业化进程。短期内集聚起来的工业化发展活力，提升了美国经济社会发展的速度，一时间城市的劳动力出现短缺。而城市的商业繁荣带来了更多的就业机会和发展条件，农村劳动力主动涌入城市，加速城市化的发展进程。第二次工业革命的显著特征在于工业化改变了社会生活的方方面面，在交通、通信科技飞速发展的同时，农业机械化程度也突飞猛进，农业对劳动力的需求量大大降低，城市与农村间的劳动力自由流动规模庞大，加快了城市化的进程，促进了典型工业城市和大规模城市的快速崛起。美国的城镇化速度和深度在发达国家中属于领先水平，这既是美国得天独厚的自然条件造成的，也是美国在发展进程中抓住两次工业化的历史机遇，实现经济腾飞的现实创造。

二　城市化视角下的农村劳动力转移模式

农村劳动力的转移不仅是工业化的结果，也是城镇化、城市化不断取得进展的必然。因此，从城市化的视角来看待农村劳动力的流动，也会得出不同的转移模式或路径。

（1）大中城市扩张模式。城镇化的战略选择之一就是要扩大大中城市规模，而这一扩张必然拉动资本、劳动力、土地等多方资源投入。相对于小城镇，大中城市更加具备城市化的基础，能够更快实现资源聚集，同时大中城市良好的基础设施也能够吸引更多的资本和劳动力，因此有学者提出要加快推进大中城市扩张（李颖、周敏丹，2006；陆铭，2016）。在这种模式下，农村劳动力转移的模式与方向必然是向一线城市集中，向东部沿海省（区、市）

聚集，但这样也必然导致劳动力流动的无序，甚至延缓劳动力转移进程。

（2）农村就地城市化模式。农村转移劳动力往往以血缘关系、地缘关系获取社会支持，受个人受教育程度、文化水平、生活习惯等因素影响，他们往往脱不开故土与原籍的限制，因此就地转移的比例相当高。有学者由此提出"就地城镇化模式"（杨世松，2008）。当然就地转移的模式还应当包括处在城市边缘的农村，由于城市的扩张，这一地区的劳动力被动卷入城镇化洪流。另外也有学者提出中国的乡镇企业发展模式有别于西方的城市扩展和农村劳动力的规模转移，是资源和资本在农村环境下的优化配置，显示了中国工业化发展的特殊道路，也是农村劳动力转移的就业模式之一（王新等，2009）。

三 个体选择视角下的农村劳动力转移模式

农村劳动力的转移不仅是国家发展、城市繁荣的客观产物，同时也是农村劳动力或农民工个体的主观行为决策，因此个人决策角度也呈现了固定模式的一些特点。从农村劳动力个人及家庭的转移情况来看，农村劳动力转移到城市以后并没有完全融入城市，反而呈现候鸟式的迁徙状态。有学者就此提出劳动力转移的四种模式：不离土不离乡、离土不离乡、离乡不离土、离乡又离土（王国平，2008）。这四种模式概括了农村转移劳动力与农业之间的密切关系，也从一个侧面反映了城市中农村劳动力转移的不彻底性。这种模式分类也为具体政策实施提供了一些思路，毕竟在改革开放初期及金融危机以后，劳动力出现短缺或冗余时，从个体视角制定推动劳动力转移的政策较为便利。鼓励农村转移劳动力兼业化、促进乡村振兴等受到学者与政府的推崇。据此，也有学者提出农村劳动力就地就近转移和异地转移是农村劳动力转移就业的两个方向（廖永伦，2016）。

第四节 农村劳动力转移动力研究综述

一 农村劳动力转移的个体动力

从经济理性人的角度来看，农村劳动力向城市转移，是追求更高收入和更好生活的主动或被动选择。很早就有学者从西方经济理论中找到依据，认为人口迁移决策是个人寻求利益最大化及成本最小化的个体决策过程，中国的劳动力转移则与家庭收益的情况紧密相连，但都是为了获得更多的劳动报酬（杜鹰，1997）。农村劳动力流动并不一定是因为家庭耕地面积较少，而是经济报酬最优化的理性选择，耕地多少与流动性之间呈现倒"U"形关系（姚洋，2002）。也有学者利用实地调研资料，对耕地与流动性的关系进行了反驳，并论证了教育对劳动力转移的促进作用（王志刚，2003）。

除了经济因素的考量以外，新生代的农村转移劳动力更注重在城市生活的新鲜感、发展机遇和公平环境，他们与老一辈之间在思想观念、外出动因上已经有了很大差别（张笑秋等，2013；何微微，2016）。家庭一直是农村劳动力转移决策的重要影响因素，从最早的获得更多劳动报酬，实现家庭福利改善的帕累托改进，到提升家庭成员的文化程度促进劳动力转移获得更多发展机会，再到期望更多更公平的子女教育、医疗条件，等等，都是农村劳动力家庭决策的重要考虑因素（钟德友，2010；盛来运，2010；叶鹏飞，2011）。

二　农村劳动力转移的综合动力

农村劳动力向非农经济转移，是工业化和现代化进程中的必然趋势。收入报酬高低的相对性与地区发展的不平衡性导致农村劳动力转移的观点，就是把劳动力的个人决策与宏观经济的发展状况联系在一起了（蔡昉，2003）。从区域发展差距看，劳动力转移是平衡东西部发展差距的个人策略之一，城乡居民收入差距导致农村劳动力源源不断地向城市转移（秦华等，2009）。如果把劳动力转移作为资源配置的有效形式，跨区域的转移，尤其是从中西部向东部的大规模转移，是产业集聚效应增强的表现，但反而继续拉大了区域发展差距（范剑勇，2004）。劳动力转移对经济增长的效应明显，但对地区经济发展差距的影响是拉大了差距还是减小了差距，不同的学者有不同的思考，但更多的学者认为劳动力在区域间的流动和转移，从整体上促进了经济增长，而扩大的地区差距形成了对劳动力转移的更大、更持续的拉力，使经济要素更加集聚，从而提高了经济增长效率（姚林如等，2006；余吉祥等，2013）。

三 农村劳动力转移的动力评价研究

从理论研究和经验研究的成果来看，农村劳动力持续转移的外部动力和内部动力不同程度地发挥着作用，采取科学的方法对转移动力进行分析评价，有利于更加准确地把握农村劳动力持续转移的趋势。农村剩余劳动力持续转移的动力因素众多，各个动力因素发挥作用的过程是非常复杂的社会系统运行的综合结果，对其开展评价需要建构相应的综合运算分析模型。李建平、邓翔（2012）通过建立家庭迁移决策模型，利用2010年第六次全国人口普查数据，对户籍制度、城乡收入差距、区位因素、劳动力聚集等外部动力对劳动力转移决策的影响过程展开分析评价，最后得出结论，认为劳动力聚集的外部性是促成迁移决策的关键动力，户籍制度是劳动力转移的制度阻力，这些动力在东、中、西部地区的表现有所差异。张心洁、周绿林、曾益（2016）基于阿玛蒂亚·森的可行能力理论，结合因子分析方法和模糊评价方法，对影响农村劳动力市民化水平的动力因素进行综合分析，研究发现东、中、西部地区转入地的经济水平，农村劳动力的城市居住环境、政治保障水平、自由权利对农村劳动力市民化水平影响最大。朱战辉（2018）从社会结构的动力分析入手，基于对晋西北地区的田野调查，认为发展需求、婚姻挤压、教育竞争作为农村劳动力转移动力，在不同阶层的劳动力群体中发挥着不同作用，影响农村劳动力转移的实际结果。从外部动力评价研究来看，杨胜利、段世江（2017）认为区域协调是农村劳动力转移的重要动力，大城市的承载能力与资源错配影响农村劳动力的持续转移，要充分挖掘区域协调发展潜力，调动均衡城市化动力，增加农村劳动力收入，实现顺利转移。张江雪、汤宇（2017）基于对全国8座城市的实地调查数据，采用biprobit模型对农村劳动力转移的内外部动力展开分析，结果表明：以收入和教育程度为代表的个人因素、以社保和人际关系为代表的社会因素，以及以跨省区和转入地为指标的区域因素，在农村劳动力转移进程中起着决定作用。

第五节　现有研究述评

由于我国农村劳动力转移具有中国特色的阶段性、回流性特点，本书在收集研究文献时重点放在对国内文献的整理上，相关的国外经典理论与研究将在后文相关章节中有所涉及。基于收集到的国内研究文献，可以对现有的研究做出如下述评。

第一，关于农村劳动力转移数量的研究，由于计算方法不同，对转移规模的数据测算结果迥异，甚至可能出现较大误差。一些研究成果仅计算某一区域或某一地市的农村劳动力流动情况，没有对全国性的劳动力转移数量进行预估，所提出的相关对策自然缺乏全局指导意义与价值。在关于农村劳动力数量估算方法的研究中，一些研究成果只是通过静态估算来建立短期或区域内的劳动力流动数据，既缺乏动态预测又没有宏观数据基础，因此难以展现农村劳动力转移全貌。本书认为，只有科学地估算农村劳动力转移的数量规模，才能实现对农村劳动力转移的全面认识，才能为实现劳动力资源的优化配置和统筹城乡发展提出合理建议。

第二，关于农村劳动力转移的影响因素研究中，现有成果缺少相对比较严谨的数量分析，定性研究较多。而关于农村劳动力转移模式，很多学者从国别、城市和个人视角进行了研究，但依据影响因素分析、利用数量方法进行的转移模式的研究还不多。中国的农村劳动力转移模式不能全盘借鉴国外几百年前的经验，也不能将同一分类模式在全国范围内无差别推广，要具体分析不同区域、不同经济发展状态下的农村劳动力的转移模式，只有这样才能更加全面地形成对劳动力资源配置的科学认识。

第三，从内外部转移动力的角度研究农村劳动力转移，结合转移模式进行转移动力评价和对相关因素做耦合分析的研究并不多见，仍有很大的研究与探索空间。改革开放几十年来，中国的区域经济呈现多样化、差异化的特点，农村劳动力的转移本身就是地区发展不平衡或差异化的结果，因此从质量增长、空间聚集、城乡一体化等角度对相关因素做耦合分析，有利于实现对现实的客观把握、对未来的准确预测和给出合理的政策建议。

第三章 我国农村劳动力转移数量估算

我国农村劳动力转移的规模之庞大令世界瞩目，但从现有的学术研究成果来看，由于使用的方法不同，各方对农村劳动力转移数量的估算结果不尽一致，甚至出现较大差异。本章从核算农村劳动力转移数量的方法比较出发，选择出适合我国实际情况的方法，并以省（区、市）为基本单位，估算出农村劳动力的输出、输入数量，从而为后面的研究打下基础。

第一节 农村劳动力转移数量估算方法

本书把研究对象确定为农村转移劳动力，主要是指身在城镇从事非农工作的离土又离乡的外出务工的农村劳动力。转移劳动力数量的准确核算是开展研究的第一步，也是关键一步。工欲善其事，必先利其器，因此要选出正确、合理的估算方法。

一 估算农村劳动力转移数量的不同方法

目前关于农村劳动力估算的方法较多，主要有以下几种。不同方法下农村劳动力转移数量的估算结果见表 3－1。

（1）人力单位计算法

随着技术进步，农业劳动生产率不断提升，尤其是工业技术先进的机械作业对农业人力作业的替代，使农业生产所用人力的比例不断下降，再加上劳动力自身技术积累和受教育程度的提升，农业所需人力数量将会进一步下降。为此一些学者提出农业劳动所需的劳动者数量，可以用人力单位的方法来对比计算。

（2）生产函数法

农业生产作为经济获得之一，当然能够使用生产函数进行充分计算。根据经济增长目标下资本、劳动的最优配比，能够推算出农业劳动生产所需的劳动量，进而计算农村劳动力的转移数量。这种计算方法的集大成者当属刘易斯，其提出的边际生产效用函数概念是核算劳动力需求和剩余的重要基础。

（3）国际标准模型法

钱纳里和赛尔昆收集了100多个国家和地区的实证资料，并进行计算分析，从而归纳出一国的农业产值和就业的平均比重，由此得出一种估算方法，即国际标准模型法。这种方法见诸王玲、胡浩志《我国农业剩余劳动力的界定与计量》，王红玲《估算我国农业剩余劳动力数量的一种方法》，王检贵、丁守海《中国究竟还有多少农业剩余劳动力》等文献中。

（4）工日法

在假定劳动生产率稳定的前提下进行农业生产劳动量核算是工日法的方法基础。工日法的核算步骤为：通过核算生产不同种类的农产品所需的劳动量，以及相应产出所需的劳动工日工时，加权汇总农业生产所需的总劳动量值，确定农业劳动力的需求量，再按照实际农业劳动力人口的状况予以加减，分省（区、市）算出农村劳动力转入或转出的实际数据。

（5）基准年法

人口数据的动态变化与时间相对应，某一时间点上的劳动力数据应该属于静态值，把某一时间节点的人口现实核算数据作为基础，对其他年度数据进行推算，这种方法就被称为"基准年法"。从农业劳动力的计算方式来看，主要是根据基准年的耕地面积、劳动力数量等计算出不变数值以后再随着时间的变化形成其他年度数据。

（6）生产资源配置优化模型法

从传统社会向现代社会转变，主要是农业部门与非农部门之间比例的不断调整，生产资源配置优化模型法就是基于二元部门划分，以劳动力、资本两项最大化值为约束，建立优化模型并求一阶偏导，再判断两部门之间劳动力分配的合理区间。

表 3 – 1   不同方法下农村劳动力转移数量的估算结果

单位：万人，%

估算方法	作者	地区	年份	剩余劳动力	剩余比例
人力单位计算法	陈吉元	四川	1993	1364.24	51.5
	丁守海	山东	2005	—	13.4
	周健	全国	2015	12473.11 ~ 18128.05	—
生产函数法	任丽君	全国	2007	11700	26.07
	郭金兴	全国	2007	9402.5 ~ 18828.05	31.37 ~ 33.97
	刘建进	全国	2015	11200	24.91
国际标准模型法	王红玲	全国	1998	7674	24.1
	王玲、胡浩志	全国	2004	12607.1	36.6
	王贵检、丁守海	全国	2005	4886.6	14.7
	钟珏	全国	2009	5518.53	—
工日法	蔡昉	全国	2003	10500	23.5
	谢培秀	全国	2004	16030	28.5
	张雅丽、张莉莉	全国	2009	13114	23.1
	王贵检	全国	2015	4586.5	14.4
基准年法	陈先运	全国	2004	9523.3	27.86
	吴庆军、梁燕来、杨登	全国	2006	10643.7	34.8
生产资源配置优化模型法	韩纪江	全国	2003	10000	31
	刘建进	全国	2006	11032	34.12
	侯风云	全国	2009	13772.4	—
	王建	全国	2017	3460	14

资料来源：笔者根据文献整理而得。

二   农村劳动力转移数量估算方法的比较

（1）人力单位计算法

人力单位计算法虽然考虑了机械化与劳动力的替代关系，但农业机械技术的进步和使用是估算和预测结果，在运算进程中的采信使用并不能真正反映农业生产中的机械化程度，核算出来的结果并不一定可靠。

（2）生产函数法

生产函数法连贯性好，但所假定过的函数无法证实或证伪，因此得不到科学验证。

（3）国际标准模型法

现今技术对生产具有显著影响，但国际标准模型法没有考虑到科学技术对农业生产的扩散效应，因此很难准确反映当前各国农业机械生产力水平下农业劳动力转移的实际情况。

（4）工日法

由于各地的农产品类型各异，工日法所选择的种类若要全部覆盖，计算量将会非常大，但优点在于数据相对准确。

（5）基准年法

基准年法在基准年的选择上就不太科学，因此也就很难做出准确核算。

（6）生产资源配置优化模型法

生产资源配置优化模型法的前提是认为劳动力存在稀缺，这种预设并不符合实际。

首先，本书估算的单位为我国 31 个省（区、市），所以采用调查数据的话，工作量无法保证完成，因此需要采用能够使用二手数据的估算方法；其次，估算出的结果是本书展开后序分析的基础，因此对数据的准确性和科学性有较高的要求。考虑到要满足上述两个条件，适用于本书估算农业实际劳动力需求量的方法为工日法。

第二节　我国31个省（区、市）农村劳动力输出数量估算

估算各省（区、市）农村劳动力输出数量，必须先弄清楚各省（区、市）按其农产品总产出计算的农业实际劳动力数量，估算出该变量后，再通过乡村劳动力平衡模型对 31 个省（区、市）农村劳动力输出数量进行估算。

一　我国31个省（区、市）农业实际劳动力需求量估算

本书需要估算 31 个省（区、市）的农业劳动力转移实际数量，数据工

作量大，因此不适宜采用调查数据，是以采用统计年鉴中的二手数据。另外，要选择误差较小的估算方法。基于以上考量，本书采用工日法对各省（区、市）农业实际劳动力需求量进行估算。

（一）估算方法

假定 31 个省（区、市）农村可输出的劳动力只产生在第一产业，农村第二、第三产业没有可输出劳动力，则通过乡村劳动力平衡模型计算农村劳动力输出数量公式如下：

$$TAL = REAP - RDAL - RNAW \tag{3.1}$$

式（3.1）中，TAL 表示农村劳动力输出数量，REAP 表示农村经济活动人口，RDAL 表示农业实际劳动力需求量，RNAW 表示乡村非农就业人口。

（1）经济活动人口包括两个部分，就业人员和失业人员。具体说来，农村经济活动人口数据可采用《中国统计年鉴》中的"乡村从业人员"（RW）指标数据。乡村从业人员指在 16 周岁及以上有劳动能力参加或要求参加社会经济活动的人口，包括劳动年龄内经常参加劳动的人员，也包括超过劳动年龄但经常参加劳动的人员，但不包括户口在家的在外学生、现役军人和丧失劳动能力的人，也不包括待业人员和家务劳动者。而农村家庭成员一般多少都会参与一些家庭经济活动，按照国际劳工组织的定义，农村就可以被看作没有失业人员，因此，乡村从业人员指标数据可以同时被认为是农村（乡村）经济活动人口数量。

（2）农业实际劳动力需求量这一指标数据是通过计算农业生产所需劳动时间的方式统计得到的。首先，假设农村劳动力集中在农业，非农产业不存在剩余劳动力。这主要是因为，在大多数情况下，农民都有土地可以承包，想从事农业的劳动力都可以去做，如果非农产业就业不充分，他们还可以退回到农业中。另外，在现实中，产业间劳动力的流动基本上都是由农业转向非农产业。计算模型如下：

$$L_i(t) = \frac{S_i(t)\alpha_i(t)}{M(t)} \tag{3.2}$$

$$RDAL(t) = \sum_{i=1}^{n} L_i(t) = \sum_{i=1}^{n} \frac{S_i(t)\alpha_i(t)}{M(t)} \tag{3.3}$$

式（3.2）、（3.3）中，$L_i(t)$ 为 t 时刻种植第 i 种作物或饲养第 i 种畜禽需要的劳动力数量；$S_i(t)$ 为 t 时刻第 i 种作物种植面积或第 i 种畜禽饲养量；α_i 为 t 时刻种植 1 公顷第 i 种作物或饲养第 i 种畜禽需要的劳动工日数；$M(t)$ 为 t 时刻一个农业劳动力一年提供的劳动工日数；$RDAL(t)$ 为 t 时刻农业实际劳动力需求量。

（3）乡村非农就业人口为《中国统计年鉴》中乡村乡镇就业人员数（RE）、乡村私营企业就业人员数（RPW）和乡村个体就业人员数（RIW）之和，即：

$$RNAW = RE + RPW + RIW \tag{3.4}$$

（二）估算过程

利用《中国农村统计年鉴》得到各省（区、市）主要农产品产量、农产品种植（或养殖）面积；从《全国农产品成本收益资料汇编》中得到各省（区、市）主要产品或畜禽的每核算单位主产品产量、每核算单位所需用工数量，得出这些农产品生产所需用工数量（总用工日）。本书选取了 2016 年 21 种主要农产品，计算出各省（区、市）主要农产品总用工日情况（见表 3-2）。

表 3-2 主要农产品总用工日

单位：万日

省（区、市）	稻谷	小麦	玉米	大豆	花生	油菜籽	棉花
北京	461	80	248	6	25	—	2
天津	1252	735	1225	26	33	1	525
河北	24026	8300	17774	615	2745	262	10677
山西	24310	2561	8741	123	89	88	349
内蒙古	20721	3951	23007	289	504	6001	10
辽宁	15791	19	6619	448	5597	13	6
吉林	14496	1	15322	614	3745	4	—
黑龙江	32976	340	24678	4758	259	1	—
上海	581	149	8	4	13	32	25
江苏	22768	7264	2581	1077	693	4689	4311
浙江	4933	351	263	293	258	1653	740
安徽	26114	22531	4258	3228	3875	3697	11480
福建	5460	17	214	417	1761	232	8

续表

省（区、市）	稻谷	小麦	玉米	大豆	花生	油菜籽	棉花
江西	24748	64	213	250	3067	5159	4241
山东	42711	16949	19274	753	5254	88	17529
河南	45016	35680	7732	2141	15713	3665	3050
湖北	17546	7563	6379	391	2077	7851	5626
湖南	28131	107	1860	262	2258	13042	—
广东	14894	5	956	85	4987	118	—
广西	15346	55	1667	290	4153	272	147
海南	2074	—	—	13	817	—	
重庆	5460	519	3227	331	592	4249	
四川	20876	5179	5316	1237	5593	19738	452
贵州	12588	1322	8603	825	596	12946	130
云南	26287	2005	17644	661	672	4365	—
西藏	2438	246	65	1	3	420	—
陕西	11826	4210	2681	305	365	1235	1496
甘肃	17879	10109	8437	329	15	1756	—
青海	1421	454	237	—	—	3128	
宁夏	8154	999	2087	121	—	25	—
新疆	23936	17414	11649	579	92	843	61568

省（区、市）	烤烟	甘蔗	药材	马铃薯	蔬菜	瓜果	青饲料
北京	—	—	105	17	2994	1972	60
天津	—	—	131	11	6013	2054	67
河北	486	182	3207	1997	79159	33555	2853
山西	14	325	1226	2980	19305	10756	725
内蒙古	1947	203	2228	8175	20095	2164	6643
辽宁	45	481	1084	1633	29921	20276	475
吉林	11	638	1229	899	15548	2048	27
黑龙江	93	1033	1137	2295	15632	1124	617
上海	2	5	7	12	8054	1155	52
江苏	30	110	562	511	89841	3744	441
浙江	258	571	2236	634	43604	8251	79
安徽	120	590	6845	529	60530	874	566
福建	119	4346	1289	3216	47981	13162	850

续表

省（区、市）	烤烟	甘蔗	药材	马铃薯	蔬菜	瓜果	青饲料
江西	294	911	790	914	35267	11277	2311
山东	—	2193	1138	2161	120414	12528	41
河南	83	6422	4383	5020	128780	20770	38
湖北	208	5680	8045	2332	67234	17996	925
湖南	389	15091	4511	2072	105003	14431	2659
广东	4467	2741	1855	2057	109549	14663	462
广西	26952	1523	4610	1211	88343	42648	273
海南	848	9	621	432	16369	4822	6
重庆	59	2173	8586	3471	46390	4247	341
四川	255	6959	6691	19527	81128	8204	2275
贵州	583	9178	8104	16817	69731	17663	858
云南	7272	—	18905	6824	65682	23034	1311
西藏	—	—	13	20	2130	210	341
陕西	3	2253	7481	3492	37752	45584	388
甘肃	112	—	14345	9044	39417	26170	1613
青海	1	—	1062	995	4080	220	444
宁夏	—	54	1625	4096	11044	13210	2487
新疆	2614	—	4356	1124	31821	87620	7890

省（区、市）	肉猪	肉牛	奶牛	肉羊	蛋鸡	家禽	水产品
北京	856	31	38	159	127	53	405
天津	1070	116	72	138	156	64	4440
河北	12877	2137	1168	3174	1848	1246	6289
山西	1977	251	220	970	636	226	288
内蒙古	2078	1905	1992	10728	353	285	704
辽宁	4670	1041	929	1332	1817	275	23763
吉林	3190	1318	819	614	828	815	891
黑龙江	1614	1109	831	2311	990	182	3066
上海	718	0	14	74	21	20	2127
江苏	6164	79	61	1484	1254	262	15935
浙江	2221	59	44	164	223	364	23879
安徽	7130	420	363	813	1300	1120	10116
福建	6270	127	144	317	202	1683	29867

续表

省（区、市）	肉猪	肉牛	奶牛	肉羊	蛋鸡	家禽	水产品
江西	8569	595	790	137	274	390	23847
山东	22459	1785	1166	4804	3328	1446	71454
河南	23433	2953	2087	6438	2605	916	6559
湖北	8299	498	1047	902	1236	1143	34324
湖南	17111	1075	945	1480	899	623	5931
广东	13457	331	712	93	231	2883	46748
广西	12809	564	1307	177	175	3898	11866
海南	1994	178	186	105	23	398	8242
重庆	7464	338	297	398	338	207	2527
四川	19114	1829	2361	3143	831	1328	10530
贵州	8480	834	871	432	106	307	2856
云南	13193	1532	2018	1255	143	184	4485
西藏	36	740	1220	191	4	3	14
陕西	3554	321	447	682	305	60	1275
甘肃	1912	1069	1120	2996	78	98	168
青海	519	651	1312	1098	19	11	81
宁夏	446	385	452	1220	50	83	1484
新疆	2550	1434	1944	6732	273	569	2379

注：1 公顷 = 15 亩；总用工日（万日）= 单位用工（工日/亩）＊种植（或养殖）面积（千公顷）＊1.5；总用工日（万日）= 单位用工（工日/公斤、头、只、百只）＊产量（万）。

资料来源：原始数据来源于《中国农村统计年鉴》《全国农产品成本收益资料汇编》。本表中的数据为笔者计算得出。

（三）估算结果

《全国农产品成本收益资料汇编》中只有主要的 21 种农产品的每亩种植产品或每百畜禽产品的工日数，因此本书首先计算了 31 个省（区、市）21 种主要农产品的农业实际劳动力需求量。根据 2009 ~ 2016 年各省（区、市）所有农产品的总产出情况，计算 21 种农产品的总产出占各省（区、市）农产品总产出的比重，用 2009 ~ 2016 年各样本所需总用工日除以 21 种农产品的总产出占各省（区、市）农产品总产出的比重，得到 2009 ~ 2016 年 31 个省（区、市）农产品生产所需总用工日，计算结果见表 3 - 3。

根据 2008 年 1 月 3 日劳动和社会保障部发布的《关于职工全年月平均

工作时间和工资折算问题的通知》，劳动者全年的制度工作时间（全年总天数减去休息日及法定节假日）为 250 天，计算办法为年工作日＝365 天 − 104 天（休息日）− 11 天（法定节假日）＝250 天。据此本书将 250 日/年作为劳动者年平均合理工作负荷时长。

表 3 − 3　2016 年各省（区、市）农业实际劳动力需求量

省（区、市）	样本比例（%）	样本所需总用工日（万日）	农产品生产所需总用工日（万日）	农业实际劳动力需求量（万人）
北京	99.8	7640.83	7656.14	30.62
天津	94.4	34649.52	36705.00	146.82
河北	73.2	339080.57	463224.82	1852.90
山西	71.4	108350.17	151750.94	607.00
内蒙古	58.8	108101.95	183846.85	735.39
辽宁	76.9	122066.53	158734.11	634.94
吉林	80.6	69172.12	85821.49	343.29
黑龙江	80.4	141344.96	175802.19	703.21
上海	85.3	6749.73	7912.93	31.65
江苏	99.1	208540.91	210434.82	841.74
浙江	97.4	134993.91	138597.44	554.39
安徽	98.3	212538.61	216214.25	864.86
福建	68.9	148748.18	215889.96	863.56
江西	93.9	166444.15	177256.82	709.03
山东	89.1	343097.79	385070.47	1540.28
河南	82.1	504173.30	614096.59	2456.39
湖北	79.6	233189.66	292951.83	1171.81
湖南	83.0	332075.33	400090.76	1600.36
广东	79.5	379168.26	476941.21	1907.76
广西	93.7	307378.40	328045.25	1312.18
海南	85.6	52191.77	60971.69	243.89
重庆	79.8	28841.24	36141.90	144.57
四川	67.9	287246.09	423042.84	1692.17
贵州	80.9	149629.89	184956.60	739.83

续表

省（区、市）	样本比例（%）	样本所需总用工日（万日）	农产品生产所需总用工日（万日）	农业实际劳动力需求量（万人）
云南	88.0	303146.29	344484.42	1377.94
西藏	64.8	17837.82	27527.50	110.11
陕西	74.0	159081.18	214974.57	859.90
甘肃	85.3	175124.61	205304.35	821.22
青海	77.6	33258.92	42859.43	171.44
宁夏	75.8	45057.34	59442.40	237.77
新疆	69.2	144557.72	208898.44	835.59

资料来源：笔者计算得出。

由表 3-4、图 3-1 可知，2016 年各省（区、市）第一产业实际劳动力需求量、第一产业实际劳动力需求量占城乡就业人员比重，都存在明显差异。河南以 3084.37 万人位居第一，山东和四川分别以 2953.35 万人和 2329.18 万人紧随其后，第一产业实际劳动力需求量排在第 4 到第 10 的省（区、市）分别是广东（2322.24 万人）、安徽（2321.66 万人）、河北（2073.62 万人）、湖南（1921.83 万人）、云南（1845.52 万人）、江苏（1704.59 万人）和湖北（1650.30 万人）。西藏、上海、青海、天津、海南分别以 117.63 万人、177.90 万人、192.15 万人、213.19 万人、297.53 万人位列后 5 位，这几个省（区、市）的第一产业实际劳动力需求量均低于 300 万人。

就第一产业实际劳动力需求量占城乡就业人员比重来看，宁夏以 80.86%位列第一，但第一产业增加值仅排在第 27 位。排在第 2 到第 10 的省（区、市）分别为新疆（73.35%）、甘肃（66.60%）、青海（59.25%）、内蒙古（59.02%）、贵州（58.22%）、广西（54.34%）、海南（53.31%）、安徽（53.23%）、湖南（49.02%），但其各自的第一产业增加值的排名分别为第 20、24、27、19、15、9、23、11、8 名，说明这些省（区、市）第一产业劳动生产率亟待提高。上海的第一产业实际劳动力需求量所占比重最小，只有 13.03%；天津和北京分别以 23.62%、29.52%排在倒数第 2、3 位。

表 3 – 4　2016 年各省（区、市）第一产业实际劳动力需求量及其占城乡就业人员比重

单位：万人，%

省（区、市）	农业实际劳动力需求量	乡村乡镇就业人员数	乡村私营企业就业人员数	乡村个体就业人员数	第一产业实际劳动力需求量	城乡就业人员	第一产业实际劳动力需求量占城乡就业人员比重
北京	30.62	7.99	277.53	44.05	360.19	1220.10	29.52
天津	146.82	35.77	14.66	15.94	213.19	902.42	23.62
河北	1852.90	49.73	116.19	54.80	2073.62	6145.88	33.74
山西	607.00	36.07	111.03	119.27	873.37	1908.20	45.77
内蒙古	735.39	36.71	43.96	53.85	869.91	1473.96	59.02
辽宁	634.94	57.33	134.85	170.38	997.50	2301.16	43.35
吉林	343.29	35.72	57.81	117.48	554.30	1501.73	36.91
黑龙江	703.21	49.58	8.23	40.92	801.94	2077.30	38.60
上海	31.65	23.24	105.04	17.97	177.90	1365.24	13.03
江苏	841.74	45.21	632.02	185.62	1704.59	4756.22	35.84
浙江	554.39	43.85	679.08	280.71	1558.03	3760.00	41.44
安徽	864.86	280.45	710.00	466.35	2321.66	4361.60	53.23
福建	863.56	26.26	148.61	154.10	1192.53	2797.03	42.64
江西	709.03	41.33	211.13	139.97	1101.46	2637.60	41.76
山东	1540.28	55.84	766.49	590.74	2953.35	6649.70	44.41
河南	2456.39	93.58	292.63	241.77	3084.37	6726.39	45.85
湖北	1171.81	42.91	307.61	127.97	1650.30	3633.00	45.43
湖南	1600.36	54.94	199.14	67.39	1921.83	3920.41	49.02
广东	1907.76	47.99	171.76	194.73	2322.24	6279.22	36.98
广西	1312.18	28.13	112.77	90.85	1543.93	2841.00	54.34
海南	243.89	15.06	20.98	17.60	297.53	558.14	53.31
重庆	144.57	25.68	382.69	251.98	804.92	1717.52	46.87
四川	1692.17	66.26	291.82	278.93	2329.18	6583.00	35.38
贵州	739.83	24.78	215.02	175.39	1155.02	1983.72	58.22
云南	1377.94	30.10	216.12	221.36	1845.52	4001.00	46.13
西藏	110.11	1.84	3.34	2.34	117.63	250.68	46.92
陕西	859.90	32.74	38.78	38.82	970.24	2073.00	46.80

续表

省 （区、市）	农业实际劳动力需求量	乡村乡镇就业人员数	乡村私营企业就业人员数	乡村个体就业人员数	第一产业实际劳动力需求量	城乡就业人员	第一产业实际劳动力需求量占城乡就业人员比重
甘肃	821.22	19.77	97.63	92.79	1031.41	1548.74	66.60
青海	171.44	7.58	10.39	2.74	192.15	324.30	59.25
宁夏	237.77	15.10	19.96	25.71	298.54	369.20	80.86
新疆	835.59	13.66	14.76	12.55	876.56	1195.06	73.35

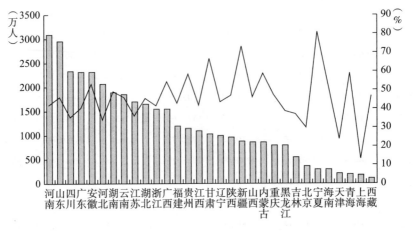

图 3-1　2016 年各省（区、市）第一产业实际劳动力需求量及其占
城乡就业人员比重排序

二　我国 31 个省（区、市）农村劳动力输出数量估算

在得到 31 个省（区、市）的农业实际劳动力需求量后，根据乡村劳动力平衡模型估算出各省（区、市）的农村劳动力输出数量。

（一）估算方法

根据式（3.1）TAL = REAP − RDAL − RNAW 和式（3.4）RNAW = RE + RPW + RIW 计算得出各省（区、市）的农村劳动力输出数量。用 2016 年各省（区、市）农村经济活动人口，减去农业实际劳动力需求量，再减去乡村非农就业人口，即可得到 31 个省（区、市）2016 年的农村劳动力输出数量。

（二）估算过程

在农村劳动力输出绝对量上，2016 年四川以 2019.09 万人占据首位，而安徽、河南、湖南、广东、山东、重庆、江苏分别排在第 2 至 8 位，输出数量分别为 1751.92 万人、1520.63 万人、1275.50 万人、1185.25 万人、1139.17 万人、960.37 万人、916.23 万人，有 6 个地区超过 1000 万人。西藏、海南、北京、上海、天津分别以 2.28 万人、3.15 万人、7.48 万人、9.55 万人、9.76 万人排在后 5 位，这 5 个省（区、市）的农村劳动力输出数量均低于 10 万人（见表 3 - 5）。

从我国 31 个省（区、市）农村劳动力输出数量占乡村从业人员比重来看，重庆以 54.40% 位居第一，而四川、安徽、湖南、江西、贵州、广西、江苏、浙江、广东分别以 46.43%、43.01%、39.89%、39.03%、37.39%、36.39%、34.96%、34.54%、33.79% 排在第 2 至 10 位。与此相对应，海南、新疆、西藏、北京、宁夏、天津、上海、青海、内蒙古、甘肃分别以 1.05%、1.40%、1.90%、2.03%、4.10%、4.38%、5.09%、5.41%、5.68%、8.08% 排在后 10 位。综合来看，各省（区、市）差异很大，农村劳动力输出数量占乡村从业人员比重最低的海南（1.05%）和最高的重庆（54.40%），二者相差 53.35 个百分点（见图 3 - 2）。

表 3 - 5　2016 年各省（区、市）农村劳动力输出数量及其占乡村从业人员比重

单位：万人，%

省（区、市）	乡村从业人员	农业实际劳动力需求量	乡村非农就业人口	农村劳动力输出数量	农村劳动力输出数量占乡村从业人员比重
北京	367.67	30.62	329.57	7.48	2.03
天津	222.95	146.82	66.37	9.76	4.38
河北	2723.37	1852.90	220.72	649.75	23.86
山西	1037.71	607.00	266.37	164.34	15.84
内蒙古	922.32	735.39	134.52	52.41	5.68
辽宁	1217.79	634.94	362.56	220.29	18.09
吉林	751.41	343.29	211.01	197.11	26.23
黑龙江	988.49	703.21	98.73	186.55	18.87
上海	187.45	31.65	146.25	9.55	5.09

续表

省 （区、市）	乡村从业人员	农业实际劳动力 需求量	乡村非农 就业人口	农村劳动力 输出数量	农村劳动力输出 数量占乡村 从业人员比重
江苏	2620.82	841.74	862.85	916.23	34.96
浙江	2380.24	554.39	1003.64	822.21	34.54
安徽	4073.58	864.86	1456.80	1751.92	43.01
福建	1423.59	863.56	328.97	231.06	16.23
江西	1806.63	709.03	392.43	705.17	39.03
山东	4092.52	1540.28	1413.07	1139.17	27.84
河南	4605.00	2456.39	627.98	1520.63	33.02
湖北	2259.91	1171.81	478.49	609.61	26.97
湖南	3197.33	1600.36	321.47	1275.50	39.89
广东	3507.49	1907.76	414.48	1185.25	33.79
广西	2427.11	1312.18	231.75	883.18	36.39
海南	300.68	243.89	53.64	3.15	1.05
重庆	1765.29	144.57	660.35	960.37	54.40
四川	4348.27	1692.17	637.01	2019.09	46.43
贵州	1844.72	739.83	415.19	689.70	37.39
云南	2187.34	1377.94	467.58	341.82	15.63
西藏	119.91	110.11	7.52	2.28	1.90
陕西	1236.70	859.90	110.34	266.46	21.55
甘肃	1122.07	821.22	210.19	90.66	8.08
青海	203.14	171.44	20.71	10.99	5.41
宁夏	311.29	237.77	60.77	12.75	4.10
新疆	889.04	835.59	40.97	12.48	1.40

（三）估算结果

根据工日法，得到 31 个省（区、市）按其各自农产品总产出计算的农业实际劳动力数量，根据乡村劳动力平衡模型估算，得到 2009～2016 年各省（区、市）农村劳动力输出数量，结果见表 3-6。

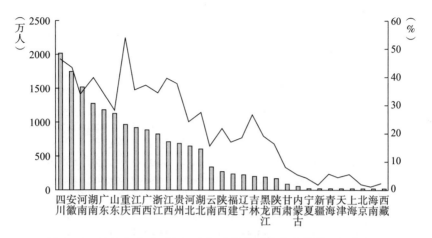

图 3 - 2　2016 年各省（区、市）农村劳动力输出数量及其占乡村从业人员比重排序

表 3 - 6　2009～2016 年各省（区、市）农村劳动力输出数量

单位：万人

省（区、市）	2009 年	2010 年	2011 年	2012 年	2013 年	2014 年	2015 年	2016 年
北京	34.84	26.87	34.84	20.05	18.81	9.04	8.31	7.48
天津	19.76	17.36	19.76	15.92	13.22	10.22	9.27	9.76
河北	554.51	645.10	669.45	671.69	689.17	695.91	693.75	649.75
山西	142.94	172.93	193.52	207.17	218.14	221.14	214.34	164.34
内蒙古	12.56	19.75	25.55	37.51	39.91	44.41	50.41	52.41
辽宁	129.36	133.73	147.30	156.69	165.29	186.29	181.29	220.29
吉林	180.01	201.32	209.01	240.53	253.11	260.11	257.11	197.11
黑龙江	107.83	121.91	139.60	145.12	178.55	189.55	191.55	186.55
上海	26.36	22.27	19.62	17.93	17.55	14.55	12.55	9.55
江苏	1072.65	979.00	946.68	937.79	931.13	936.23	910.23	916.23
浙江	853.52	853.52	839.30	887.11	830.11	826.11	830.21	822.21
安徽	1329.75	1413.76	1431.08	1471.38	1574.92	1549.92	1572.92	1751.92
福建	260.19	206.02	260.19	261.36	236.61	249.61	235.91	231.06
江西	498.35	517.27	591.73	617.27	635.17	643.17	655.17	705.17
山东	739.17	1033.39	1165.11	1071.68	1036.68	1066.68	1067.17	1139.17
河南	1299.71	1363.00	1593.30	1603.63	1781.63	1805.63	1819.63	1520.63
湖北	599.58	568.30	580.61	589.91	606.51	610.91	617.61	609.61
湖南	1146.95	1254.50	1066.50	1119.50	1175.99	1186.72	1263.72	1275.50
广东	945.17	953.25	994.53	1001.45	994.15	1002.15	991.25	1185.25
广西	741.19	770.11	741.19	807.41	811.22	817.22	803.18	883.18

续表

省（区、市）	2009 年	2010 年	2011 年	2012 年	2013 年	2014 年	2015 年	2016 年
海南	3.22	4.73	5.32	3.93	3.39	4.09	4.15	3.15
重庆	923.61	948.67	967.24	1036.10	1064.36	1102.36	1060.37	960.37
四川	1828.68	1713.30	1886.17	1968.30	1986.09	2009.09	2001.09	2019.09
贵州	631.76	659.32	670.36	679.32	679.70	691.70	680.70	689.70
云南	322.30	364.05	322.30	264.05	266.92	293.82	343.82	341.82
西藏	1.52	2.00	2.28	2.40	2.51	2.67	2.88	3.28
陕西	217.05	240.50	246.17	268.44	269.27	271.27	267.27	266.46
甘肃	85.15	87.49	90.99	92.59	94.96	99.66	95.66	90.66
青海	9.92	10.10	12.25	9.92	8.99	6.99	11.99	10.99
宁夏	9.44	10.44	11.69	7.50	3.75	4.75	10.75	12.75
新疆	8.73	11.55	13.49	15.55	13.47	9.47	14.47	12.47

国家统计局 2016 年的农民工监测报告才将我国划分为东部、中部、西部和东北进行农民工流动区域比较，为了对比各区域农村劳动力输出变化情况，统一划分口径，2009~2016 年的外出务工农村劳动力（农村劳动力输出）数量汇总采取东部、中部、西部的区域划分方法。

从全国范围看，2009~2016 年外出务工农村劳动力数量呈逐年递增的趋势，但增速在 2010 年达到 5.52% 的峰值后迅速下降，到 2016 年增速仅为 0.30%，这与国家乡村振兴计划以及各地为鼓励返乡农民工创业给予大力扶持有紧密联系（见表 3-7、图 3-3）。

从区域分布看，东部、中部、西部地区外出务工农村劳动力数量均呈上升趋势，但增势放缓，东部地区 2013 年开始出现负增长，本地农村劳动力数量增加，但外出离土又离乡的农村劳动力减少；中部地区依旧是农村劳动力输出集中区域，但增速也在放缓；西部地区外出务工农村劳动力数量变化率呈波动变化态势（见图 3-4）。

表 3-7 2009~2016 年全国及东部、中部、西部地区外出务工农村劳动力数量变化比较

单位：万人，%

年份	全国外出务工		东部外出务工		中部外出务工		西部外出务工	
	总量	变化率	总量	变化率	总量	变化率	总量	变化率
2009	14533	3.50	4636	7.10	5305	2.00	4592	1.20
2010	15335	5.52	4877	5.19	5613	5.81	4846	5.52

续表

年份	全国外出务工		东部外出务工		中部外出务工		西部外出务工	
	总量	变化率	总量	变化率	总量	变化率	总量	变化率
2011	15863	3.44	5013	2.79	5806	3.44	5044	4.10
2012	16336	2.98	5146	2.66	5995	3.26	5195	2.98
2013	16610	1.68	4936	-4.08	6424	7.15	5250	1.06
2014	16821	1.27	5001	1.32	6467	0.67	5353	1.96
2015	16884	0.37	4944	-1.14	6592	1.93	5348	-0.09
2016	16934	0.30	4791	-3.09	6693	1.53	5450	1.91

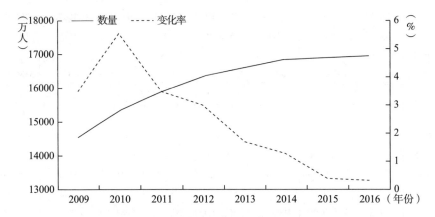

图 3 - 3　2009 ~ 2016 年全国外出务工农村劳动力数量变化趋势

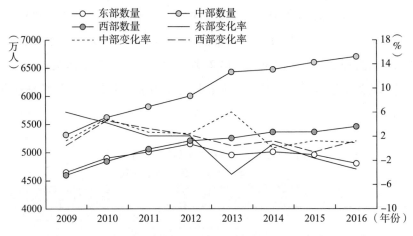

图 3 - 4　2009 ~ 2016 年东部、中部、西部地区外出务工农村劳动力
数量变化比较

（四）估算结果科学性论证

本书研究对象为"离土又离乡"的"外出务工"的农村劳动力，因此将国家统计局公布的 2009~2016 年农民工监测报告中各区域外出务工农民工的数量进行整理，结果见表 3-8。

表 3-8　2009~2016 年农民工监测报告中各区域外出务工农民工数量及占比

单位：%，万人

区域	2009 年		2010 年		2011 年		2012 年	
	比例	数量	比例	数量	比例	数量	比例	数量
东部	31.90	4636.03	31.80	4876.53	31.60	5012.71	31.50	5145.84
中部	36.50	5304.55	36.60	5612.61	36.60	5805.86	36.70	5995.31
西部	31.60	4592.43	31.60	4845.86	31.80	5044.43	31.80	5194.85
东北	—	—	—	—	—	—	—	—
合计	100	14533.01	100	15335.00	100	15863.00	100	16336.00

区域	2013 年		2014 年		2015 年		2016 年	
	比例	数量	比例	数量	比例	数量	比例	数量
东部	29.72	4936.00	29.73	5001.00	29.28	4944.00	27.70	4691.00
中部	38.68	6424.00	38.45	6467.00	39.04	6592.00	37.14	6290.00
西部	31.61	5250.00	31.82	5353.00	31.67	5348.00	31.59	5350.00
东北	—	—	—	—	—	—	3.56	603.00
合计	100	16610.00	100	16821.00	100	16884.00	100	16934.00

资料来源：国家统计局 2009~2016 年农民工监测报告。

将本书估算出的 31 个省（区、市）的农村劳动力输出数量，2009~2015 年按照东部、中部、西部的划分整理合并，2016 年按照东部、中部、西部、东北的划分整理合并，与国家统计局 2009~2016 年农民工监测报告中外出务工农民工的数据进行对比，验证本书农村劳动力输出数量估算的准确性（见表 3-9）。

表 3-9　农村劳动力输出数量估算结果与农民工监测报告中
外出务工农民工数据比较

单位：万人，%

区域	2009 年		2010 年		2011 年		2012 年	
	实际	估算	实际	估算	实际	估算	实际	估算
东部	4636.03	4944.44	4876.53	5028.99	5012.71	5004.95	5145.84	5319.50

续表

区域	2009 年		2010 年		2011 年		2012 年	
	实际	估算	实际	估算	实际	估算	实际	估算
中部	5304.55	5571.35	5612.61	5553.63	5805.86	6000.69	5995.31	6194.61
西部	4592.43	4256.93	4845.86	4606.54	5044.43	4606.28	5194.85	5021.58
东北	—		—		—		—	
合计	14533.0	14772.7	15335.0	15189.2	15863.0	15611.9	16336.0	16535.7
偏差值		− 239.72		145.84		251.08		− 199.69
偏差比		− 1.65		0.95		1.58		− 1.22

区域	2013 年		2014 年		2015 年		2016 年	
	实际	估算	实际	估算	实际	估算	实际	估算
东部	4936.00	5093.47	5001.00	5192.82	4944.00	5109.66	4691.00	4815.56
中部	6424.00	6829.54	6467.00	6541.38	6592.00	6273.66	6290.00	6324.98
西部	5250.00	5043.67	5353.00	5341.17	5348.00	5105.95	5350.00	5488.44
东北	—		—		—		603.00	647.01
合计	16610.0	16966.7	16821.0	17075.4	16884.0	16489.3	16934.0	17276.0
偏差值		− 356.68		− 254.37		394.73		− 341.99
偏差比		− 2.15		− 1.51		2.34		− 2.02

资料来源:实际数据来源于国家统计局 2009～2016 年农民工监测报告;估算数据来源于本书对农村劳动力输出数量的估算。

通过将本书对农村劳动力输出数量估算的结果与国家统计局农民工监测报告中相关数据进行比较可知,二者之间的偏差比在 ± 3%,因此本书估算出的结果具有一定的科学性。

第三节 我国 31 个省(区、市)农村劳动力输入数量估算

在得到各省(区、市)按实际农产品总产出计算的劳动力数量基础上,根据劳动力平衡模型,估算各省(区、市)农村劳动力输入数量。

一 农村劳动力输入数量估算方法

按照劳动力平衡关系,城镇户籍就业人员和乡村户籍就业人员之和的总量应该等于第一产业、第二产业和第三产业从业人员总和。即城镇户籍

就业人员 + 乡村户籍就业人员 = 第一产业从业人员 + 第二产业从业人员 + 第三产业从业人员。

另外，城镇户籍就业人员和乡村户籍就业人员之和又等于城镇从业人员和乡村从业人员数量之和，即城镇户籍就业人员 + 乡村户籍就业人员 = 城镇从业人员 + 乡村从业人员。其中，城镇从业人员包括城镇户籍就业人员和农村劳动力流入人员，即城镇从业人员 = 城镇户籍就业人员 + 农村劳动力流入人员。

从而得到，农村劳动力流入人员 = 城镇从业人员 − 城镇户籍就业人员。其中，城镇从业人员 = 第一产业从业人员 + 第二产业从业人员 + 第三产业从业人员 − 乡村从业人员 = 第一产业从业人员 + 第二产业从业人员 + 第三产业从业人员 −（农业实际劳动力需求量 + 乡村乡镇就业人员数 + 乡村私营企业就业人员数 + 乡村个体就业人员数）。农业实际劳动力需求量、乡村乡镇就业人员数、乡村私营企业就业人员数、乡村个体就业人员数详见本章第二节。

根据以上分析，得到农村劳动力流入人员，即农村劳动力输入数量为：

$$TDMW = (PIEP + SIEP + TIEP) - (RDAL + RE + RPW + RIW) - UEP \qquad (3.5)$$

式（3.5）中，TDMW 为农村劳动力流入人员，PIEP、SIEP、TIEP 分别为第一产业、第二产业、第三产业从业人员，RDAL 为农业实际劳动力需求量，RE、RPW、RIW 分别为乡村乡镇就业人员数、乡村私营企业就业人员数和乡村个体就业人员数，UEP 为城镇户籍就业人员。

二 农村劳动力输入数量估算过程

根据《中国统计年鉴》的现有调查方法及估计数值，建构起我国实际从业劳动力平衡模型，即：

$$UEP + REAP = PIEP + SIEP + TIEP \qquad (3.6)$$

式（3.6）中，UEP 为城镇户籍就业人员，REAP 为乡村户籍就业人员（同本章第一节中所述的农村经济活动人口），PIEP、SIEP、TIEP 分别为第一产业、第二产业、第三产业从业人员。[①]

---

① 这五个劳动力变量的数据来源于各省（区、市）统计年鉴"就业和工资"部分中的"就业基本情况"。

根据式（3.6）导出城镇户籍就业人员数量为：

$$UEP = PIEP + SIEP + TIEP - REAP \qquad (3.7)$$

国家统计局 2009~2016 年农民工监测报告中，只有 2013 年的报告在"农民工从业行业分布"中区分了"农民工合计、外出务工农民工和本地农民工"的从业分布，其余年份报告都只给了农民工整体的从业分布，而且从 2013 年开始农民工从业分布中有了从事第一产业农民工的比重，2013~2016 年该比重分别为 0.6%、0.5%、0.4%、0.4%，显示从事第一产业的农民工比例非常小（见表 3-10），而且在这个分布中没有区分外出务工农民工和本地农民工，为便于操作，本书将从事第一产业的农民工视为本地农民工，外出务工农民工均在城镇第二、第三产业就业。

则城镇中第二产业、第三产业从业人员之和与城镇户籍就业人员之间的差额就近似为各省（区、市）对外出务工农民工的需求量，即城镇第二产业、第三产业对外出务工农民工的需求量。

表 3-10　2009~2016 年农民工从业分布

单位：%

产业	2009 年	2010 年	2011 年	2012 年	2013 年	2014 年	2015 年	2016 年
第一产业	—	—	—	—	0.6	0.5	0.4	0.4
第二产业	51.3	52.8	53.7	54.1	56.8	56.6	55.1	52.9
制造业	36.1	36.7	36.0	35.7	31.4	31.3	31.1	30.5
建筑业	15.2	16.1	17.7	18.4	22.2	22.3	21.1	19.7
第三产业	35.5	35.6	34.2	33.8	42.6	42.9	44.5	46.7
交通运输、仓储和邮政业	6.8	6.9	6.6	6.6	11.1	11.4	11.9	12.3
批发零售业	10	10	10.1	9.8	6.3	6.5	6.4	6.4
住宿餐饮业	6	6	5.3	5.2	5.9	6.0	5.8	5.9
居民服务和其他服务业	12.7	12.7	12.2	12.2	10.6	10.2	10.6	11.1
第二、第三产业总计	86.8	88.4	87.9	87.9	99.4	99.5	99.6	99.6

资料来源：国家统计局 2009~2016 年农民工监测报告。

我们根据式（3.5）估算各省（区、市）农村劳动力输入数量，其中，UEP、PIEP、SIEP、TIEP 数据来源于各省（区、市）统计年鉴中"就业基本情况"，RE、RPW、RIW 数据来源于各省（区、市）统计年鉴中"按城乡就业人员数"，RDAL 数据为前文笔者估算结果。

三 农村劳动力输入数量估算结果

根据式（3.5）计算出 2009～2016 年各省（区、市）农村劳动力输入数量（见表 3-11）。

表 3-11 2009～2016 年各省（区、市）农村劳动力输入数量

单位：万人

省（区、市）	2009 年	2010 年	2011 年	2012 年	2013 年	2014 年	2015 年	2016 年
北京	454.7	422.6	382.6	341.0	322.4	286.3	271.0	263.8
天津	95.6	109.2	109.7	110.6	114.6	117.8	120.0	120.0
河北	466.7	481.2	493.7	515.8	542.2	569.3	612.7	668.0
山西	247.8	261.8	280.1	290.5	296.1	297.9	223.6	203.1
内蒙古	45.0	48.5	59.2	58.9	61.9	64.6	65.8	62.8
辽宁	130.7	148.2	153.4	163.9	185.3	198.4	227.7	301.2
吉林	154.4	166.4	187.6	184.4	175.5	164.4	155.1	144.2
黑龙江	146.4	140.8	123.1	128.8	123.4	114.3	110.0	94.6
上海	495.7	488.7	488.3	427.5	381.2	368.5	388.1	358.3
江苏	1685.5	1884.8	1865.7	1847.2	1829.4	1812.5	1856.7	1788.1
浙江	1837.9	1945.4	2020.1	2049.1	2355.8	2170.1	2259.7	2147.1
安徽	439.7	492.9	513.7	533.6	640.1	718.3	723.8	750.6
福建	388.0	388.0	382.0	378.0	371.0	366.0	358.0	321.0
江西	186.0	128.2	126.4	129.2	133.0	116.5	109.2	106.2
山东	1093.4	1301.4	1299.6	1342.0	1341.4	1382.3	1413.4	1436.3
河南	686.8	766.1	824.7	866.0	953.8	1166.1	1289.1	1399.6
湖北	262.7	271.3	310.9	357.5	402.2	421.9	419.0	481.0
湖南	346.9	363.2	426.2	435.2	448.0	565.9	600.3	629.5
广东	2455.8	2962.7	2962.6	2845.6	2975.9	2780.2	2421.8	2295.0
广西	336.0	310.0	413.0	420.0	429.0	440.0	444.0	462.0
海南	48.2	52.3	54.7	59.2	65.3	68.7	69.8	68.5
重庆	336.1	369.5	399.4	384.4	379.3	387.0	394.0	449.8
四川	1775.9	1307.4	1324.6	1352.0	1368.5	1493.0	1500.5	1531.3
贵州	29.7	35.6	44.3	40.7	44.8	48.4	45.7	53.7
云南	100.7	89.5	88.8	97.4	99.8	103.2	129.5	136.7

续表

省（区、市）	2009 年	2010 年	2011 年	2012 年	2013 年	2014 年	2015 年	2016 年
西藏	2.8	10.48	7.5	8.7	3.0	2.4	8.6	10.8
陕西	128.7	132.8	149.0	157.7	178.8	181.3	181.1	200.6
甘肃	51.7	52.0	59.0	59.2	58.6	58.9	62.0	61.1
青海	17.0	17.4	17.5	13.3	10.3	8.4	17.4	18.0
宁夏	16.5	16.3	16.5	17.2	19.2	18.2	17.1	18.3
新疆	34.3	36.2	35.7	35.7	37.5	38.7	40.8	44.1

注：原始数据来源于 31 个省（区、市）的统计年鉴，表中数据由笔者根据式（3.5）、（3.6）、（3.7）计算得到。

通过分析发现，农村劳动力输入区域遍布中国 31 个省（区、市），2009～2016 年西藏农村劳动力输入数量呈增长态势；而广东流入的农村劳动力数量有下降趋势，但依旧数量规模最大，一直有 2000 万人以上。2009～2016 年广东农村劳动力输入的数量占全国的比重分别为 16.9%、19.5%、19.0%、18.2%、18.2%、16.8%、14.6% 和 13.8%，其规模和所占比重在全国范围内均居于首位。如表 3－11 所示，输入规模较大的省（区、市）还有浙江、江苏、山东、北京、上海，可以看出东部地区农村劳动力输入数量占有绝对优势。

由于我国不同地区在自然环境、地理位置和经济发展水平上存在不同程度的差异，农村劳动力流动表现出不同特征。从转移的状况来看，中部地区为主要的输出地带，西部其次。东部地区主要是省内的输出和输入，中部和西部更多的是跨省份移动，且向东部地区转入的集中化趋势明显（见表 3－12、表 3－13）。

表 3－12　2009～2016 年农村劳动力输入区域分布

单位：%

区域	2009 年	2010 年	2011 年	2012 年	2013 年	2014 年	2015 年	2016 年
东部	62.50	67.20	65.40	64.70	63.20	60.20	59.40	57.90
中部	17.00	16.90	17.60	17.90	19.10	21.20	21.50	22.50
西部	20.20	15.90	16.70	17.10	17.70	18.60	18.80	19.60

注：2016 年国家统计局农民工监测报告才开始将全国划分为东部、中部、西部、东北四个区域，考虑到 2009～2016 年统计口径的一致性，本书沿用 2016 年之前东部、中部、西部的划分标准。

表 3 - 13　2009～2016 年农村劳动力输出、输入数量区域比较

单位：万人

年份	东部		中部		西部	
	输出	输入	输出	输入	输出	输入
2009	4636.03	9083.13	5304.55	2470.61	4592.43	2935.67
2010	4876.53	10305.12	5612.61	2591.62	4845.86	2438.27
2011	5012.71	10374.40	5805.86	2791.89	5044.43	2649.12
2012	5145.84	10569.39	5995.31	2924.14	5194.85	2793.46
2013	4936.51	10497.52	6424.25	3172.51	5250.77	2939.97
2014	5001.17	10126.24	6467.33	3566.05	5353.61	3128.71
2015	4944.88	10029.10	6592.81	3630.06	5348.47	3174.19
2016	4844.29	9804.79	6690.15	3810.15	5350.19	3319.06

四　农村劳动力输入数量估算结果科学性论证

本书研究对象为"离土又离乡"的"外出务工"的农村劳动力，将国家统计局公布的 2009～2016 年农民工监测报告中在各区域就业的外出务工农民工数量进行整理，结果见表 3 - 14。

表 3 - 14　2009～2016 年农民工监测报告中在各区域就业的
外出务工农民工数量及占比

单位：%，万人

区域	2009 年		2010 年		2011 年		2012 年	
	比例	数量	比例	数量	比例	数量	比例	数量
东部	62.69	9083.13	67.20	10305.12	65.60	10374.40	64.89	10569.39
中部	17.05	2470.61	16.90	2591.62	17.65	2791.89	17.95	2924.14
西部	20.26	2935.67	15.90	2438.27	16.75	2649.12	17.15	2793.46
东北	—		—		—		—	
合计	100	14489.40	100	15335.00	100	15815.41	100	16286.99

区域	2013 年		2014 年		2015 年		2016 年	
	比例	数量	比例	数量	比例	数量	比例	数量
东部	63.20	10497.52	60.20	10126.24	59.58	10029.10	55.91	9467.73
中部	19.10	3172.51	21.20	3566.05	21.56	3630.06	21.73	3679.17

续表

区域	2013 年		2014 年		2015 年		2016 年	
	比例	数量	比例	数量	比例	数量	比例	数量
西部	17.70	2939.97	18.60	3128.71	18.86	3174.19	18.93	3204.97
东北	—		—		—		3.44	582.13
合计	100	16610.00	100	16821.00	100	16833.35	100	16934.00

资料来源：2009～2016 年国家统计局农民工监测报告。

　　将本书估算出的 31 个省（区、市）的农村劳动力输入数量，2009～2015 年按照东部、中部、西部划分整理合并，2016 年按照东部、中部、西部、东北的划分整理合并，与国家统计局 2009～2016 年农民工监测报告中的数据进行对比，验证本书农村劳动力输入数量估算的准确性（见表 3－15）。

表 3－15　农村劳动力输入数量估算结果与农民工监测报告中在各区域
就业的外出务工农民工数据比较

单位：万人，%

区域	2009 年		2010 年		2011 年		2012 年	
	实际	估算	实际	估算	实际	估算	实际	估算
东部	9083.1	9172.2	10305.1	10234.5	10374.4	10212.4	10569.4	10179.9
中部	2470.6	2450.7	2591.6	2540.7	2791.9	2792.7	2924.1	2825.2
西部	2935.7	2874.4	2438.3	2425.5	2649.1	2614.5	2793.5	2645.2
合计	14489.4	14497.3	15335.0	15200.7	15815.4	15619.6	16336.0	15650.3
偏差值		-7.9		134.3		195.8		685.7
偏差比		-0.05		0.88		1.24		4.20

区域	2013 年		2014 年		2015 年		2016 年	
	实际	估算	实际	估算	实际	估算	实际	估算
东部	10497.5	10514.5	10126.2	10130.1	10029.1	9998.9	9804.8	9466.1
中部	3172.5	3142.1	3566.1	3555.3	3630.1	3610.1	3810.2	3570.0
西部	2940.0	2690.7	3128.7	2844.1	3174.2	2926.5	3319.1	3049.19
东北	–	–	–	–	–	–	603.0	540.0
合计	16610.0	16347.3	16821.0	16529.5	16833.5	16535.5	16934.0	16625.3
偏差值		262.7		291.5		297.8		308.7
偏差比		1.58		1.73		1.77		1.82

　　资料来源：实际数据来源于国家统计局 2009～2016 年农民工监测报告；估算数据来源于本书对农村劳动力输入数量的估算。

从本书对农村劳动力输入数量估算的结果与国家统计局农民工监测报告中相关数据的比较可知，二者之间的偏差比在 ±10%，因此本书估算出的结果具有一定的科学性。

第四节　我国 31 个省（区、市）农村劳动力净输入分布

31 个省（区、市）都各有估算的农村劳动力输出和输入数量，"净输入"表示本省（区、市）额外吸纳的农村劳动力数量，因此本书以"净输入率"即"（输入 – 输出）/ 输出"对农村劳动力的转移区域进行分类。

一　净输入率估算方法

$$RSL = (TDMW - TAL) / TAL \qquad (3.8)$$

式（3.8）中，RSL 表示各省（区、市）农村劳动力的净输入率，TDMW 表示各省（区、市）农村劳动力输入数量（估算过程及结果详见本章第三节），TAL 表示各省（区、市）农村劳动力输出数量（估算过程及结果详见本章第二节）。

二　净输入率估算结果

北京、上海、天津这三个直辖市，农村劳动力净输入率一直处于高位，农村劳动力净输入率分别从 2009 年的 12.05、17.81、3.84 增长到 2016 年的 34.26、36.51、11.30。贵州一直是净输入率最低的省份，这跟贵州省经济发展水平和人均 GDP 一直排名相对靠后的实际相符。从表 3 – 16 可以看出，北京、上海、天津、江苏、浙江、广东等东部沿海地区因为经济社会发展水平相对较高成为主要净输入地区，除河北外，东部其他省（区、市）均为净输入地区；中部除山西外，安徽、河南、江西、湖南和湖北成片地形成了主要的农村劳动力净输出地区；西部边疆地区如内蒙古、宁夏、青海、西藏和新疆也为净输入地区，除此之外，西部其他省（区、市）均为农村劳动力净输出地区，由此形成东部输入、中西部输出的格局。

表 3 – 16 2009 ~ 2016 年各省（区、市）农村劳动力净输入率

省（区、市）	2009 年	2010 年	2011 年	2012 年	2013 年	2014 年	2015 年	2016 年
北京	12.05	14.73	9.98	16.01	16.14	30.67	31.61	34.26
天津	3.84	5.29	4.55	5.95	7.67	10.52	11.94	11.30
河北	− 0.16	− 0.25	− 0.26	− 0.23	− 0.21	− 0.18	− 0.12	− 0.03
山西	0.73	0.51	0.45	0.40	0.36	0.35	0.04	0.24
内蒙古	2.58	1.46	1.32	0.57	0.55	0.46	0.30	0.20
辽宁	0.01	0.11	0.04	0.05	0.12	0.07	0.26	0.37
吉林	− 0.14	− 0.17	− 0.10	− 0.23	− 0.31	− 0.37	− 0.40	− 0.27
黑龙江	0.36	0.15	− 0.12	− 0.11	− 0.31	− 0.40	− 0.43	− 0.49
上海	17.81	20.94	23.89	22.84	20.72	24.32	29.92	36.51
江苏	0.57	0.93	0.97	0.97	0.96	0.94	1.04	0.95
浙江	1.15	1.28	1.41	1.31	1.84	1.63	1.72	1.61
安徽	− 0.67	− 0.65	− 0.64	− 0.64	− 0.59	− 0.54	− 0.54	− 0.57
福建	0.49	0.88	0.47	0.45	0.57	0.47	0.52	0.39
江西	− 0.63	− 0.75	− 0.79	− 0.79	− 0.79	− 0.82	− 0.83	− 0.85
山东	0.48	0.26	0.12	0.25	0.29	0.30	0.32	0.38
河南	− 0.47	− 0.44	− 0.48	− 0.46	− 0.46	− 0.35	− 0.29	− 0.22
湖北	− 0.56	− 0.52	− 0.46	− 0.39	− 0.34	− 0.31	− 0.32	− 0.21
湖南	− 0.70	− 0.71	− 0.60	− 0.61	− 0.62	− 0.52	− 0.53	− 0.51
广东	1.60	2.11	1.98	1.84	1.99	1.77	1.44	1.33
广西	− 0.55	− 0.60	− 0.44	− 0.48	− 0.47	− 0.46	− 0.45	− 0.48
海南	0.32	0.76	0.64	0.32	0.63	0.63	0.63	0.42
重庆	− 0.64	− 0.61	− 0.59	− 0.63	− 0.64	− 0.65	− 0.63	− 0.53
四川	− 0.28	− 0.03	− 0.30	− 0.31	− 0.31	− 0.26	− 0.25	− 0.24
贵州	− 0.95	− 0.95	− 0.93	− 0.94	− 0.93	− 0.93	− 0.93	− 0.92
云南	− 0.69	− 0.75	− 0.72	− 0.63	− 0.63	− 0.65	− 0.63	− 0.60
西藏	0.09	0.04	0.04	0.10	0.05	0.04	0.04	0.06
陕西	− 0.41	− 0.45	− 0.39	− 0.41	− 0.26	− 0.33	− 0.32	− 0.25
甘肃	− 0.39	− 0.41	− 0.35	− 0.36	− 0.38	− 0.41	− 0.35	− 0.33
青海	0.34	0.42	0.72	0.71	0.64	0.45	0.20	0.14
宁夏	0.75	0.56	0.41	1.29	4.12	2.83	0.59	0.43
新疆	2.93	2.13	1.65	1.29	1.79	3.08	1.82	2.53

三 区域划分

对 2009 ~ 2016 年 31 个省（区、市）净输入率进行描述统计，由偏态系

数可知，"净输入率"分布呈高度偏斜状态，根据"切比雪夫"不等式，"$\mu \pm 3\sigma$"范围内至少包含 28 个（89% 的）省（区、市）（见表 3 – 17）。

表 3 – 17　2009 ~ 2016 年 31 个省（区、市）净输入率描述统计结果

变量	2009 年	2010 年	2011 年	2012 年	2013 年	2014 年	2015 年	2016 年
μ	1.2535	1.4603	1.3377	1.5203	1.6513	2.3016	2.4316	2.7297
σ	0.6989	0.8281	0.8377	0.9020	0.8666	1.2734	1.4174	1.6130
SK	3.4674	3.5111	4.2303	3.5671	3.1856	3.3661	3.3357	3.4384
$\mu - 3\sigma$	- 0.8430	- 1.0240	- 1.1754	- 1.1857	- 0.9484	- 1.5186	- 1.8205	- 2.1094
$\mu + 3\sigma$	3.3501	3.9447	3.8509	4.2263	4.2509	6.1218	6.6838	7.5687

因此，按"净输入率"对区域进行划分的标准为：

（1）农村劳动力净输入率 > $\mu + 3\sigma$，为农村劳动力高度集中输入型地区；

（2）0 < 农村劳动力净输入率 ≤ $\mu + 3\sigma$，为农村劳动力中度输入型地区；

（3）农村劳动力净输入率 < 0，为农村劳动力净输出型地区。

按照农村劳动力输出、输入的估计结果，以及划分标准，将我国 31 个省（区、市）划分为三类（见表 3 – 18）。

表 3 – 18　农村劳动力净输入区域分类

第一类地区		第二类地区		第三类地区	
省（区、市）	流动度	省（区、市）	流动度	省（区、市）	流动度
北京	20.68	山西	0.39	河北	- 0.18
天津	7.63	内蒙古	0.93	吉林	- 0.25
上海	24.62	辽宁	0.13	黑龙江	- 0.17
		江苏	0.92	安徽	- 0.61
		浙江	1.49	江西	- 0.78
		福建	0.53	河南	- 0.40
		山东	0.30	湖北	- 0.39
		广东	1.76	湖南	- 0.60
		海南	0.54	广西	- 0.49
		西藏	0.06	重庆	- 0.61
		青海	0.45	四川	- 0.25

续表

第一类地区		第二类地区		第三类地区	
省（区、市）	流动度	省（区、市）	流动度	省（区、市）	流动度
		宁夏	1.37	贵州	-0.94
		新疆	2.15	云南	-0.66
				陕西	-0.35
				甘肃	-0.37
流动度均值	17.64	流动度均值	0.85	流动度均值	-0.47

第一类为高度集中输入型地区。这些地区的经济发展水平普遍较高，经济发展态势良好，对劳动力的需求旺盛，本地的农村劳动力明显不能满足增长需求，再加上产业发展对劳动力的吸纳能力不断增强，导致劳动力大量涌入。这一类地区以北京、上海、天津为代表。

第二类为中度输入型地区。这些地区以中部、东部部分省（区、市）为代表，农村劳动力跨区域流动度均值为0.85。这些地区内外的劳动力流动频繁，但总体对劳动力的需求基本能够得到满足，外来劳动力与地区内劳动力处于平衡状态，本地区的经济发展具有较强的劳动力吸纳和消化能力，吸引了西部部分省（区、市）劳动力流入。

第三类为净输出型地区。这些地区绝大部分为中、西部省（区、市），其特征是本地经济发展相对较为缓慢，劳动生产水平和工资水平明显低于其他地区，农村劳动力人口基数较大，本地的产业发展很难吸纳和消化大量的农村劳动力，因此农村劳动力需要外流。河南、湖北和四川是中部地区的人口大省和劳动力传统输出大省，是这一类型地区的典型代表。

第五节　本章小结

本章利用工日法，得到我国31个省（区、市）按实际农产品总产出计算的农业实际劳动力需求量。我国31个省（区、市）第一产业实际劳动力需求量中，河南、山东、四川三省位列前三，其后依次是广东、安徽、河北、湖南、云南、江苏和湖北。西藏、上海、青海、天津、海南位列后5位，这几个省（区、市）的第一产业实际劳动力需求量均低于300万人。

在农村劳动力输出数量上，四川占据首位，而安徽、河南、湖南、广东、山东、重庆、江苏分别排在第 2 至 8 位。海南、北京、上海、天津和西藏分别排在后 5 位，这 5 个省（区、市）的农村劳动力输出数量均低于 10 万人。

农村劳动力输入遍布全国 31 个省（区、市），劳动力流动跨度范围大，仅西藏地区 2016 年就有 10 万左右的农村劳动力输入，而广东 2009～2016 年流入的农村劳动力数量虽有下降趋势，但依旧数量规模最大，一直有 2000 万人以上，其规模和所占比重在全国范围内均居于首位。输入规模较大的省（区、市）还有浙江、江苏、山东、北京、上海，可以看出东部地区农村劳动力输入数量占有绝对优势。

第四章 我国农村劳动力转移模式分析

与其他工业化国家的发展历程相比,我国农村劳动力的转移具有历时性和阶段性特点。一般而言,农村劳动力作为规模庞大的跨区域流动群体,在空间转移去向选择方面往往受到多种因素影响,其中区域经济社会发展水平决定了输入地区对农村劳动力的拉力作用大小。本章从确定影响农村劳动力转移的主要因素入手,从空间经济学与劳动力市场变化的角度进一步考察我国农村劳动力转移的基本特征,通过聚类分析增强对农村劳动力转移基本模式的全面认知。

第一节 我国农村劳动力转移影响因素分析

本节采用决策试验和评价实验法确定农村劳动力转移的影响因素。

决策试验和评价实验法是一种对指标因素进行系统分析的理论方法,它的理论基础是图论和矩阵演算,实施过程主要采用专家调查法,根据专家对变量的认识、对变量之间关系的理解来确定变量之间的因果、影响、层次等复杂关系。该方法是由美国 Battelle 实验室开发出来的,主要用于判断两个因素之间是否存在直接影响关系,进而建立因素间的直接影响矩阵。

决策试验和评价实验法在社会科学领域的应用,能够帮助理解和确认复杂系统中各因素之间的相互关系。农村劳动力转移涉及的相关因素繁多,作为群体性的社会行为,农村劳动力转移的各个影响因素之间相互影响,为更好地把握影响农村劳动力转移的关键因素,本书使用决策试验和评价实验法,利用矩阵理论和数学运算,来确认各个因素之间的影响度、被影响度、原因度和中心度等组合关系。

一　测算步骤

（1）因素确定

在识别影响我国农村劳动力转移因素的分析中，本书通过文献整理和专家意见征集，对于可能影响农村劳动力转移的相关因素进行初步收集。按照表4－1所示的入选条件，选出60位征询专家和从业人员，作为意见征集来源。

表4－1　征询专家/从业人员基本信息

组成	入选条件	入选人数
行政管理人员	从事劳动人事领域管理工作10年以上	10
	从事劳动人事服务管理工作5年以上	10
农民工（劳模）	连续转移就业10年以上，第一代农民工	10
	连续转移就业5年以上，新生代农民工	10
研究人员	从事相关理论研究10年以上，具有高级职称	10
	从事相关理论教学10年以上，具有高级职称	10

对60位专家和从业人员的征询结果进行汇总，提炼出10项农村劳动力转移影响因素（见表4－2）。

表4－2　农村劳动力转移影响因素的征询整理结果

影响因素	代表变量	代码	衡量指标
经济因素	产业结构（X_1）	IS	地区非农产值所占比重
	经济集聚程度（X_2）	DEC	地区总产值/全国总产值
	经济市场化程度（X_3）	DEM	规模以上非国有企业增加值/总增加值
	城乡收入差距（X_4）	URIG	城镇居民人均可支配收入/农村居民人均可支配收入
	职工工资水平（X_5）	RWL	地区城镇在岗职工平均工资/全国城镇在岗职工平均工资
就业环境	就业岗位（X_6）	EP	地区人均固定资产投资额/全国人均固定资产投资额
	劳动力市场化程度（X_7）	DLM	城镇非国有企业从业人员数/城镇从业人员数
居民生活水平	消费水平（X_8）	SC	地区居民人均消费支出/全国居民人均消费支出
	卫生医疗水平（X_9）	ML	卫生服务总费用占GDP的比重

续表

影响因素	代表变量	代码	衡量指标
人力资本	受教育年限（X_{10}）	AEY	地区就业人员平均受教育年限/全国就业人员受教育年限

（2）构建因素间直接影响矩阵

为更进一步探求 10 项影响因素之间的相互作用关系，根据决策试验和评价实验法对上述专家和从业人员继续开展意见征询，并按照表 4-3 影响程度判断的分值设置，分别对 10 项指标的相互关系进行交叉判断，从而形成影响关系矩阵数值判断。

表 4-3　影响程度判断

评分	0	1	2	3
影响程度	无影响	影响程度低	影响程度较高	影响程度很高

60 位被征询对象逐一填写，形成如表 4-4 所示的各项影响因素的交叉关系。例如，假设被征询对象认为经济集聚程度（X_2）对经济市场化程度（X_3）和就业岗位（X_6）具有直接影响，且对于就业岗位（X_6）的作用更大，但是对受教育年限（X_{10}）没有直接影响，那么表 4-4 的第 2 行第 3 列、第 2 行第 6 列的单元格应分别取值 2 和 3，而第 2 行第 10 列的单元格应取值为 0。其余以此类推，专家和从业人员需要根据表 4-3 对所有因素逐一进行两两比较。最后，按照最高频值原则对因素之间的影响程度进行专家意见的整理，确保决策试验和评价实验法所收集的数据的有效性和科学性。另外，在对矩阵数据进行处理的过程中，始终保持对被征询对象意见的尊重，对取值的出现频次权重也做出了处理。

（3）对直接影响矩阵进行规范化处理

如表 4-5 所示，对收集到的数据进一步做规范化处理，从而形成矩阵数据，规范化矩阵计算公式为：

$$M = \frac{X_{ij}}{\max_{1 \leqslant i \leqslant n} \sum_{j=1}^{n} X_{ij}} \tag{4.1}$$

式（4.1）中，M 为规范化矩阵，X_{ij} 为因素 X_i 对因素 X_j 的直接影响。

（4）计算综合影响矩阵

通过规范化矩阵 M 求得综合影响矩阵 T，计算公式如下，其中 E 为单位矩阵。具体计算结果见表 4 −6。

$$T = M(E - M)^{-1} \qquad (4.2)$$

（5）各影响因素的系统分析

根据综合影响矩阵求得各影响因素的影响度 D_i、被影响度 R_i、原因度 F_i、中心度 C_i，计算公式如下：

$$D_i = \sum_{j=1}^{n} T_{ij}(i = 1,2,3,\cdots,n) \qquad (4.3)$$

$$R_i = \sum_{i=1}^{n} T_{ij}(j = 1,2,3,\cdots,n) \qquad (4.4)$$

$$F_i = D_i - R_i \qquad (4.5)$$

$$C_i = D_i + R_i \qquad (4.6)$$

式（4.3）、（4.4）、（4.5）、（4.6）分别表述了如何计算影响程度的综合值、被影响值以及"原因要素"和"结果要素"，具体计算结果见表 4 −7。

二 各影响因素相互作用关系运算结果

（1）构建因素间直接影响矩阵

农村劳动力转移影响因素的直接影响矩阵如表 4 −4 所示。

表 4 −4 农村劳动力转移影响因素的直接影响矩阵

	X_1	X_2	X_3	X_4	X_5	X_6	X_7	X_8	X_9	X_{10}
X_1	0	2	0	2	0	2	0	1	0	0
X_2	3	0	0	0	2	3	2	2	1	0
X_3	2	1	0	3	2	3	2	0	0	0
X_4	0	0	1	0	0	0	0	1	0	3
X_5	1	2	0	1	0	0	1	3	0	1
X_6	1	3	0	0	0	0	2	0	0	0
X_7	0	0	2	0	0	3	0	0	0	0
X_8	3	2	0	0	0	1	0	0	0	0
X_9	0	1	0	0	0	0	0	0	0	2
X_{10}	3	1	0	2	3	0	0	2	0	0

（2）对直接影响矩阵进行规范化处理

农村劳动力转移影响因素的规范化矩阵如表 4 - 5 所示。

表 4 - 5　农村劳动力转移影响因素的规范化矩阵

	X_1	X_2	X_3	X_4	X_5	X_6	X_7	X_8	X_9	X_{10}
X_1	0.000	0.083	0.000	0.083	0.000	0.083	0.000	0.042	0.000	0.000
X_2	0.125	0.000	0.000	0.000	0.083	0.125	0.083	0.083	0.042	0.000
X_3	0.083	0.042	0.000	0.125	0.083	0.125	0.083	0.000	0.000	0.000
X_4	0.000	0.000	0.042	0.000	0.000	0.000	0.000	0.042	0.000	0.125
X_5	0.042	0.125	0.083	0.042	0.000	0.042	0.042	0.125	0.042	0.042
X_6	0.042	0.083	0.000	0.000	0.000	0.000	0.083	0.000	0.000	0.000
X_7	0.000	0.000	0.083	0.000	0.000	0.125	0.000	0.000	0.000	0.000
X_8	0.125	0.083	0.000	0.000	0.000	0.042	0.000	0.000	0.000	0.000
X_9	0.000	0.042	0.000	0.000	0.000	0.000	0.000	0.000	0.000	0.083
X_{10}	0.125	0.042	0.000	0.083	0.125	0.000	0.000	0.083	0.000	0.000

（3）综合影响矩阵计算结果

农村劳动力转移影响因素的综合影响矩阵如表 4 - 6 所示。

表 4 - 6　农村劳动力转移影响因素的综合影响矩阵

	X_1	X_2	X_3	X_4	X_5	X_6	X_7	X_8	X_9	X_{10}
X_1	0.077	0.012	0.006	0.016	0.003	0.008	0.027	0.112	0.002	0.004
X_2	0.001	0.677	0.001	0.006	0.001	0.002	0.006	0.022	0.000	0.223
X_3	0.115	0.346	0.018	0.001	0.000	0.001	0.039	0.003	0.000	0.026
X_4	0.038	0.115	0.039	0.098	0.000	0.000	0.346	0.001	0.000	0.009
X_5	0.136	0.261	0.310	0.009	0.001	0.003	0.112	0.001	0.023	0.147
X_6	0.346	0.339	0.447	0.002	0.000	0.123	0.117	0.009	0.000	0.077
X_7	0.039	0.105	0.051	0.058	0.025	0.074	0.240	0.004	0.017	0.033
X_8	0.322	0.201	0.101	0.001	0.000	0.200	0.001	0.006	0.000	0.050
X_9	0.058	0.081	0.016	0.003	0.111	0.004	0.003	0.001	0.001	0.004
X_{10}	0.001	0.001	0.111	0.001	0.049	0.000	0.033	0.003	0.000	0.002

（4）各影响因素的系统分析

对农村劳动力转移影响因素的系统分析结果如表 4 - 7 所示。

表 4 - 7　农村劳动力转移影响因素的系统分析

指标	影响度	被影响度	原因度	中心度	排名
产业结构（X_1）	1.133	0.267	0.866	1.400	5
经济集聚程度（X_2）	2.138	0.939	1.199	3.077	1
经济市场化程度（X_3）	1.100	0.549	0.551	1.649	3
城乡收入差距（X_4）	0.195	0.646	-0.451	0.841	8
职工工资水平（X_5）	0.190	1.003	-0.813	1.193	6
就业岗位（X_6）	0.415	1.460	-1.045	1.875	2
劳动力市场化程度（X_7）	0.924	0.646	0.278	1.570	4
消费水平（X_8）	0.162	0.882	-0.720	1.044	7
卫生医疗水平（X_9）	0.043	0.282	-0.239	0.325	10
受教育年限（X_{10}）	0.575	0.201	0.374	0.776	9

从表 4 -7 可以看到，经济集聚程度和就业岗位分别以中心度 3.077 和 1.875 位列 10 个因素的前两位。经济集聚程度和就业岗位中心度排名靠前，也从侧面说明了整体环境对劳动力转移具有重要的影响。从综合影响矩阵的统计结果来看，经济集聚程度对其他因素对劳动力转移方面的影响较大，对产业结构、经济市场化程度等都有影响。只有经济集聚，农村转移劳动力在城镇中才好找工作，只有解决了就业，农村转移劳动力才能在城镇中留下来，因此经济集聚度是推动农村劳动力转移的动力因素，这个结果和事实相符。经济市场化程度、劳动力市场化程度、产业结构和职工工资水平的中心度分别为 1.649、1.570、1.400、1.193，排名也相对比较靠前，这说明在农村劳动力转移的影响因素中，经济和劳动力的市场化程度以及产业结构升级、职工工资水平也发挥着较大的作用。

此外，经济集聚程度（影响度为 2.138）、产业结构（影响度为 1.133）、经济市场化程度（影响度为 1.100）、劳动力市场化程度（影响度为 0.924）、受教育年限（影响度为 0.575）都对农村劳动力转移产生较大的影响。从综合影响矩阵的统计结果得出，就业岗位（被影响度为 1.46）受其他因素的影响最大，此外，职工工资水平（被影响度为 1.003）、经济集聚程度（被影响度为 0.939）、消费水平（被影响度为 0.882）、劳动力市场化程度（被影响度为 0.646)、城乡收入差距（被影响度为 0.646)、经济市场化程度（被影响度为 0.549）都是被影响程度较大的因素。从原因度上看，原因度大于 0 的因素有产业结构、经济聚集程度、经济市场化程度、劳动力市场化程度和受教育年限，这几个因素影响着劳动力转移的意愿和规模；原因度小于 0 的因素有城乡收入差距、职工工资水平、就业岗位、消费水平和卫生医疗水平，这几个因素受城镇经济发展和人力资本水平的影响。

第二节　划分我国农村劳动力转移模式

本节根据农村劳动力转移的影响因素，结合第三章估算出的各省（区、市）农村劳动力输出数量、输入数量，采用聚类分析法划分出我国农村劳动力转移的不同模式。

一　研究方法与变量说明

经济社会发展水平提高是农村劳动力转移的重要影响因素，在复杂的发展背景、区位因素和人口因素下，我国不同地区的经济社会发展与农村劳动力转移呈现多样化的特点，形成了不同模式。归纳、探索和分析农村劳动力流动与地区经济社会发展水平之间的关系对于以较大区域差异为背景的我国的农民工市民化发展道路有着重要的意义。其启示在于：农村劳动力转移流动的实质是在市场经济规律条件下，劳动力跨区域的优化配置。因此，在有序推进农民工市民化进程中，要充分尊重各地区的要素禀赋和比较优势。

为了说明农村劳动力转移与区域经济发展之间多样的、复杂的、系统性的联系，本书选取了考察农村劳动力转移的农村劳动力输出数量、输入数量、净输入量 3 项指标和影响农村劳动力转移的 10 项因素作为聚类分析指标（见表 4 - 8）。

表 4 - 8　农村劳动力转移模式聚类分析所用指标

影响因素	代表变量
农村劳动力转移	农村劳动力输出数量
	农村劳动力输入数量
	农村劳动力净输入量

续表

影响因素	代表变量
经济因素	产业结构
	经济集聚程度
	经济市场化程度
	城乡收入差距
	职工工资水平
就业环境	就业岗位
	劳动力市场化程度
居民生活水平	消费水平
	卫生医疗水平
人力资本	受教育年限

二 聚类分析的结果

利用聚类分析法将 31 个省（区、市）的 13 项指标进行聚类，迭代两次达到收敛。聚类分析法将样本中的 31 个省（区、市）分为五类，所有指标在给定的显著性水平上均为显著（见表 4 - 9、表 4 - 10）。

表 4 - 9　聚类分析的类别中心

指标	类别中心				
	第 I 类	第 II 类	第 III 类	第 IV 类	第 V 类
农村劳动力输出数量 ***	0.3080	0.1148	0.1924	0.0848	0.0766
农村劳动力输入数量 ***	0.1841	0.2778	0.2482	0.2602	0.2051
农村劳动力净输入量 ***	0.2770	0.0388	0.1301	0.0702	- 0.0222
产业结构 ***	0.5296	0.5250	0.3563	0.5416	0.3792
经济集聚程度 ***	0.8490	0.6218	0.5000	0.4323	0.2267
经济市场化程度 ***	0.6204	0.4104	0.4638	0.5909	0.2371
城乡收入差距 *	0.0071	0.0306	0.0282	0.0347	0.0182
职工工资水平 ***	0.9309	0.4731	0.7740	0.3975	0.2506
就业岗位 ***	0.5291	0.7183	0.7489	0.6105	0.5295
劳动力市场化程度 ***	0.6147	0.6336	0.4895	0.1868	0.1211
消费水平 ***	0.3443	0.4918	0.5825	0.4616	0.3653

续表

指标	类别中心				
	第Ⅰ类	第Ⅱ类	第Ⅲ类	第Ⅳ类	第Ⅴ类
卫生医疗水平 **	0.1171	0.8416	0.7793	0.4195	0.3605
受教育年限 **	0.1103	0.2221	0.1652	0.2018	0.1501
样本个数	3	4	8	15	1

注：*** 、** 、* 分别表示在 1% 、5% 、10% 的水平上显著。

表 4 - 10　农村劳动力转移模式分类

第Ⅰ类	第Ⅱ类	第Ⅲ类	第Ⅳ类	第Ⅴ类
超大规模城市与超强人口集聚模式	外来人口导入与经济强劲拉动模式	相对封闭的本地自发型流动模式	本地人口导出与经济强劲推动模式	西藏模式
北京、天津、上海	江苏、浙江、广东、福建	山西、内蒙古、辽宁、山东、海南、青海、宁夏、新疆	河北、吉林、黑龙江、安徽、江西、河南、湖北、湖南、广西、重庆、四川、贵州、云南、陕西、甘肃	西藏

其中，北京、天津、上海被归入第Ⅰ类；江苏、浙江、广东、福建被归入第Ⅱ类；山西、内蒙古、辽宁、山东、海南、青海、宁夏、新疆被归入第Ⅲ类；河北、吉林、黑龙江、安徽、江西、河南、湖北、湖南、广西、重庆、四川、贵州、云南、陕西、甘肃等 15 个省（区、市）被归入第Ⅳ类；西藏被归入第Ⅴ类。

通过聚类分析，本书将我国农村劳动力输入输出情况和区域经济社会发展水平相联系，将农村劳动力转移模式归纳出五类，这五类模式全面描述了在大规模农村劳动力转移、区域发展状况差异化的背景下，我国农村劳动力转移的不同状态（见图 4-1）。

三　农村劳动力转移的五类模式

（1）第Ⅰ类：超大规模城市与超强人口集聚模式

近十年内，中国三大直辖市的地区生产总值之和一直占全国 GDP 的 9.5% 左右。三地均是以都市发展为主的省级行政区，特别是北京和上海一直致力于打造国际大都市。超大规模城市与超强人口集聚模式的主要特点

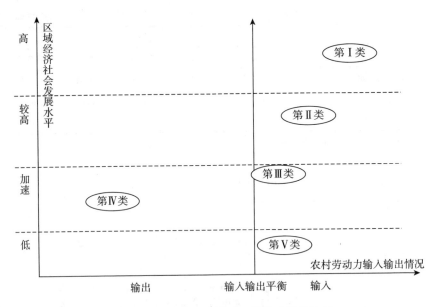

图4-1 农村劳动力转移五类模式划分依据

是：已经实现了经济的快速发展和就业的非农化，农村劳动力处于高强度输入状态。属于第Ⅰ类模式的地区产业结构完善，劳动力市场化程度高，职工收入水平高，这些都是吸引农村劳动力向三地集聚的重要原因。在这三个超大规模城市里，由于经济集聚程度较高，各产业发展水平位居前列，其对职工工资水平、劳动力素质水平的要求远高于其他模式下的省（区、市）。因此属于这类模式的地区下一步发展就要合理控制人口规模，尤其是要疏解核心区人口，使人口比重趋于合理，同时与城市发展方向和现实的资源承载能力相结合，它们对农村劳动力的吸纳能力十分有限。

（2）第Ⅱ类：外来人口导入与经济强劲拉动模式

江苏、浙江、广东、福建4个省属于东部沿海地区所特有的"外来的农村劳动力强力流入与经济快速发展"相互交织的模式。这些地区的经济社会发展水平高于全国平均水平，低于第Ⅰ类模式地区，高于其他模式地区，处于经济快速增长阶段。改革开放以来，这些地区的经济保持快速增长，年增长速度高于全国平均水平3个百分点，但人口密度却是全国平均水平的5倍，属于这类模式的地区工业化和城镇化进程较快，建设用地增长快，土地开发强度高，人口转移总量和空间结构不合理，人口数量规模超过资源环境承载能力，经济发展和环境保护的矛盾突出。因此要合理引导人口分布和产业布局，使劳动力配置与经济发展需求相平衡、人口分布与资源环境承载能力相适应，对农村劳动力的吸纳要控制优化。

（3）第Ⅲ类：相对封闭的本地自发型流动模式

属于第Ⅲ类模式的省（区、市）共有 8 个，这些地区之所以被认为"相对封闭"，是因为它们处于农村劳动力输出和输入基本平衡状态，整体而言略有净输入。根据农村劳动力转移净输入和区域经济社会发展水平，可将相对封闭的本地自发型流动模式继续划分为四小类。山东在这一相对封闭的类别中，是区域经济社会发展水平最好的省份，并且净输入的农村劳动力也多，属于"高—高"组合。内蒙古和辽宁，近几年因为西部大开发和中部崛起战略，发展都有加快，但由于经济发展的集聚程度不高，对劳动力的吸纳未能实现优化，劳动力流入较少，属于"高—低"组合。海南因为近几年旅游业的发展，第三产业吸纳了较多的劳动力，农村劳动力净输入较多；山西煤炭资源是其主导优势资源，煤炭产量占全国煤炭产量的 25%，煤炭及相关产业属于劳动密集型产业，为山西提供了大量的就业岗位，因此农村劳动力净输入较多。但海南和山西的产业结构较单一，经济增速较慢，尤其是山西由采矿引起的土地塌陷、挖损、地裂缝、地下水污染等生态问题突出，且其煤炭产业不具有可持续性。因此，山西和海南属于"低—高"组合。青海、宁夏和新疆三个省（区、市），新疆土地面积 166 万平方公里，约占全国土地面积的 1/6，青海土地面积 72.23 万平方公里，约占全国土地面积的 1/13，三个省（区、市）土地面积之和占全国土地面积的比重为 25.48%，但人口仅占全国总人口的 2.66%，人均可利用土地潜力非常大，因此有条件吸纳农村劳动力流入。但三地产业集聚水平较低，经济发展缓慢，因此属于"低—低"组合（见图 4-2）。

（4）第Ⅳ类：本地人口导出与经济强劲推动模式

属于第Ⅳ类本地人口导出与经济强劲推动模式的省（区、市）共有 15 个，是五类模式中包含省（区、市）最多的，其中农业产值排名前十位的省（区、市），本地人口导出与经济强劲推动模式中就占了 8 个。属于这类模式的地区的人口占全国总人口的 56.84%，占农村户籍人口的 63.64%，但土地面积仅占全国土地总面积的 38.71%，人均可利用土地资源十分紧

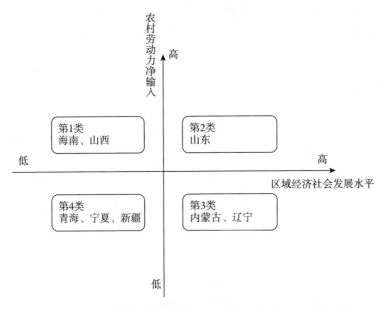

图4-2 相对封闭的本地自发型流动模式类别划分

张。以农村劳动力净输出和区域经济社会发展水平为划分标准，将15个省（区、市）继续划分为四小类。其中，重庆、湖南、湖北属于农村劳动力净输出和区域经济社会发展水平双高型，尤其是重庆作为后来居上的直辖市，在经济发展方面获得了更多的国家支持，在区域经济发展中独占先机。湖南、湖北两省依靠中部崛起战略，取得较好的经济发展成绩，同时农村剩余劳动力的流动规模、频次与其他省（区、市）相比较高，也属于"高—高"组合。相对而言，吉林和陕西的区域经济社会发展水平较高，但两省的农村劳动力净输出水平不高，属于"高—低"组合。而四川、安徽、河南、江西、贵州、云南、广西作为农村劳动力净输出大省，为全国贡献了过半的劳动力流动规模，并且这些省（区、市）的工业发展程度与其他省（区、市）相比不高，区域经济社会发展水平相对落后，省（区、市）内劳动力吸纳能力很强，属于"低—高"组合。河北、黑龙江、甘肃则是另一番情况，三省的农村劳动力净输出水平与区域经济社会发展水平均相对较低，因此属于"低—低"组合（见图4-3）。

（5）第Ⅴ类：西藏模式

在聚类分析中，西藏的农村劳动力输入输出情况与区域经济社会发展水平表现出一定的独特性。西藏经济发展水平很低,同时发展速度也十分缓慢;劳动力流动强度微弱,人口处于低水平净导入状态。由于其特殊的地理环境和历史背景,西藏仍属于欠发达地区,与全国经济平均发展水平相比还有较大差距,经济社会发展面临不少困难和挑战。由于处在特殊的发展阶段和战略位置,西藏的人口规模增幅远低于全国其他省(区、市),再加上西藏特殊的地理环境和资源状况,西藏的空间利用效率有限,对外来人口的吸纳能力较弱,基本难以实现农村劳动力大规模和高水平的流动。

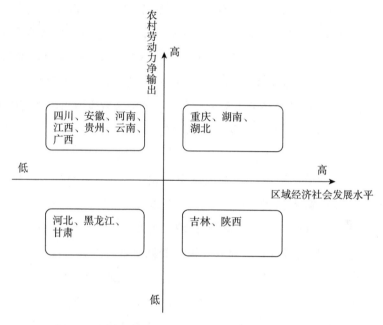

图 4 - 3 本地人口导出与经济强劲推动模式类别划分

第三节 农村劳动力持续转移不同模式区域的比较分析

本节从区域人口分布及经济发展情况的角度,对农村劳动力转移的五类模式进行比较分析。

一 农村劳动力转移不同模式区域人口分布比较

从表 4 - 11 可见不同模式区域人口分布情况。属于第 Ⅰ 类超大规模城市与超强人口集聚模式的三个市人口占全国总人口的比例为 4.39%，其中城镇户籍人口占全国城镇户籍人口的 6.49%、农村户籍人口仅占全国农村户籍人口的 1.40%，但土地面积仅占全国土地面积的 0.36%，人口密度达 1775 人/公里^2，是全国平均人口密度（144 人/公里^2）的 12.33 倍，人口过度集聚，早已超过资源环境可承载强度，不具备人口继续迁移的承载条件，所以不是农村劳动力转移的目标区域。

属于第 II 类外来人口导入与经济强劲拉动模式的四个省人口占全国总人口的比例为 21.85%，其中城镇户籍人口占全国城镇户籍人口的 25.49%、农村户籍人口占全国农村户籍人口的 16.66%，但土地面积仅占全国土地面积的 5.26%，人口密度达 600 人/公里^2，第 II 类模式区域的人口密度只有第 I 类模式区域的约 1/3，但比全国人口密度高出 4 倍多，人口密度较高，第 II 类模式区域的人口迁移资源环境可承载量有限，这类区域应适当控制人口规模。

第 III 类相对封闭的本地自发型流动模式，因为内蒙古、青海、新疆三个地区都属于人口稀薄地区，因此该类模式区域人口仅占全国总人口的 17.92%，其中城镇户籍人口占全国城镇户籍人口的 18.26%、农村户籍人口占全国农村户籍人口的 17.44%，但土地面积却占了全国土地面积的 42.89%，人口密度达 60 人/公里^2，相较于第 II 类模式区域每平方公里人口少了 540 人，这类区域可有序放开农民工的城市落户限制，鼓励农民工在这类区域中尤其是三个疆域辽阔、人口稀薄的省份完成市民化。

第 IV 类属于人口导出与经济强劲推动模式区域的 15 个省（区、市），人口占全国总人口的比例为 55.59%，其中城镇户籍人口占全国城镇户籍人口的 49.62%、农村户籍人口占全国农村户籍人口的 64.09%，土地面积占全国土地面积的 38.71%，人口密度为 208 人/公里^2，人口密度大概是第 II 类模式区域的约 1/3，是第 III 类模式区域的 3 倍多，在这片大概是全国土地面积 1/3 的土地上居住了全国一半多的人口，尤其是超过六成的农村户籍人口集中在这类模式区域中。

第 V 类西藏地区，较为特殊，人口占全国总人口的比例为 0.24%，其中城镇户籍人口占全国城镇户籍人口的 0.13%、农村户籍人口占全国农村户籍人口的 0.41%，土地面积占全国国土地面积的 12.78%，人口密度约为 3 人/公里^2，西藏因其特殊的地理条件，不适合做农村劳动力城镇化转移的目标区域。

表 4 – 11   2016 年农村劳动力转移不同模式区域人口分布比较

分类	地区	总人口（万人）	城镇户籍人口（万人）	农村户籍人口（万人）	土地面积（万平方公里）	人口密度（人/公里²）
超大规模城市与超强人口集聚模式	北京	2195	1904	291	1.68	1307
	天津	1443	1202	241	1.13	1277
	上海	2467	2196	271	0.63	3916
	小计	6105	5302	803	3.44	1775
	占比（%）	4.39	6.49	1.40	0.36	
外来人口导入与经济强劲拉动模式	江苏	8381	5777	2604	10.26	817
	浙江	6072	4112	1960	10.20	595
	广东	11908	8353	3555	18.00	662
	福建	4016	2586	1430	12.13	331
	小计	30377	20828	9549	50.59	600
	占比（%）	21.85	25.49	16.66	5.26	——
相对封闭的本地自发型流动模式	山西	3514	2012	1502	15.63	225
	内蒙古	2436	1544	892	118.30	21
	辽宁	4327	2980	1347	14.59	297
	山东	9973	5897	4076	15.38	648
	海南	957	543	414	3.40	281
	青海	582	312	270	72.23	8
	宁夏	695	408	287	6.65	105
	新疆	2428	1224	1204	166.00	15
	小计	24912	14920	9992	412.18	60
	占比（%）	17.92	18.26	17.44	42.89	——
人口导出与经济强劲推动模式	河北	7375	3973	3402	18.77	393
	吉林	2567	1508	1059	18.74	137
	黑龙江	3463	2116	1347	45.48	76
	安徽	6033	3175	2858	13.97	432
	江西	4496	2427	2069	16.70	269
	河南	9778	4770	5008	16.70	586
	湖北	5885	3447	2438	18.59	317
	湖南	6625	3491	3134	21.18	313
	广西	4857	2392	2465	23.60	206

续表

分类	地区	总人口（万人）	城镇户籍人口（万人）	农村户籍人口（万人）	土地面积（万平方公里）	人口密度（人/公里²）
人口导出与经济强劲推动模式	重庆	3110	1970	1140	8.23	378
	四川	8251	4126	4126	48.14	171
	贵州	3758	1712	2046	17.60	214
	云南	4677	2088	2589	38.33	122
	陕西	3874	2185	1689	20.56	188
	甘肃	2520	1161	1359	45.44	55
	小计	77269	40541	36729	372.03	208
	占比（%）	55.59	49.62	64.09	38.71	——
西藏模式	西藏	340	107	233	122.80	2.77
	占比（%）	0.24	0.13	0.41	12.78	——

注：各省（区、市）人口数据来源于《中国统计年鉴》。

从人口分布可见，第Ⅰ类超大规模城市与超强人口集聚模式区域人口密度过于集中，大城市病明显，人口疏解成为其下一步首选；西藏因其特殊的地理条件，也不适合规模性地进行农村劳动力转移以及未来的市民化工作，因而在第五章及后面的分析中，本书不将这两类模式作为研究对象，而只对其余的三类模式进行研究。第Ⅱ类外来人口导入与经济强劲拉动模式区域的人口密度也较高，要进行适当控制，合理确定农民工落户条件。第Ⅲ类相对封闭的本地自发型流动模式区域的人口密度是前四类模式区域中最小的，具有农村劳动力城镇化转移的自然资源承载条件，可合理放开落户条件，尤其是青海、宁夏、新疆三个地区可有序放开人口迁移落户政策。第Ⅳ类人口导出与经济强劲推动模式区域，全国一半以上的人口集中于此，集中了全国64.09%的农村户籍人口，这类区域可通过城乡一体化促进经济发展，从而为农村劳动力城镇化转移创造经济社会条件。

二　农村劳动力转移不同模式区域经济发展实力比较

由表4-12可见，将全国农村劳动力转移五类模式剔除西藏模式后，各经济指标成倍提升，经济密度提升3.95倍、固定资产投资密度提升2.22倍、FDI密度提升11.17倍、规模以上工业企业R&D经费投入密度提升

4.31 倍、技术市场成交额密度提升 11.07 倍。通过比较可知，西藏的 FDI
和科学技术生产力与全国相差最多，固定资产投资相差最少。再将属于第
Ⅰ类超大规模城市与超强人口集聚模式的三个城市去掉后，各经济指标缩
水明显，可见这三个城市尤其是北京和上海对各类资源的集聚度过强，以
至于剔除后规模以上工业企业 R&D 经费投入密度减少了 31.87%，技术市
场成交额密度直线下降 87.17%，科学技术生产力过于集中在北京、上海。

表 4 – 12　2017 年农村劳动力转移不同模式区域经济发展实力比较

单位：万元/公里^2

		经济密度	固定资产投资密度	FDI密度	规模以上工业企业 R&D 经费投入密度	技术市场成交额密度
全国		881.40	661.74	131.56	12.50	13.44
四类均值		4359.63	2130.77	1600.72	66.39	162.17
三类均值		2561.43	1726.86	491.45	45.23	20.81
外来人口导入与经济强劲拉动模式	江苏	8369.37	5192.69	2525.05	178.74	75.87
	浙江	5075.32	3107.45	545.02	100.99	31.84
	广东	4983.62	2097.88	1800.36	103.61	52.06
	福建	2653.10	2177.76	365.72	37.00	6.22
	均值	5270.35	3143.95	1309.04	105.09	41.50
相对封闭的本地自发型流动模式	山西	993.50	386.47	44.75	7.18	6.02
	内蒙古	136.06	118.45	0.61	0.92	0.17
	辽宁	1604.47	457.62	200.32	18.84	26.44
	山东	4722.64	3589.25	376.19	101.67	33.27
	海南	1312.51	1248.35	137.57	2.20	1.21
	青海	36.34	53.77	0.01	0.12	0.94
	宁夏	518.61	561.50	6.59	4.38	1.00
	新疆	65.55	72.83	0.06	0.24	0.03
	均值	1173.71	811.03	95.76	16.94	8.64
本地人口导出与经济强劲推动模式	河北	1812.27	1779.80	38.72	18.70	4.74
	吉林	797.47	708.85	36.74	4.00	11.74
	黑龙江	349.66	248.28	3.81	1.82	3.23
	安徽	1934.00	2095.57	83.56	31.22	17.86
	江西	1197.98	1322.48	53.16	13.27	5.76

续表

		经济密度	固定资产投资密度	FDI密度	规模以上工业企业 R&D 经费投入密度	技术市场成交额密度
本地人口导出与经济强劲推动模式	河南	2667.83	2664.49	219.74	28.28	4.60
	湖北	1908.45	1736.54	45.06	25.23	55.57
	湖南	1600.71	1508.93	26.74	21.80	9.59
	广西	784.88	868.61	41.20	3.97	1.67
	重庆	2360.23	2130.87	324.47	34.02	6.24
	四川	768.18	662.69	66.25	6.25	8.43
	贵州	765.02	875.92	10.02	3.66	4.56
	云南	427.25	494.03	0.79	2.31	2.21
	陕西	1065.12	1158.53	92.97	9.55	44.79
	甘肃	164.17	128.25	0.05	1.03	3.59
	均值	1240.21	1225.59	69.55	13.67	12.31

比较适于进行农村劳动力城市化转移的中间三类模式区域的经济发展实力如下，三类模式区域的经济密度均值为 2561.43 万元/公里^2、固定资产投资密度均值为 1726.86 万元/公里^2、FDI 密度均值为 491.45 万元/公里^2、规模以上工业企业 R&D 经费投入密度均值为 45.23 万元/公里^2、技术市场成交额密度均值为 20.81 万元/公里^2。第Ⅱ类外来人口导入与经济强劲拉动模式各经济指标的均值分别为 5270.35 万元/公里^2、3143.95 万元/公里^2、1309.04 万元/公里^2、105.09 万元/公里^2、41.50 万元/公里^2；第Ⅲ类相对封闭的本地自发型流动模式各经济指标的均值分别为 1173.71 万元/公里^2、811.03 万元/公里^2、95.76 万元/公里^2、16.94 万元/公里^2、8.64 万元/公里^2；第Ⅳ类本地人口导出与经济强劲推动模式各经济指标的均值分别为 1240.21 万元/公里^2、1225.59 万元/公里^2、69.55 万元/公里^2、13.67 万元/公里^2、12.31 万元/公里^2。

第Ⅱ类模式区域的各项经济指标均值远高于第Ⅲ类和第Ⅳ类模式区域的经济指标均值，说明其已完成初步的资本积累，下一步经济发展重在转型，即从注重经济发展数量向注重经济发展质量转变，由资本积累向通过提高技术效率增加附加值转型。第Ⅲ类模式区域中除了山东整体经济发展较好以外，海南的经济密度、固定资产投资密度和 FDI 密度都高于第Ⅲ类模式均值，但与经济发展质量紧密相关的规模以上工业企业 R&D 经费投入密度、技术市场成交额密度两个指标却很低。其余区域除辽宁外，各项经济指标与第Ⅲ类模式的均值相比都存在显著差距，所以第Ⅲ类模式区域经济发展的重点是增加要素集聚水平，形成内在自我发展能力，形成产业、资本、人口、技术集聚，吸引人口迁移，从而实现农民工市民化。第Ⅳ类模式区域相较于第Ⅲ类模式区域各项经济指标稍好些，但属于第Ⅳ类模式的区域多为农业省份，人口密度高，集中了中国 56.84% 的人口，其中农村户籍人口占全国农村户籍人口的 63.64%，如果依靠城市发展反哺农村，城市的压力过大；另外这些省（区、市）的自身实力也不是很占优势，没有能力在自我发展的同时辐射农村，因此需要城市与农村共同发展，实现城乡一体化。

第四节　农村劳动力转移对不同模式区域
经济增长的影响分析

劳动力是经济发展的必要因素，农村劳动力的转移作为资源优化配置的方式之一，对经济增长、社会发展有着深远影响。我国经济发展的区域不平衡是造成农村劳动力流动的因素之一，地区资源禀赋差异、发展阶段各别、就业环境不同等因素对农村劳动力转移规模、数量、程度存在影响，而同时农村劳动力的转移对转入地和转出地的经济社会发展起着推动和促进作用。结合上文的影响因素分析，本节对农村劳动力转移与经济增长建构模型，并根据相关面板数据予以检验和分析。

一　模型构建

西藏地理环境较为特殊，不适宜劳动力规模性地大批流入，因此本书仅对农村劳动力转移的前四类模式中的 30 个省（区、市）2009 ~ 2016 年区域经济增长的驱动情况进行分析，构建面板数据模型。本书选取了考察农村劳动力转移的农村劳动力净输入量 1 项指标和影响农村劳动力转移的 10 项因素中对前四类农村劳动力转移模式具有重要影响的 5 项因素作为解释变量（见表 4 – 13）。

表 4 – 13   研究农村劳动力转移对不同模式区域经济增长影响的变量选取

变量		代表变量	代码	衡量指标
被解释变量	区域经济增长	经济发展水平	Y	地区生产总值
解释变量	农村劳动力转移	农村劳动力净输入量	NRL	农村劳动力输入数量 – 农村劳动力输出数量
解释变量	经济因素	产业结构	IS	地区非农产值所占比重
		经济集聚程度	DEC	地区总产值/全国总产值
		经济市场化程度	DEM	规模以上非国有企业增加值/总增加值
		职工工资水平	RWL	地区城镇在岗职工平均工资/全国城镇在岗职工平均工资
	就业环境	就业岗位	EP	地区人均固定资产投资额/全国人均固定资产投资额

为确保拟合效果，将模型两边取对数形式。计量模型为式（4.7）和式（4.8）。

$$\ln Y_{it} = \alpha_i + \beta_1 \ln NRL_{j,it} + \beta_2 \ln DEC_{j,it} + \beta_3 \ln DEM_{j,it} + \beta_4 \ln RWL_{j,it}$$
$$+ \beta_5 \ln EP_{j,it} + \beta_6 \ln IS_{j,it} + \varepsilon_{it} \tag{4.7}$$

$$\ln Y_{it} = \alpha_i + \beta_1 \ln(-NRL_{j,it}) + \beta_2 \ln DEC_{j,it} + \beta_3 \ln DEM_{j,it} + \beta_4 \ln RWL_{j,it}$$
$$+ \beta_5 \ln EP_{j,it} + \beta_6 \ln IS_{j,it} + \varepsilon_{it} \tag{4.8}$$

对于农村劳动力净输入量为正的省（区、市）采用式（4.7），对于农村劳动力净输入量为负的省（区、市）采用式（4.8）。

式（4.7）、（4.8）中，Y_{it} 为第 i 个省（区、市）在第 t 年的地区生产总值（$i=1$，2，…，30），β_j 为第 j 个变量的回归系数，$x_{j,it}$ 为第 i 个省（区、市）第 t 年第 j 个变量，即农村劳动力净输入量、产业结构、经济集聚程度、经济市场化程度、职工工资水平和就业岗位。ε_{it} 为随机干扰项。

二   模型检验

（1）序列平稳性检验

模型建立后，为保证数据代入后的回归结果的有效性，本书用 LLC 检验和 Fisher-ADF 检验对数据进行平稳性检验，结果如表 4 – 14 所示。两种检验方法均证明变量为置信空间下的平稳数列（所有 P 值均小于 0.05），可以建立数据回归模型。

表 4 - 14　面板数据单位根检验

变量	LLC 检验			Fisher-ADF 检验		
	统计量	P 值	结论	统计量	P 值	结论
$\ln Y$	- 6.6448	0.000	平稳	88.3162	0.000	平稳
$\ln NRL$	- 1.7345	0.000	平稳	55.5038	0.000	平稳
$\ln IS$	- 1.1066	0.000	平稳	32.87113	0.0069	平稳
$\ln DEC$	- 27.8954	0.000	平稳	56.1277	0.000	平稳
$\ln DEM$	- 12.4655	0.000	平稳	202.7006	0.000	平稳
$\ln RWL$	- 2.2154	0.000	平稳	79.5511	0.000	平稳
$\ln EP$	- 10.1835	0.000	平稳	148.1372	0.000	平稳

注：LLC 检验和 Fisher-ADF 检验选择的检验类型初次均为 "Level"，Fisher-ADF 检验 "Level" 序列均平稳，LLC 检验均平稳。所有变量检验形式为 "Individual intercept and trend"。显著水平为 5%。

（2）协整检验

为验证变量之间的长期均衡关系，本书根据 Pedroni 提出的七种基于残差的面板协整检验结论，对面板数据进行协整检验，结果见表 4 - 15。面板协整检验的原假设是 "变量之间不存在协整关系"，在 95% 的置信度下，P 值小于 0.05 则拒绝原假设，从而变量之间存在协整关系。

表 4 - 15　面板数据协整检验

检验形式	$\ln Y$ 与 $\ln NRL$			$\ln Y$ 与 $\ln IS$			$\ln Y$ 与 $\ln DEC$		
	统计量	P 值	结论	统计量	P 值	结论	统计量	P 值	结论
Panel v-Statistic	10.4006	0.621	否	- 1.6936	0.000	协整	- 10.9587	0.000	协整
Panel rho-Statistic	- 1.8351	0.000	协整	- 7.1515	0.000	协整	- 2.1203	0.056	否
Panel PP-Statistic	- 0.6679	0.000	协整	1.3539	0.000	协整	- 10.25153	0.000	协整
Panel ADF-Statistic	2.8392	0.201	否	1.7278	0.071	否	- 12.4293	0.000	协整
Group rho-Statistic	- 7.1134	0.000	协整	- 3.6354	0.000	协整	- 9.8645	0.000	协整
Group PP-Statistic	- 4.1071	0.000	协整	- 7.1364	0.000	协整	- 11.0306	0.000	协整
Group ADF-Statistic	0.5537	0.773	否	- 2.7507	0.000	协整	0.7146	0.034	协整
结论	存在协整关系			存在协整关系			存在协整关系		

续表

检验形式	lnY 与 lnDEM			lnY 与 lnRWL			lnY 与 lnEP		
	统计量	P 值	结论	统计量	P 值	结论	统计量	P 值	结论
Panel v-Statistic	− 1.9999	0.001	协整	− .10695	0.000	协整	− 4.1639	0.0001	协整
Panel rho-Statistic	− 5.9317	0.001	协整	− 2.2455	0.000	协整	− 1.6772	0.002	协整
Panel PP-Statistic	− 1.7728	0.000	协整	4.0116	0.510	否	1.5737	0.281	否
Panel ADF-Statistic	− 10.9988	0.000	协整	− 3.1985	0.000	协整	− 11.2353	0.000	协整
Group rho-Statistic	− 5.1091	0.000	协整	− 1.1845	0.000	协整	− 4.1451	0.000	协整
Group PP-Statistic	1.1772	0.181	否	− 12.2903	0.000	协整	− 5.7913	0.000	协整
Group ADF-Statistic	− 2.8729	0.000	协整	1.0991	0.179	否	− 2.2462	0.003	协整
结论	存在协整关系			存在协整关系			存在协整关系		

三 分析结果

在通过平稳性检验、协整检验基础上，对模型分别运用面板固定效应模型（FE）和随机效应模型（RE）进行回归，并通过 Hausman 检验来确定模型选择（见表 4 – 16）。

表 4 – 16 四类模式的固定效应和随机效应模型

	第 I 类模式		第 II 类模式		第 III 类模式		第 IV 类模式	
	FE	RE	FE	RE	FE	RE	FE	RE
lnNRL	0.052	0.043	0.558 ***	0.549 ***	0.093 *	0.049 *	0.349 **	− 0.493 **
	(0.0621)	(0.0591)	(0.0193)	(0.0592)	(2.0307)	(2.0456)	(0.0556)	(0.0907)
lnIS	0.253 **	0.221 **	0.120 *	0.126 *	0.037 *	0.109 *	0.109 *	0.227 *
	(0.0535)	(0.0509)	(0.0655)	(0.0620)	(0.0619)	(0.0564)	(0.0864)	(0.0219)
lnDEC	0.387 **	0.337 **	0.357 **	0.367 **	0.395 **	0.335 **	0.335 **	0.395 **
	(0.0335)	(0.0307)	(0.0871)	(0.0269)	(0.0277)	(0.0285)	(0.0215)	(0.0277)
lnDEM	0.283 **	0.237 **	0.434 **	0.466 **	0.192 **	0.141 **	0.481 **	0.386 **
	(0.0921)	(0.0080)	(0.0102)	(0.0076)	(0.0069)	(0.0049)	(0.0033)	(0.9319)
lnRWL	0.022 **	0.061 **	0.042 *	0.019 *	0.131 *	0.133 **	0.133	0.431
	(0.0217)	(0.0123)	(0.0507)	(0.0122)	(0.0133)	(0.0136)	(2.0136)	(2.0143)
lnEP	0.497 **	0.590 **	0.288 **	0.364 **	0.071	0.142	0.342	0.667
	(0.0505)	(0.0341)	(0.0159)	(0.0665)	(1.0365)	(0.0519)	(1.0619)	(1.0165)
常数项	0.521 **	0.648 **	0.220 **	3.036 **	2.148 *	3.398 *	0.209 **	0.927 **
	(0.4360)	(0.2310)	(4.0961)	(0.6701)	(0.6249)	(0.2626)	(0.0864)	(0.2199)

续表

	第Ⅰ类模式		第Ⅱ类模式		第Ⅲ类模式		第Ⅳ类模式	
	FE	RE	FE	RE	FE	RE	FE	RE
样本个数	24	24	32	32	64	64	120	120
R^2	0.9014	0.8873	0.9107	0.9351	0.8291	0.8923	0.8835	0.8948
HausmanP	0.0000		0.1777		0.1400		0.1040	

注：***、**、*分别表示在1%、5%、10%的水平上显著。

从 Hausman 检验结果来看，第Ⅰ类超大规模城市与超强人口集聚模式效应分析检验的 P 值小于 0.05，第Ⅱ类外来人口导入与经济强劲拉动模式、第Ⅲ类相对封闭的本地自发型流动模式、第Ⅳ类本地人口导出与经济强劲推动模式效应分析检验的 P 值均大于 0.05，因此，对第Ⅰ类超大规模城市与超强人口集聚模式的面板数据，选择固定效应分析；对第Ⅱ类外来人口导入与经济强劲拉动模式、第Ⅲ类相对封闭的本地自发型流动模式、第Ⅳ类本地人口导出与经济强劲推动模式的面板数据，选择随机效应分析。

在对第Ⅰ类模式面板数据的固定效应分析中，除了农村劳动力净输入量没通过显著性检验以外，其余自变量全部通过 5% 的显著性水平检验。第Ⅰ类模式面板数据的拟合优度为 90.14%，自变量能较好地解释因变量的变化。五个通过显著性检验的自变量所对应的系数均大于 0，因此对该类模式区域经济增长都发挥正向作用。经济集聚程度、经济市场化程度和就业岗位每增长 1%，分别可推动经济增长 0.387%、0.283% 和 0.497%。农村劳动力净输入量和经济增长没有显著关系，可见属于超大规模城市与超强人口集聚模式的三个城市对劳动者自身素质有更高的要求，尤其需要创新人才和管理人才，因而具有专业技术的人力资本是人口输入的首选。

在对第Ⅱ类模式面板数据的随机效应分析中，面板数据的拟合优度为 93.51%，自变量能较好地解释因变量的变化。农村劳动力净输入量通过 1% 的显著性水平检验，显著性高。经济集聚程度、经济市场化程度和就业岗位三个自变量通过 5% 的显著性水平检验，显著性较高；产业结构、职工工资水平通过 10% 的显著性水平检验。六个自变量对第Ⅱ类模式地区经济增长均发挥正向作用。农村劳动力净输入量每增加 1%，可拉动经济增长 0.549%。经济集聚程度、经济市场化程度和就业岗位每增长 1%，分别可推动经济增长 0.367%、0.466% 和 0.364%，产出弹性都较高。属于第Ⅱ类外来人口导入与经济强劲拉动模式的江苏、浙江、广东的经济结构方面，制造业所占比重较大，但近几年，这几个省的服务业发展加速明显，因此吸引并且吸纳了较多农村劳动力输入，但随着产业升级、优化调整，这类模式区域对专业人力资本需求逐渐增强，可继续吸纳农村劳动力的规模有限。

在对第Ⅲ类模式面板数据的随机效应分析中，面板数据的拟合优度为 89.23%。经济集聚程度、经济市场化程度、职工工资水平三个自变量所对应的 P 值均小于 0.05，即通过 5% 的显著性水平检验，显著性较高；产业结构、农村劳动力转移净输入量通过 10% 的显著性水平检验；就业岗位没有通过显著性检验。在这类模式中，经济集聚程度对经济增长的解释度最高，达到 0.335%，其次是经济市场化程度 0.141%、职工工资水平 0.133% 和产业结构 0.109%。农村劳动力净输入量虽然对经济增长有正向作用，但产出弹性较低，仅有 0.049%。这类模式的 8 个省（区、市）中，除山东外，其余省（区、市）的发展仍然依靠粗放型经营模式，技术设备落后，就业岗位没有通过显著性检验，说明物质资本投资对经济增长作用并不显著。

在对第Ⅳ类模式面板数据的随机效应分析中，面板数据的拟合优度为 89.48%。经济集聚程度、经济市场化程度和农村劳动力净输入量三个自变量通过 5% 的显著性水平检验，显著性较高；产业结构通过 10% 的显著性水平检验；就业岗位和职工工资水平两个变量没有通过显著性检验。在四个通过显著性检验的变量中，产业结构、经济集聚程度和经济市场化程度三个变量对经济增长的作用为正向，农村劳动力净输入量对经济增长的作用为负向。农村劳动力净输入量对经济增长的解释度达到 −0.493%，说明在这类模式区域中，农村劳动力输出对地区经济增长发挥了作用。就业岗位和职工工资水平两个变量没有通过显著性检验，但该类模式中的省（区、市）集中了中国 56.84% 的人口以及 63.64% 的农村户籍人口，说明物质资本积累拉动经济增长的作用不明显。

第五节 选择三类农村劳动力转移模式进行 重点分析的说明

属于超大规模城市与超强人口集聚模式的三个城市，北京、上海和天津，其人口占全国总人口的比例为 4.39%，其中城市户籍人口占全国城市户籍人口的 6.49%，农村户籍人口占全国农村户籍人口的 1.40%，但土地面积仅占全国土地面积的 0.36%，人口密度为 1775 人/公里^2，人口过度集聚，早已超过其资源环境可承载强度，不具备人口继续迁移的承载条件，所以不是农村劳动力转移的目标区域。另外，在农村劳动力转移对不同模式区域经济增长影响的分析中，该模式区域农村劳动力净输入量和经济增长没有显著关系，可见属于超大规模城市与超强人口集聚模式的三个城市对劳动者自身素质有更高的要求，尤其需要创新人才和管理人才，因而具有专业人力资本的人才是其人口输入的首选。因此，在后面章节关于农村劳动力转移模式的分析中不再讨论属于超大规模城市与超强人口集聚模式的三个城市。

西藏的劳动力流动强度微弱，人口处于低水平净导入状态。西藏自然环境不适宜人口大规模迁入，因此在后面章节关于农村劳动力转移模式的分析中不再讨论西藏模式。

在对第Ⅱ类模式面板数据的随机效应分析中，农村劳动力净输入量通过 1% 的显著性水平检验，显著性高。农村劳动力净输入量每增加 1%，可拉动经济增长 0.549%；在对第Ⅲ类模式面板数据的随机效应分析中，农村劳动力净输入量通过 10% 的显著性水平检验。农村劳动力净输入量虽然对经济增长有正向作用，但产出弹性较低，仅有 0.049%；第Ⅳ类模式面板数据的随机效应分析中，农村劳动力净输入量通过 5% 的显著性水平检验，显著性较高。农村劳动力净输入量对经济增长的作用为负向，农村劳动力净输入量对经济增长的解释度为 −0.493%，说明在这类模式区域中，农村劳动力输出对地区经济增长发挥了作用。

在后面章节关于农村劳动力转移模式的分析中，着重分析农村劳动力净输入量对经济增长有显著贡献的第Ⅱ类外来人口导入与经济强劲拉动模式、第Ⅲ类相对封闭的本地自发型流动模式以及第Ⅳ类本地人口导出与经济强劲推动模式。

第六节　本章小结

本章采用决策试验和评价实验法确定了我国农村劳动力转移的影响因素，并结合 31 个省（区、市）农村劳动力输入数量、输出数量及净输入量，通过聚类分析，将我国农村劳动力转移划分为五类模式。第Ⅰ类，超大规模城市与超强人口集聚模式；第Ⅱ类，外来人口导入与经济强劲拉动模式；第Ⅲ类，相对封闭的本地自发型流动模式；第Ⅳ类，本地人口导出与经济强劲推动模式；第Ⅴ类，西藏模式。

分析农村劳动力净输入量对各类模式区域的经济增长的贡献发现，农村劳动力净输入量对第Ⅱ类外来人口导入与经济强劲拉动模式区域和第Ⅲ类相对封闭的本地自发型流动模式区域的经济增长都发挥了正向作用，但相对封闭的本地自发型流动模式区域的产出弹性较低。第Ⅳ类本地人口导出与经济强劲推动模式区域中，农村劳动力净输入量对经济增长发挥了负向作用，并且在模型中的产出弹性最大。第Ⅰ类超大规模城市与超强人口集聚模式区域中，农村劳动力净输入量没有对经济增长起到显著作用。通过有关农村劳动力净输入量对不同模式区域经济增长的贡献分析，确定后面评价分析只围绕第Ⅱ类外来人口导入与经济强劲拉动模式、第Ⅲ类相对封闭的本地自发型流动模式和第Ⅳ类本地人口导出与经济强劲推动模式三类模式展开。

第五章　农村劳动力持续转移的动力分析

关于中国农村劳动力转移数量的持续性争论主要聚焦在"刘易斯拐点"问题上。早在 2006 年就已经有学者提出，随着"民工荒"的出现，中国将提前面临劳动力短缺困境，当然也有不同的观点认为，中国有着丰富的农村劳动力，刘易斯拐点远未到来。而关于农村劳动力个体持续转移的话题，主要集中在"农民工市民化"这一研究领域，很多学者从不同的角度提出推动农村劳动力持续转移的建议，为解释劳动力持续转移的动力做出回答。无论是大规模农村劳动力转移的长期持续，还是转移出来的农村劳动力的城市融入，都是亟待解决的现实问题。要想解决这些问题，首先要摸清楚不同模式下劳动力转移的现状，其次要对劳动力持续转移的动力做出认真分析。

第一节　农村劳动力持续转移的动力构成要素

农业或农村中的劳动力向工业或城市转移，是世界现代化的必经之路，因此学者对于农村劳动力问题的关注也由来已久。古典经济学时期就已经产生了劳动力迁移相关的经济学理论。第二次世界大战以后，西方关于农村劳动力的转移研究出现了一大批理论成果。从研究方法或研究成果来看，针对农村劳动力的产生、转移、趋势等方面的研究，大致可以分为结构主义和行为主义两类方法、经济动力与社会动力两类观点、农村劳动力持续转移或走向终结两类预测。其中结构主义的方法主要从工业—农业、城市—农村的二元结构出发，探讨农村劳动力的持续供给和自由转移，而行为主义的方法则更强调农村劳动力个人的人力资本积累和家庭决策行为管理。

就中国的农村劳动力转移而言，劳动力的跨地区、跨产业转移同样是经济发展的必经之路，这既是现实状况，又是历史过程。从更长时段的视角来看，中国农村劳动力转移的持续性表现在两个方面：一是劳动力转移规模的持续性，即不同代际劳动力的先后流动，这主要强调的是群体转移的持续性；二是劳动力从农村出来向城市转移并逐步在城市扎根的持续性，这主要是强调个体转移的持续性。探讨农村劳动力的持续转移动力，要从农村劳动力的个体诉求及自身条件入手。农村劳动力自身人力资本状况既是影响个体是否参与持续转移的重要因素，也是影响劳动力群体持续转移的关键条件。从经典的二元结构主义理论及身份经济学的研究进展来看，结构动力与身份认同动力都在农村劳动力转移的全过程中持续发挥作用，都将作为外部环境的保障条件为持续转移提供动力支持。

因此，考察中国农村劳动力持续转移的动力，既不能脱离对农民工个体人力资本因素的关注，也离不开对外部环境中社会公平与经济发展两大因素的推拉作用分析。

一 内部动力

从农村劳动力转移的角度来说，农村转移劳动力个人的人力资本积累是帮助他们做出从农村向城市转移的决策的关键因素，他们正是因为具备了城市所需要的人力资本，才实现了工作环境和条件的改变。而人力资本主要是通过人力资本投资形成的。农村劳动力转移到城市以后，只有努力学习科学文化知识，提高职业技能素质，才能完成转换为市民身份的必要步骤。文化素质和职业技能的提高，能够让农民工拥有更大的就业选择的空间，摆脱低端就业的选择限制，形成更高层级就业的竞争力。

从劳动经济学的工资决定机制理论来看，劳动力工资收入的关键决定因素是个人人力资本，因此提升人力资本不仅是经济发展产业升级的需要，更是农村转移劳动力提高收入，获得更高报酬的最好手段。

二 外部动力

从客观上来看，推动农村劳动力持续转移的外部动力主要是经济发展和社会公平。农村劳动力输入地的经济繁荣既是农村劳动力转入的结果，也是实现进一步持续转移的保障条件。劳动力从农村转移到城市，对社会公平的诉求既合理又科学，社会公平的环境是他们持续转移、融入城市的基本保障。

（一）经济发展拉动农村劳动力持续转移

经济发展是农村劳动力持续转移的基础和前提，农村劳动力持续转移是经济社会发展到一定阶段后必须面临、解决的问题，但农村劳动力转移的规模与速度必须与经济发展水平相适应，否则农村转移劳动力即便在城镇中取得户籍，在城镇中也生存不下去，这种转移的结果没有任何意义，也为社会安定和谐埋下了隐患，所以经济的发展、经济结构的调整、产业的转型升级是农村劳动力持续转移推进的先决条件，直接决定着农村劳动力持续转移的可能性和质量水平。

（二）社会公平推动农村劳动力持续转移

无论是从身份经济学的认同动力来说，还是从劳动者自身人力资本素质提升的角度来说，社会公平都是推动农村劳动力转移的重要一环。

社会公平是推进农村剩余劳动力持续转移的现实需要。从根本上说想要完成农村劳动力持续转移的过程，就要在大力发展生产力和完善社会主义基本制度的基础上，实现社会的公平，处理好效率和公平的关系，充分发挥效率在社会发展中的先导作用，保障社会公平在全体成员中能够顺利实现。随着经济社会的全面发展，我们必须让为中国社会发展做出巨大贡献的农民也享受到发展成果。习近平总书记指出，"全面深化改革必须以促进社会公平正义、增进人民福祉为出发点和落脚点"，因此在全面深化改革阶段我们应该把提高效率同更加注重社会公平结合起来，逐步解决农民工在城市中的生存、生活问题，这样才能实现经济、社会更好更快发展。

社会公平是实现农村劳动力持续转移的必然要求。农村劳动力持续转移在实现过程中会受到一些主客观因素的制约，其中社会公平状况就是一个主要因素。首先，社会公平为农村劳动力持续转移创造社会环境，促进农村劳动力与务工城市的融合，使农村劳动力在生活上和心理上真正实现融入，为身份认同的实现提供契机。其次，城市身份的认同是农村劳动力对经济社会发展提出的诉求，实现农村劳动力真正意义上的市民化必须保障其基本发展权利，比如教育公平、收入公平、就业机会公平、医疗公平、社会保障公平等。

第二节　农村劳动力持续转移动力的发展状况分析

本节采用实证分析，研究我国农村劳动力转移内外动力的发展状况及问题，通过对状况及问题的梳理，总结出内外动力所包含的关键因素。

一　内部动力——农村劳动力人力资本分析

人力资本因素是劳动力获得就业机会和职业收入的决定性因素，对于转移到城市的农村劳动力来说更是如此。

（一）农村劳动力人力资本状况亟待改善

（1）受教育程度

外出务工农村劳动力和本地农村劳动力相比，其受教育年限相对较长，不过受教育程度还是集中于初中，约占 65%，总体还是偏低。但提升速度也是明显的，尤其是大专及以上外出务工农村劳动力所占比例从 2009 年的 3.5% 增长至 2016 年的 11.9%，增加了两倍还多（见表 5-1）。

表 5-1　2009～2016 年本地和外出务工农村劳动力受教育程度构成

单位：%

年份	未上过学		小学		初中		高中		大专及以上	
	本地	外出务工	本地	外出务工	本地	外出务工	本地	外出务工	本地	外出务工
2009	2.3	1.1	19.1	10.6	63.7	71.7	13.4	13.1	1.5	3.5
2010	2.1	1.0	18.9	10.6	63.8	71.5	13.5	12.8	1.7	4.1
2011	2.1	0.9	18.4	10.7	59.0	62.9	17.1	18.5	3.4	7.0
2012	2.0	1.0	18.4	10.5	62.2	67.9	13.8	12.8	3.6	7.8
2013	1.6	0.9	18.9	11.9	58.4	62.8	16.0	16.2	5.1	8.2
2014	1.6	0.9	18.1	11.5	58.9	61.6	16.2	16.7	5.2	9.3
2015	1.4	0.8	17.1	10.9	58.9	60.5	16.6	17.2	6.0	10.7
2016	1.3	0.7	16.2	10.0	58.6	60.2	16.8	17.2	7.1	11.9

资料来源：国家统计局 2009～2016 年农民工监测报告。

从农村劳动力的受教育状况可以看到，农村劳动力的受教育程度主要是初中，还有不少是小学，高中及以上学历的仅占少数。在调查中这种自述性的教育水平，其实还有很多不确定性。

（2）接受培训的情况

大多数农村劳动力没有经过技能院校的培训就直接进入了劳动力市场，在劳动密集型产业就业，这种低质量的转移方式存在很多潜在问题，没有技术含量的劳动密集型非农产业钝化了劳动者的受教育需求，企业更不会主动培养其更高级别的劳动技能，从主观和客观上都消解了这些转移劳动力继续学习的动力。2015～2017年接受非农职业培训的本地农民工比例一直停滞在30.7%，即便是相对而言接受职业培训的机会大些的外出务工农民工，其所占比例也仅仅多了3个百分点停滞在33.7%。

（3）技能等级情况

根据2017年全国总工会"全国职工状况"课题组调查报告，2017年农村转移劳动力技能等级情况中，27.7%的农民工技能水平为初级技工，19.3%的农民工技能水平为中级技工、3.4%的农民工技能水平为高级技工，而没有任何技能的体力型劳动者占49.7%。由调查结果可知，农民工在职业技能上的培训投入不足，阻碍转移劳动力不断向技能型人才转型发展，从而使其在职业生涯中很难向更高层次流动。

（二）农村劳动力能力禀赋低的成因分析

（1）城乡人力资本投资的差异，二元教育格局的形成

①中国城乡二元教育质量差异

从2009～2016年农村、城镇劳动力受教育程度构成的数据可发现，国家越来越重视教育，我国劳动力受教育水平也在不断提升。虽然农村劳动力文化程度也在逐年提升，但幅度较小，农村劳动力受教育程度主要集中在小学和初中/中专水平上，分别约占30%和50%，二者共计占85.76%～88.90%。大学专科及以上学历的劳动力基本不足1%，整体农村劳动力受教育水平偏低。城镇劳动力的受教育程度集中在初中/中专和高中/高职水平上，分别约占40%和20%，二者共计占60.8%～66.0%。大学专科及以上学历的劳动力从2009年的15.3%迅速增长到2016年的31.22%，城镇劳动力的受教育程度整体提升明显（见表5－2）。

表 5 - 2　2009～2016 年农村、城镇劳动力受教育程度构成

单位：%

受教育程度		2009 年	2010 年	2011 年	2012 年	2013 年	2014 年	2015 年	2016 年
未上过学	农村	8.20	7.70	4.27	4.51	4.29	4.23	4.40	3.40
	城镇	2.40	2.10	1.20	0.80	0.84	0.86	0.75	0.70
小学	农村	38.20	37.50	35.54	31.75	35.51	35.14	35.84	34.80
	城镇	16.30	15.40	12.43	9.90	9.54	9.50	9.12	7.31
初中/中专	农村	47.90	48.90	53.34	54.01	53.28	53.33	52.24	54.10
	城镇	45.20	45.60	44.11	39.29	39.58	39.02	38.05	35.10
高中/高职	农村	5.40	5.50	6.28	8.24	6.25	6.59	6.64	6.80
	城镇	20.80	20.70	21.86	24.87	24.81	24.14	23.95	25.70
大学专科	农村	0.30	0.40	0.46	1.13	0.55	0.55	0.69	0.70
	城镇	9.50	9.90	11.71	14.35	14.35	15.03	15.80	16.43
大学本科	农村	0.04	0.05	0.11	0.34	0.11	0.14	0.18	0.21
	城镇	5.30	5.80	7.85	9.87	9.93	10.43	11.28	13.39
研究生	农村	0.00	0.00	0.00	0.01	0.01	0.01	0.01	0.02
	城镇	0.50	0.50	0.84	0.92	0.95	1.02	1.06	1.40

资料来源：农村受教育程度数据来源于《中国农村统计年鉴》，城镇受教育程度数据来源于《中国劳动力统计年鉴》。

②城乡师资的差异

教育发展的核心主体是教师队伍建设，尤其是在基础教育领域，教师素质的质量层次决定着教育实际发展水平。我国城镇各级学校教师的学历大大高于农村教师，以小学教师为例，根据《2016 年中国教育统计年鉴》中相关数据计算可得，全国城镇教师专科及以上学历的占 97.95%，而农村教师专科及以上学历的占 89.06%，看似只相差不到 10 个百分点，但从结构上看城镇小学教师的学历集中在本科学历上，占到 66.01%，而农村小学教师的学历集中在专科学历上，占到 51.58%；城镇小学教师中本科及以上学历的占 67.94%，而农村小学教师中本科及以上学历的仅占 37.48%，相差近一倍。即便是各省（区、市）内部比较，差距也非常明显，北京城镇和农村小学教师学历在本科及以上的分别占 91.39% 和 86.31%，是全国各省（区、市）城镇和农村小学教师学历相差最小的，仅差 5.08 个百分点。除此之外，天津、上海、浙江三个省（区、市）的城镇和农村小学教师本

科及以上学历的占比相差也较小，大致 10 个百分点；教育强省江苏城镇和农村小学教师本科及以上学历的占比相差约 20 个百分点；其余省（区、市）和全国数据基本保持一致，几乎是相差一倍。这还仅仅是学历数量上的差别，没有考察授予学位的学校是否为"985"或者"211"院校的质量差别（见表 5－3）。

表 5－3　2015 年城镇和农村小学专任教师学历对比

单位：%

地区	研究生		本科		专科		高中毕业		高中以下	
	城镇	农村	城镇	农村	城镇	农村	城镇	农村	城镇	农村
全国	1.93	0.21	66.01	37.27	30.01	51.58	2.03	10.81	0.01	0.13
北京	6.28	2.72	85.11	83.59	8.14	12.41	0.46	1.09	0.01	0.18
天津	5.07	0.81	74.30	67.79	18.58	24.25	2.03	7.12	0.02	0.03
河北	1.17	0.19	63.98	39.21	33.29	54.55	1.54	6.03	0.01	0.02
山西	0.76	0.22	62.31	38.28	34.95	51.00	1.98	10.39	—	0.11
内蒙古	1.75	0.51	73.32	46.27	23.77	47.88	1.16	5.34	—	—
辽宁	2.55	0.57	61.21	38.90	34.26	53.05	1.93	7.34	0.05	0.15
吉林	2.11	0.29	71.80	46.70	23.78	42.74	2.29	10.15	0.01	0.12
黑龙江	0.61	0.07	61.92	33.24	35.02	57.03	2.42	9.59	0.02	0.08
上海	5.28	3.25	75.86	68.01	18.14	26.85	0.71	1.88	0.00	—
江苏	2.85	0.52	80.73	60.15	14.83	34.19	1.58	5.14	0.00	—
浙江	1.94	0.50	76.66	67.55	20.22	28.33	1.18	3.63	0.00	0.00
安徽	0.95	0.20	58.17	39.07	37.59	50.89	3.29	9.84	—	—
福建	1.28	0.08	64.82	31.61	30.53	50.24	3.35	17.95	0.01	0.11
江西	0.66	0.06	62.91	34.10	33.66	48.71	2.72	16.74	0.05	0.38
山东	2.92	0.63	74.17	42.67	20.71	42.46	2.20	14.21	0.01	0.04
河南	1.08	0.25	61.17	36.08	35.58	52.83	2.17	10.83	0.00	0.01
湖北	1.69	0.20	55.92	31.44	38.57	52.14	3.80	16.11	0.01	0.11
湖南	1.82	0.12	61.13	33.09	35.01	53.92	2.02	12.73	0.01	0.13
广东	1.57	0.09	62.39	31.95	34.66	60.18	1.38	7.74	0.00	0.03
广西	1.28	0.10	57.00	28.02	38.24	56.98	3.45	14.73	0.03	0.16
海南	0.34	0.04	40.35	15.03	55.22	66.31	4.09	18.41	0.01	0.21
重庆	1.91	0.21	63.14	37.66	33.21	55.01	1.72	7.05	0.01	0.08

续表

地区	研究生		本科		专科		高中毕业		高中以下	
	城镇	农村	城镇	农村	城镇	农村	城镇	农村	城镇	农村
四川	1.33	0.09	54.51	28.97	42.22	61.07	1.93	9.85	0.00	0.02
贵州	0.35	0.04	51.11	34.35	44.23	54.68	4.24	10.43	0.07	0.49
云南	1.43	0.06	62.56	35.64	32.90	53.31	3.09	10.45	0.02	0.54
西藏	0.61	0.08	49.58	37.66	46.26	59.13	3.32	3.01	0.22	0.13
陕西	2.05	0.22	70.58	45.00	26.37	47.11	0.99	7.60	0.01	0.07
甘肃	1.30	0.15	62.58	47.84	33.56	36.27	2.55	15.51	0.00	0.23
青海	1.27	0.53	66.94	45.65	29.90	47.16	1.82	6.58	0.07	0.08
宁夏	0.62	0.19	65.08	45.76	32.63	46.45	1.67	7.56	——	0.04
新疆	0.42	0.05	62.93	30.50	33.95	58.84	2.68	10.58	0.01	0.03

资料来源：笔者根据《2016 年中国教育统计年鉴》相关数据计算得出。

　　农村教育基础的薄弱，对劳动力转移起到了严重的阻碍作用。相反，加强农村基础教育将会对增加劳动力供给起到关键促进作用。中国基础教育在城乡之间的差异化政策导致教育资源的分配不均，农村严重缺少教育资源的支持。

　　（2）二元劳动力市场的影响

　　由于制度性和社会性因素，我国劳动力市场存在严重分割现象。农村劳动力受教育年限和培训机会少，劳动技能低，其人力资本使其不具有优势进入城市中的主要市场或者在主要市场中没有竞争力，他们从事的一般是城市居民不愿意从事的工作，干的基本是脏活、苦活、累活，而且难升迁，收入也低。2009～2017 年农民工从业行业分布构成见表 5 - 4。

表 5 - 4　2009～2017 年农民工从业行业分布构成

单位：%

产业	2009 年	2010 年	2011 年	2012 年	2013 年	2014 年	2015 年	2016 年	2017 年
第二产业合计	51.3	52.8	53.7	54.1	53.6	53.6	52.2	50.2	48.8
制造业	36.1	36.7	36.0	35.7	31.4	31.3	31.1	30.5	29.9
建筑业	15.2	16.1	17.7	18.4	22.2	22.3	21.1	19.7	18.9
第三产业合计	48.3	46.8	45.9	45.5	46.0	46.0	47.4	49.4	50.8
交通运输、仓储和邮政业	6.8	6.9	6.6	6.6	11.3	11.4	11.9	12.3	12.3
批发零售业	10.0	10.0	10.1	9.8	6.3	6.5	6.4	6.4	6.6
住宿餐饮业	6.0	6.0	5.3	5.2	5.9	6.0	5.8	5.9	6.2

续表

产业	2009 年	2010 年	2011 年	2012 年	2013 年	2014 年	2015 年	2016 年	2017 年
居民服务和其他服务业	12.7	12.7	12.2	12.2	10.6	10.2	10.6	11.1	11.3
其他	12.8	11.2	11.7	11.7	11.9	11.9	12.7	13.7	14.4

资料来源：国家统计局 2009～2016 年农民工监测报告。

（3）农村教育投资困境

在农村转移劳动力进行教育投资的微观决策过程中，其面临的教育投资回报率如图 5-1 所示，教育投资从初中及以下学历增加到高中学历要多付出的成本为 $C_2 - C_1$，这还仅是实际付出的学费和生活费用，不包括机会成本，但并没有引起收入的大量增加（$W_2 - W_1$），这是由于农村转移劳动力在城市中主要进入次要劳动力市场，对受教育水平的要求不高，收入率基本保持不变。所以他们缺乏教育投资的主观激励动力，形成一种恶性循环怪圈。

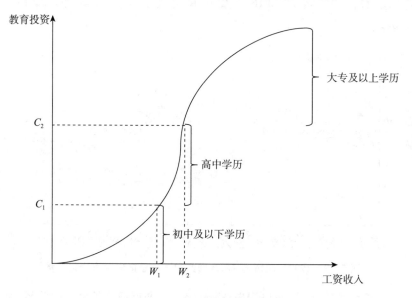

图 5-1 农村教育投资回报率

实际上，各地区人口政策基本上是"鼓励有稳定就业和住所的外来人口定居落户"，因此如果没有外部动力的推动，只靠农村转移劳动力的自身努力，农村劳动力转移的进度会相当缓慢，这会影响我国长期经济社会的健康发展。另外，教育是需要经过长期投资才能看到效果的，因此当下为促进农村劳动力持续转移，应创造良好的外部动力环境，反过来激励农村转移劳动力提高自身素质，通过内外动力的共同努力实现农村转移劳动力转化。

二 外部动力——社会公平状况分析

本书从就业收入、教育文化、医疗卫生、社会保障四个层面分析我国及不同省（区、市）社会公平的状况，并探究存在的问题。

（一）就业收入公平状况

（1）就业

如图 5 - 2 所示，1997～2002 年，城镇登记失业率随着 GDP 的增长而增长，2003～2007 年其随着 GDP 的增长而略有起伏。2009～2014 年虽然 GDP 增速呈下降态势，但城镇登记失业率一直保持在 4% 以上的水平，丝毫没有下降的趋势；2015 年和 2016 年城镇登记失业率以微弱变化降到 4.0% 和 3.9%。

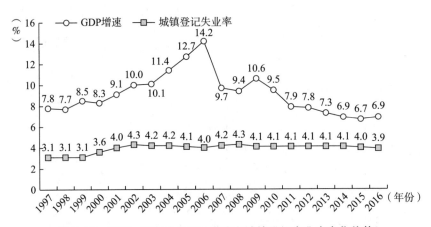

图 5 - 2 1997～2016 年 GDP 增速和城镇登记失业率变化趋势

就业弹性系数（ω）可以用来判断经济增长与就业增长之间的关系。$\omega > 1$，说明经济增长每增加 1%，就业增长的比例大于 1%；$0 < \omega < 1$，说明经济增长 1%，但带动的就业增长不足 1%；$\omega < 0$，说明经济增长对就业反倒存在"挤出效应"，结合实际情况，可能是技术代替了低端劳动力。

$$\omega = \frac{新增就业人数/就业人数}{\Delta GDP/GDP} \tag{5.1}$$

根据式（5.1），本书计算了我国 2008～2016 年的就业弹性系数，以分析我国的经济增长对就业的拉动效应。从表 5－5 可见，我国 GDP 在 2008～2016 年保持平稳增长，从 2008 年的 349081.4 亿元持续增长到 2016 年的 827121.7 亿元，年平均几何增长率为 8.0%。2008～2016 年我国劳动力就业人数虽然也在增长，但相对 GDP 增长的速度而言明显偏小，我国劳动力市场就业增长率一直低于 0.5%。根据就业增长率和 GDP 增长率之比计算得出的就业弹性系数一直都处在较低水平，最高的出现在 2013 年，为 0.049，最低的在 2016 年，仅为 0.007，2008～2016 年就业弹性系数均未超过 0.05，表明我国经济增长对就业的拉动作用十分有限（见图 5－3、图 5－4）。

表 5－5　2008～2016 年我国 GDP 与就业增长情况

年份	GDP（亿元）	GDP 增长率（%）	就业人数（万人）	新增就业人数（万人）	就业增长率（%）	就业弹性系数
2008	349081.4	9.4	75828	264	0.35	0.037
2009	413030.3	10.6	76105	277	0.36	0.034
2010	489300.6	9.5	76420	315	0.41	0.043
2011	540367.4	7.9	76704	284	0.37	0.047
2012	595244.4	7.8	76977	273	0.35	0.045
2013	643974.0	7.3	77253	276	0.36	0.049
2014	689052.1	6.9	77451	198	0.26	0.037
2015	743585.5	6.7	77603	152	0.20	0.029
2016	827121.7	6.9	77640	37	0.05	0.007

资料来源：前三个变量原始数据来源于统计年鉴，后三个变量为笔者计算得出。

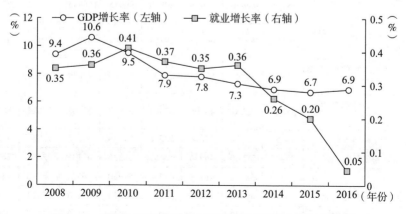

图 5－3　2008～2016 年我国 GDP 增长率和就业增长率比较

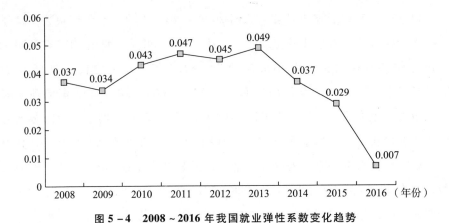

图 5 - 4　2008 ~ 2016 年我国就业弹性系数变化趋势

（2）收入公平状况

①行业间收入差距

我国收入分配制度中的不平衡早就受到学者关注，从公平角度来看，行业间的收入差距逐渐扩大是收入分配领域的重要问题（见表 5 - 6）。2009 ~ 2016 年按行业分城镇单位就业人员平均工资排序见表 5 - 6。

表 5 - 6　2009 ~ 2016 年按行业分城镇单位就业人员平均工资排序

单位：元

指标	2009 年	2010 年	2011 年	2012 年	2013 年	2014 年	2015 年	2016 年
城镇单位就业人员平均工资	32244	36539	41799	46769	51483	56360	62029	67569
金融业	60398	70146	81109	89743	99653	108273	114777	117418
信息传输、计算机服务和软件业	58154	64436	70918	80510	90915	100845	112042	122478
科学研究、技术服务和地质勘查业	50143	56376	64252	69254	76602	82259	89410	96638
电力、燃气及水的生产和供应业	41869	47309	52723	58202	67085	73339	78886	83863
卫生、社会保障和社会福利业	35662	40232	46206	52564	57979	63267	71624	80026
文化、体育和娱乐业	37755	41428	47878	53558	59336	64375	72764	79875
租赁和商务服务业	35494	39566	46976	53162	62538	67131	72489	76782
教育	34543	38968	43194	47734	51950	56580	66592	74498
交通运输、仓储和邮政业	35315	40466	47078	53391	57993	63416	68822	73650
公共管理和社会组织	35326	38242	42062	46074	49259	53110	62323	70959

续表

指标	2009 年	2010 年	2011 年	2012 年	2013 年	2014 年	2015 年	2016 年
房地产业	32242	35870	42837	46764	51048	55568	60244	65497
批发和零售业	29139	33635	40654	46340	50308	55838	60328	65061
采矿业	38038	44196	52230	56946	60138	61677	59404	60544
制造业	26810	30916	36665	41650	46431	51369	55324	59470
建筑业	24161	27529	32103	36483	42072	45804	48886	52082
水利、环境和公共设施管理业	23159	25544	28868	32343	36123	39198	43528	47750
居民服务和其他服务业	25172	28206	33169	35135	38429	41882	44802	47577
住宿和餐饮业	20860	23382	27486	31267	34044	37264	40806	43382
农林牧渔业	14356	16717	19469	22687	25820	28356	31947	33612

资料来源：历年《中国统计年鉴》。

②城乡收入差距

从图 5-5 中可见，1997~2008 年城乡收入比整体呈增加趋势。除了工资上可见的收入差距不断拉大以外，较之农村劳动力，城市居民获得了大量的隐性补贴，如社会保障、教育投入、医疗水平等，而这些隐性补贴在城乡收入比上是反映不出来的。

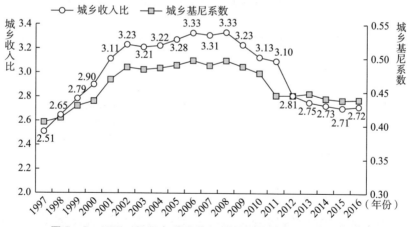

图 5-5　1997~2016 年城乡收入比和城乡基尼系数变化趋势

③劳动收入占比下降

按照《中国统计年鉴》所统计的初次分配的信息数据，我们可以得到从 1992 年到 2016 年全国层面的初次分配格局。如图 5-6 所示，从 1992 年到 2016 年的 25 年间，生产税净额的比重相对稳定，只是在 2005 年之后开始小幅度平稳上升，而资本收入和劳动收入则经历了此消彼长的过程。从1992年至1998年，劳动收入份额稳中有升，随后从1999年开始明显下降，直至2007年降至低点，从2008年起又有明显回升，但幅度不大，相较90年代，劳动收入占比下降了10个百分点左右。而资本收入所占的比重，在经历了几年缓慢下降之后2004年开始迅速回升，2016年所占比重高达41.2%，与劳动收入占比几乎持平（见图5-7）。

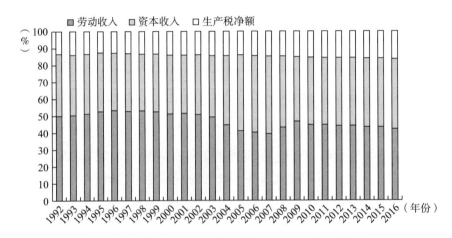

图5-6 1992~2016年GDP初次分配份额的变化趋势

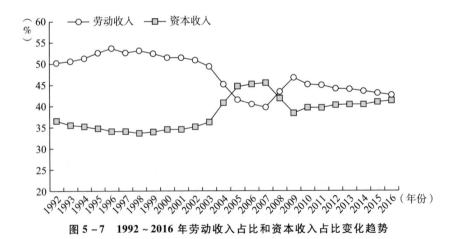

图5-7 1992~2016年劳动收入占比和资本收入占比变化趋势

（二）教育文化公平状况

（1）城乡之间不公平

本书在农村劳动力人力资本分析这一部分讨论农民工个人能力时，已就城乡教育质量的不公平做了具体分析,在此不再赘述。

(2)地区之间不公平

①基础教育分配不均衡

北京是所有省(区、市)中不同层次专任教师本科及以上学历占比最高的,高中层次专任教师本科及以上学历占比达到94.87%,比排名第二位的天津多出了10.46个百分点,比占比最低的安徽(43.85%)高出了51.02个百分点。高中层次专任教师中,本科及以上学历占比达到70%档的有辽宁和吉林两个省(区、市),达到60%档的有8个省(区、市),有7个省(区、市)低于50%。四个层次的专任教师中,初中层次专任教师本科及以上学历的占比在各省(区、市)内部都是最高的,达到90%以上的有5省(区、市),分别为北京、天津、上海、江苏和浙江,达到80%的有12个省(区、市),最低的江西也达到了69.16%。小学和学前教育层次中,中部专任教师中本科及以上学历的占比是最低的,小学占比基本集中在30%~40%,学前教育基本没有突破20%。农村劳动力净流出的四川、安徽、河南、江西、贵州、云南、广西、重庆、湖南、湖北、河北、黑龙江、甘肃、吉林、陕西15个省(区、市),基础教育四个层次专任教师本科及以上学历占比相对其他省(区、市)偏低(见表5-7)。

表5-7　2016年各省(区、市)不同层次专任教师本科及以上学历占比

单位:%

省(区、市)	高中	初中	小学	学前教育
北京	94.87	98.68	89.34	43.53
天津	84.41	94.70	73.56	53.11
河北	69.62	82.83	44.23	18.93
山西	69.17	75.99	45.02	23.59
内蒙古	68.91	84.18	55.34	37.60
辽宁	76.54	84.38	47.08	18.68
吉林	72.60	86.59	56.34	28.86
黑龙江	69.72	80.72	42.94	26.66
上海	82.93	98.34	76.28	72.63
江苏	60.02	93.60	71.55	46.39
浙江	59.47	93.88	71.24	38.55
安徽	43.85	78.82	40.76	19.27

省（区、市）	高中	初中	小学	学前教育
福建	52.32	86.22	42.39	20.56
江西	46.37	69.16	39.78	9.82
山东	58.78	84.22	54.72	21.10
河南	58.37	71.53	39.54	14.13
湖北	45.85	71.42	39.94	16.49
湖南	45.77	73.19	38.94	10.94
广东	61.86	79.66	44.51	13.48
广西	58.54	77.51	33.67	15.20
海南	57.58	76.86	22.57	15.29
重庆	53.34	87.81	44.12	17.34
四川	49.49	74.07	33.58	16.55
贵州	47.93	75.18	32.45	19.75
云南	53.30	81.29	37.29	25.00
西藏	54.69	85.13	36.26	36.88
陕西	60.84	84.02	53.45	25.78
甘肃	44.90	79.61	48.37	37.09
青海	54.18	79.58	51.67	20.92
宁夏	56.84	89.96	49.46	17.65
新疆	63.47	70.99	37.91	24.57

资料来源：《中国教育统计年鉴》。

②高等教育资源分配不均衡

全国本科院校占比47.62%，其中北京遥遥领先，其72.53%的高校都是本科，而山西、内蒙古、安徽、福建、海南、重庆、青海的本科院校比例均不足40%，与北京相差30多个百分点（见表5-8）。

表5-8 2017年全国及各省（区、市）高校机构数及占比

单位：所，%

地区	总计	高校机构数			占比	
		中央直属	本科院校	专科院校	本科	专科
全国	2560	118	1219	1341	47.62	52.38
北京	91	37	66	25	72.53	27.47
天津	55	3	29	26	52.73	47.27

续表

地区	总计	高校机构数			占比	
		中央直属	本科院校	专科院校	本科	专科
河北	118	4	58	60	49.15	50.85
山西	79	—	31	48	39.24	60.76
内蒙古	53	—	17	36	32.08	67.92
辽宁	116	5	65	51	56.03	43.97
吉林	58	2	37	21	63.79	36.21
黑龙江	81	3	38	43	46.91	53.09
上海	67	10	38	29	56.72	43.28
江苏	162	10	77	85	47.53	52.47
浙江	105	2	57	48	54.29	45.71
安徽	119	2	44	75	36.97	63.03
福建	88	2	35	53	39.77	60.23
江西	97	—	42	55	43.30	56.70
山东	143	3	67	76	46.85	53.15
河南	129	1	52	77	40.31	59.69
湖北	126	8	67	59	53.17	46.83
湖南	124	3	51	73	41.13	58.87
广东	143	5	62	81	43.36	56.64
广西	71	—	36	35	50.70	49.30
海南	17	—	6	11	35.29	64.71
重庆	64	2	25	39	39.06	60.94
四川	109	6	51	58	46.79	53.21
贵州	59	—	27	32	45.76	54.24
云南	69	1	31	38	44.93	55.07
西藏	6	—	3	3	50.00	50.00
陕西	92	6	55	37	59.78	40.22
甘肃	45	2	22	23	48.89	51.11
青海	12	—	4	8	33.33	66.67

续表

地区	总计	高校机构数			占比	
		中央直属	本科院校	专科院校	本科	专科
宁夏	18	1	8	10	44.44	55.56
新疆	44	—	18	26	40.91	59.09

资料来源：《中国教育统计年鉴》。

如果把报考学生平均在全国所有高校内，每所学校要承载3591名学生，超过全国均值的省（区、市），其学生升学的竞争压力相对要大得多，其中有18个省（区、市）承载量超过全国均值，陕西平均承载了3467名学生，只比全国均值少124名，实际上这19个省（区、市）的高考竞争压力都很大，淘汰率较高。其中最为激烈的有6个省（区、市），平均承载量在5000名以上，即贵州、河南、甘肃、四川、广东、广西，这6个省（区、市）高校平均承载本地学生数分别为6981名、6690名、6329名、5347名、5294名、5141名，这比一所普通省属院校一年的招生规模都要大（见图5-8）。

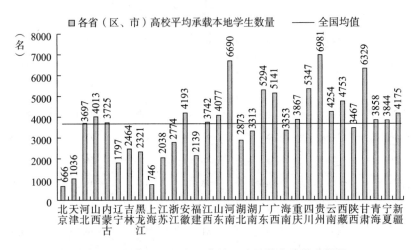

图5-8 各省（区、市）高校平均承载本地学生数量

（三）医疗卫生公平状况

（1）医疗卫生公平的区域差异

医疗卫生资源的分布不均衡状态，与经济发展的情况基本类似，东部经济发达地区集中了全国更多的资源，而中部集中了人口最多的省（区、市），但在医疗卫生资源的分配上处于劣势。表5-9展示了2016年全国三

大区域各省（区、市）医疗卫生资源配置情况，尤其是对医疗机构数、医院数、卫生技术人员数和医疗卫生床位数进行了详细统计和说明，由此可以直观看出东部地区在医疗卫生资源方面的优势。

表5－9 全国三大区域各省（区、市）医疗卫生资源配置情况

区域	省（区、市）	年末常住人口（万人）	医疗机构数（所）	医院数（所）	每万人卫生技术人员（人）	每万人医疗卫生床位数（张）
东部	北京	2171	9773	638	108	53.86
	天津	1557	5443	421	61	42.15
	河北	7520	78795	1618	53	48.26
	辽宁	4369	36131	1190	63	64.96
	上海	2418	5016	349	74	53.37
	江苏	8029	32117	1678	65	55.39
	浙江	5657	31546	1130	77	51.86
	福建	3911	27656	587	57	45.11
	山东	10006	76997	2018	65	54.39
	广东	11169	49079	1381	60	42.29
	海南	926	5144	211	63	43.97
	小计	57733	357697	11221	746	555.61
中部	山西	3702	42204	1393	61	51.52
	吉林	2717	20829	662	61	55.32
	黑龙江	3789	20375	1031	58	57.92
	安徽	6255	24385	1039	47	45.47
	江西	4622	38272	592	48	45.54
	河南	9559	71271	1596	57	54.72
	湖北	5902	36354	927	65	61.27
	湖南	6860	61055	1260	58	62.41
	小计	43406	314745	8500	455	434.17
西部	内蒙古	2529	24002	720	68	55.25
	广西	4885	34253	543	60	46.40
	重庆	3075	19933	699	59	62.61
	四川	8302	79513	2066	60	62.84
	贵州	3580	28017	1220	58	59.15

续表

区域	省(区、市)	年末常住人口(万人)	医疗机构数(所)	医院数(所)	每万人卫生技术人员(人)	每万人医疗卫生床位数(张)
西部	云南	4801	24234	1187	52	53.15
	西藏	337	6835	145	45	43.67
	陕西	3835	36598	1085	76	59.11
	甘肃	2626	28197	446	52	51.47
	青海	598	6291	199	62	58.60
	宁夏	682	4254	190	66	53.80
	新疆	2445	18825	919	71	65.43
	小计	37695	310952	9419	729	671.48
全国	总计	138834	983394	29140	1930	1661.26

资料来源：《中国卫生健康统计年鉴》《中国统计年鉴》《中国区域经济统计年鉴》。

卫生资源指标按每万人拥有量计算的结果表明，各省（区、市）之间的卫生资源配置存在较大差别（见表5-10）。

表5-10 各省（区、市）每万人拥有医疗卫生资源差距

指标	医疗机构数(所)	医院数(所)	卫生技术人员(人)	卫生机构床位数(张)
最小值	2.07	0.12	45	42.15
最大值	20.26	0.44	108	65.43
比值	9.76	3.64	2.40	1.55
平均值	7.50	0.24	62.26	53.59
标准误差	0.60	0.01	2.06	1.24

资料来源：原始数据来源于《中国卫生健康统计年鉴》。

（2）医疗卫生公平的城乡差异

医疗卫生资源分配领域的不均衡造成的最大问题就在于农村医疗保障问题难以解决，导致农民卫生需求远远不能得到满足。全国2/3以上的医疗卫生资源集中在仅占全国人口40%多的城镇中，占全国人口近60%的农村人口面对不足1/3的医疗卫生资源难免会捉襟见肘，这种不平衡的局面仍未能得到有效控制。如图5-9和图5-10显示了城乡之间每万人拥有卫生技术人员数、注册护士数的差距，更为关键的是，经济的增长和社会的发展并没能有效缩小这一差距。

图 5-9 1998～2017 年城镇和农村每万人拥有卫生技术人员数对比

图 5-10 1998～2017 年城镇和农村每万人拥有注册护士数对比

（四）社会保障公平状况

城镇职工有社会保险，农村居民有新农合保障，虽然区域之间、城乡之间社会保障不公平现象也很严重，但农民工群体面临的社会保障问题尤为突出。

（1）农民工养老保险存在的主要问题

现实中农民工养老保险制度运行仍然存在诸多问题，诸如缴费负担重但受益率低、缴费期限长难以及时兑现、保险受理部门转接困难等。

从图 5-11 可以看到，2009～2017 年，集中了 70% 以上的农民工就业的四个行业平均工资和城镇就业人员平均工资相比，都是低的，所以以城镇就业人员平均工资作为缴费基数，对农民工而言是不公平的。

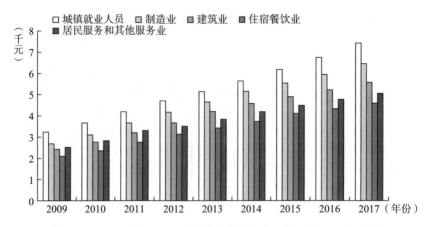

图 5 - 11　2009 ~ 2017 年城镇就业人员平均工资和农民工集中的
四个行业平均工资比较

（2）农民工工伤保险存在的主要问题

我国农村转移劳动力的工伤保险参与程度不容乐观，尤其是相对于农村转移劳动力所从事职业的高危情况、医疗保障的缺位情况等基本现实来说，工伤保险的参与率过低，这给劳动者个人和用人单位都带来较大隐患。从图 5 - 12 可见，2008 ~ 2014 年农民工工伤保险参保比例持续波动，要求工伤保险投保与受益一致的"属地管理原则"使得流动性较强的农村转移劳动力参保比例一直难以进一步提高。

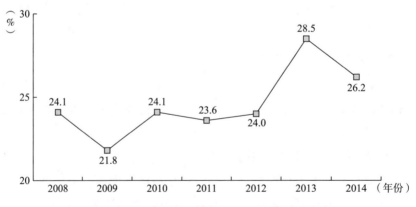

图 5 - 12　2008 ~ 2014 年农民工工伤保险参保比例

三　外部动力——经济发展状况分析

就第Ⅱ类外来人口导入与经济强劲拉动模式、第Ⅲ类相对封闭的本地自发型流动模式和第Ⅳ类本地人口导出与经济强劲推动模式而言，通过本书第四章的研究，可知三类模式区域的经济发展侧重各有不同，因此本书对三类模式下的经济发展拉动状况分别进行分析。

（一）经济效率差异

单位面积产出效率是衡量经济效率的重要指标，我国单位面积产出效率自1992年以来开始出现横向差异。同时，单位面积产出效率的标准差由1992年的434.42万元/公里^{2}拉大到2016年的9213.62万元/公里^2，单位面积产出效率的绝对差异提高了20.21倍（见表5-11和图5-13）。中国单位面积产出效率的标准差逐渐增大，呈直线上升趋势，而单位面积产出效率的离散系数显现出波动变化趋势。离散系数由1992年的2.5062下降到1994年的2.4681，由1995年的2.4734上升到1999年的2.5742，2000~2003年小有波动，2004~2012年则进入持续的下降阶段，2013~2016年略有上升。2017年单位面积产出效率的离散系数为2.18，说明西部大开发、中部崛起、东北地区等老工业基地振兴这些政策的实施执行，对区域差异的缩小起到了一定的作用。

表5-11　1992~2016年中国区域经济单位面积产出效率差异

单位：万元/公里^2

年份	标准差	均值	离散系数
1992	434.42	173.34	2.5062
1993	569.78	228.99	2.4882
1994	716.84	290.45	2.4681
1995	848.76	343.16	2.4734
1996	986.26	392.74	2.5113
1997	1091.45	431.29	2.5306
1998	1204.17	470.65	2.5585
1999	1374.21	533.85	2.5742
2000	1507.23	591.43	2.5484

年份	标准差	均值	离散系数
2001	1666.91	659.44	2.5278
2002	1945.83	768.35	2.5325
2003	2346.81	925.26	2.5364
2004	2698.35	1083.78	2.4898
2005	3088.01	1251.02	2.4684
2006	3653.42	1490.72	2.4508
2007	4133.27	1735.86	2.3811
2008	4435.33	1888.62	2.3484
2009	5083.14	2217.37	2.2924
2010	5723.97	2577.78	2.2205
2011	6071.94	2805.74	2.1641
2012	6596.31	3077.95	2.1431
2013	7129.77	3327.63	2.1426
2014	7601.72	3539.69	2.1476
2015	8503.47	3894.04	2.1837
2016	9213.62	4219.34	2.1837

资料来源：原始数据来源于统计年鉴，表中三个变量数据为笔者根据原始数据计算得出。

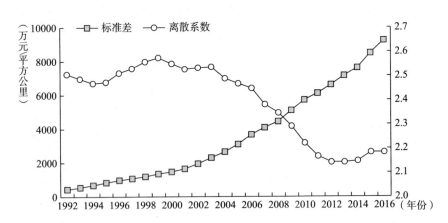

图 5－13　1992～2016 年中国区域经济单位面积产出效率差异趋势

（二）产出效率差异

区域经济人均产出效率差异变化趋势与区域经济单位面积产出效率变化趋势基本相似。如表 5－12 和图 5－14 所示，1992～2016 年，中国区域经济人均产出效率标准差在不断增大，由 1992 年的 2077.60 元扩大到 2016

年的 27573.46 元，人均产出效率的绝对差异扩大了 12.27 倍，说明中国经济快速发展的这 20 多年年中，人均产出效率差异进一步扩大。1992～2001 年，人均产出效率离散系数整体呈上升趋势，由 1992 年的 0.6469 上升到 2001 年的 0.7078。人均产出效率差异进一步印证了我国区域经济政策发挥了一定的作用。

表 5－12　1992～2016 年中国区域经济人均产出效率差异

单位：元

年份	标准差	均值	离散系数
1992	2077.60	3211.87	0.6469
1993	2716.70	4167.39	0.6519
1994	3368.47	5171.65	0.6513
1995	3881.94	5987.00	0.6484
1996	4438.72	6704.52	0.6620
1997	4877.10	7244.35	0.6732
1998	5329.94	7733.61	0.6892
1999	5938.55	8520.13	0.6970
2000	6517.25	9307.94	0.7002
2001	7301.03	10315.06	0.7078
2002	8279.37	11792.74	0.7021
2003	9765.66	14025.94	0.6963
2004	10947.93	16203.13	0.6757
2005	12139.76	18533.65	0.6550
2006	13672.50	22189.81	0.6162
2007	14939.01	26129.39	0.5717
2008	15560.27	28209.03	0.5516
2009	17153.59	33350.42	0.5143
2010	18796.78	39441.87	0.4766
2011	19739.49	43386.74	0.4550
2012	20974.74	47395.77	0.4425
2013	22080.56	50742.77	0.4351
2014	23308.50	53083.81	0.4391
2015	25721.24	56766.23	0.4531
2016	27573.46	60855.74	0.4531

资料来源：原始数据来源于统计年鉴，表中三个变量数据为笔者根据原始数据计算得出。

综合区域经济单位面积产出效率差异和区域经济人均产出效率差异分

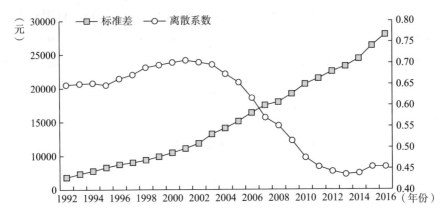

图 5 – 14 1992～2016 年中国区域经济人均产出效率差异趋势

析可知，近年来东北地区等老工业基地振兴、中部崛起、西部大开发等区域经济振兴政策的实施，使得中国区域经济发展差异总体上是呈缩小趋势的。

（三）投资效率差异

直接测定投资效率相对比较困难，本书只为考察投资效率的省际差异表现，因此借用投资贡献率这个概念进行比较。具体计算公式如下。

$$e_i = \frac{\Delta Y_{it}}{Y_{i(t-1)}} / \frac{\Delta I_{it}}{I_{i(t-1)}} (i = 1, 2, \cdots, 31) \tag{5.2}$$

式（5.2）中，$Y_{i(t-1)}$ 为 i 省（区、市）第（$t-1$）年的地区生产总值，ΔY_{it} 为 i 省（区、市）第 t 年的地区生产总值增加部分；$I_{i(t-1)}$ 为 i 省（区、市）第（$t-1$）年的固定资产投资，ΔI_{it} 为 i 省（区、市）第 t 年的固定资产投资增加值。

e_i 表明 i 省（区、市）一单位新增经济产出需要的新增资本投资规模，或新增一单位固定资产投资能够产生的经济产出增加规模，比值越高，表明新增的投资资本的生产效应越强，新增投资的经济增长作用越强，反之越弱，投资效率越低。

为了便于横纵向比较分析，本书以 1992～1996 年、1997～2001 年、2002～2006 年、2007～2011 年和 2012～2016 年为阶段划分标准，进行分时间段的研究。

第一阶段：1992～1996 年，该阶段我国各省（区、市）的 e 值较小，省（区、市）间的差距不大，除了辽宁和海南出现负值外，其他省（区、市）的 e 值基本处于 0 至 4 范围内（见表 5 – 13）。

表 5 – 13　1992 ~ 1996 年各省（区、市）投资效率比较

省（区、市）	1992 年	1993 年	1994 年	1995 年	1996 年
北京	2.84	0.62	1.05	3.90	1.58
天津	1.00	0.94	1.09	1.73	0.90
河北	2.64	0.95	0.95	0.84	0.66
山西	3.20	1.30	1.70	1.47	0.76
内蒙古	3.19	1.69	2.34	1.03	0.86
辽宁	2.55	0.96	- 3.02	- 1.36	1.46
吉林	2.47	1.45	1.52	1.16	- 0.97
黑龙江	3.89	1.34	1.15	1.12	0.74
上海	2.21	2.57	2.68	2.86	2.84
江苏	2.65	1.86	1.03	1.02	0.88
浙江	2.12	0.89	0.94	0.94	2.34
安徽	3.02	1.09	1.08	1.01	1.02
福建	2.61	1.02	1.03	1.14	1.12
江西	3.08	1.09	1.15	0.85	1.65
山东	3.07	1.44	1.39	1.04	0.76
河南	3.42	0.89	1.17	0.90	0.73
湖北	2.69	0.62	0.69	0.97	1.36
湖南	3.69	1.03	1.15	0.71	3.39
广东	2.30	2.04	2.77	3.30	2.41
广西	2.03	1.00	2.07	1.06	9.32
海南	1.86	1.48	- 0.77	- 1.04	- 0.48
重庆	—	—	—	—	0.95
四川	2.97	1.29	1.18	0.95	0.74
贵州	3.87	0.83	0.93	0.74	0.63
云南	2.27	0.93	1.26	1.29	0.55
西藏	3.77	1.31	0.42	- 0.63	1.31
陕西	2.66	0.99	1.51	1.15	0.88
甘肃	3.30	0.77	1.02	2.43	0.48
青海	0.09	0.96	0.94	0.31	0.45
宁夏	0.61	0.71	0.70	0.47	0.79
新疆	0.17	0.94	0.30	0.68	1.01

　　资料来源：原始数据来源于各省（区、市）统计年鉴，本表数据为笔者计算得出。重庆数据缺失的原因是其当时还没成为直辖市。

第二阶段：1997～2001 年，相比第一阶段，大部分省（区、市）e 值有所增加，且增加幅度较大，平均全国 e 值达到 4.08 的水平，这意味着该阶段我国固定资产投资的效率出现了上升势头。省（区、市）内比较发现，东部省（区、市）投资效率的上升幅度要大于其他省（区、市）（见表 5－14）。

表 5－14　1997～2001 年各省（区、市）投资效率比较

省（区、市）	1997 年	1998 年	1999 年	2000 年	2001 年
北京	4.87	4.83	3.79	5.96	5.89
天津	4.63	8.99	6.09	5.85	5.85
河北	3.93	3.57	4.12	1.71	1.56
山西	2.67	2.71	1.75	1.52	1.69
内蒙古	3.97	2.94	2.58	2.64	3.41
辽宁	1.78	1.26	1.91	1.67	2.68
吉林	1.46	1.42	1.83	1.57	0.61
黑龙江	0.30	－1.31	0.93	0.52	0.86
上海	6.72	5.55	16.76	11.25	10.98
江苏	10.72	18.60	12.01	11.06	10.60
浙江	11.22	10.90	10.68	10.64	10.75
安徽	1.57	－2.29	0.52	1.06	0.46
福建	2.62	2.55	3.76	1.46	1.38
江西	1.63	0.61	0.62	0.43	0.39
山东	2.93	3.49	2.82	1.01	1.53
河南	0.64	－0.68	0.85	0.81	0.79
湖北	1.31	0.54	1.19	0.87	1.07
湖南	0.48	0.60	0.75	0.53	0.60
广东	10.68	10.78	12.10	11.11	11.14
广西	0.34	1.07	6.65	0.79	0.77
海南	2.19	0.66	4.63	1.33	1.84
重庆	0.23	0.59	0.86	0.53	0.51
四川	0.39	0.74	0.52	0.69	0.61
贵州	0.55	0.79	0.42	0.35	0.58
云南	0.47	6.76	1.89	0.81	0.81
西藏	0.96	0.59	0.61	0.67	0.65
陕西	0.36	0.71	1.16	0.66	0.69
甘肃	0.86	0.47	0.91	0.46	0.69
青海	1.80	1.08	2.41	2.53	2.77
宁夏	1.49	2.43	2.55	1.72	1.67
新疆	1.46	2.14	1.07	1.63	2.64

资料来源：原始数据来源于各省（区、市）统计年鉴，本表数据为笔者计算得出。

第三阶段：2002～2006 年，全国大部分省（区、市）的投资效率出现上升的发展趋势（见表 5－15）。

表 5－15　2002～2006 年各省（区、市）投资效率比较

省（区、市）	2002 年	2003 年	2004 年	2005 年	2006 年
北京	10.80	11.20	11.27	10.99	11.12
天津	7.74	6.03	5.22	6.70	6.66
河北	2.71	2.80	4.69	3.52	5.77
山西	3.71	3.84	2.74	1.70	1.90
内蒙古	5.47	6.63	4.68	4.98	5.00
辽宁	2.40	2.33	3.59	4.52	5.71
吉林	4.85	3.86	2.42	2.47	3.66
黑龙江	2.01	2.79	2.78	2.50	2.60
上海	11.25	10.95	10.97	11.25	11.31
江苏	10.43	10.85	9.98	8.76	9.92
浙江	10.66	8.93	9.16	11.04	9.64
安徽	2.42	2.66	3.47	3.44	2.56
福建	3.64	3.65	3.66	3.61	3.59
江西	1.40	1.78	2.69	1.84	1.90
山东	3.43	5.83	5.73	6.99	8.32
河南	1.51	1.73	2.68	1.53	1.67
湖北	2.01	1.77	1.94	2.68	3.81
湖南	1.72	1.75	1.68	2.83	2.79
广东	10.74	10.89	11.03	11.21	11.15
广西	0.57	0.70	0.54	0.66	0.73
海南	2.51	3.10	3.79	4.03	4.96
重庆	2.56	3.65	3.61	4.57	4.71
四川	1.61	1.96	2.64	1.80	1.81
贵州	0.83	1.11	1.23	0.86	0.97
云南	0.51	0.76	0.40	0.68	0.82
西藏	0.61	0.91	1.09	0.67	1.02
陕西	0.54	0.91	0.97	0.71	0.64
甘肃	0.79	1.10	0.81	1.01	0.73
青海	1.39	1.40	1.15	0.84	1.21
宁夏	1.54	2.10	1.81	1.40	1.25
新疆	1.81	1.96	1.06	2.00	1.88

资料来源：原始数据来源于各省（区、市）统计年鉴，本表数据为笔者计算得出。

第四阶段：2007～2011 年，我国绝大部分省（区、市）的 e 值出现了小幅下降，投资效率下滑。除广东的 e 值在 6 左右，大部分省（区、市）的 e 值小于 3（见表 5 - 16）。

表 5 - 16   2007～2011 年各省（区、市）投资效率比较

省（区、市）	2007 年	2008 年	2009 年	2010 年	2011 年
北京	4.71	3.49	3.95	4.17	4.04
天津	3.71	2.38	2.75	1.65	1.13
河北	0.67	0.26	0.83	2.11	0.47
山西	0.93	0.02	-1.08	-1.27	-0.36
内蒙古	2.21	2.50	1.93	1.35	0.75
辽宁	0.71	0.55	0.75	0.79	0.56
吉林	0.65	0.55	0.86	0.12	0.53
黑龙江	0.65	0.12	0.66	0.98	0.35
上海	7.34	7.48	9.68	6.57	6.61
江苏	8.81	7.52	6.92	5.19	4.68
浙江	5.30	3.50	1.29	1.12	0.34
安徽	0.68	0.48	0.84	2.62	0.58
福建	0.82	0.70	0.71	0.93	0.53
江西	0.55	0.31	0.78	5.54	0.61
山东	0.89	0.46	0.74	1.05	0.65
河南	0.71	0.32	0.90	2.14	0.53
湖北	0.76	0.45	0.81	1.02	0.61
湖南	0.73	0.41	0.92	0.99	0.62
广东	5.94	6.43	5.82	5.60	5.75
广西	0.78	0.34	0.73	1.57	0.54
海南	0.58	0.32	0.80	0.88	0.51
重庆	0.90	0.48	0.80	1.98	0.85
四川	0.78	0.29	1.33	2.35	0.72
贵州	0.94	0.40	0.67	0.72	0.65
云南	0.82	0.32	0.81	1.75	0.66
西藏	1.06	0.58	0.71	1.56	0.59
陕西	0.82	0.40	0.90	1.23	0.62
甘肃	0.61	0.24	0.71	0.88	0.49
青海	1.26	0.22	0.93	0.66	0.50
宁夏	0.86	0.48	0.78	1.61	0.47
新疆	0.87	0.13	1.05	0.68	0.48

资料来源：原始数据来源于各省（区、市）统计年鉴，本表数据为笔者计算得出。

第五阶段：2012～2016 年，我国很多省（区、市）的投资效率出现了大幅下降，同时，投资效率的区域差异进一步扩大（见表5－17）。

表 5－17　2012～2016 年各省（区、市）投资效率比较

省（区、市）	2012 年	2013 年	2014 年	2015 年	2016 年
北京	6.90	6.44	5.96	5.83	4.64
天津	2.82	2.62	1.44	1.02	1.27
河北	0.43	0.25	0.14	0.17	0.15
山西	0.22	0.07	0.00	0.49	-0.12
内蒙古	0.37	0.25	-0.01	0.18	1.66
辽宁	0.67	-3.24	0.00	0.17	-1.37
吉林	1.81	0.46	0.17	0.55	-0.23
黑龙江	0.34	-0.24	0.08	0.45	0.57
上海	6.80	7.21	8.17	6.82	6.18
江苏	3.63	3.62	2.77	2.37	1.46
浙江	4.54	4.42	3.56	2.95	1.95
安徽	0.61	0.52	0.51	1.00	1.26
福建	0.53	0.58	0.51	1.18	0.87
江西	0.63	0.56	0.45	0.82	0.70
山东	2.63	2.53	2.47	2.79	1.86
河南	0.45	0.52	0.41	0.73	1.00
湖北	0.53	0.60	0.53	0.83	1.13
湖南	0.54	0.56	0.43	0.72	0.61
广东	5.54	5.52	5.51	4.12	3.84
广西	0.56	0.56	0.46	0.75	0.10
海南	0.49	0.69	0.56	0.77	1.10
重庆	0.66	0.69	0.64	1.08	1.02
四川	0.59	0.59	0.58	0.77	1.13
贵州	0.68	0.70	0.67	0.63	0.88
云南	0.60	0.58	0.40	0.49	0.65
西藏	0.60	0.63	0.59	0.58	0.63
陕西	0.57	0.63	0.25	0.66	0.91
甘肃	0.51	0.43	-0.07	0.60	-0.05
青海	0.53	0.45	0.43	0.67	0.22
宁夏	0.44	0.39	0.58	1.06	-4.52
新疆	0.55	0.49	0.04	-0.66	0.76

资料来源：原始数据来源于各省（区、市）统计年鉴，本表数据为笔者计算得出。

（四）技术效率差异

本部分采用数据包络分析法测度各省（区、市）2005～2016 年的区域技术效率。根据采用数据包络分析法进行效率评价的基本理论思路，本部分所采用的模型及数据来源如下。

（1）基本模型

数据包络分析所有模型都是在 CCR 和 BCC 模型的基础上发展得来的，CCR 和 BCC 模型到目前为止是应用最广泛的模型。其中，CCR 模型是专门用来判断决策单元是否同时为技术有效和规模有效的，BCC 模型则是用来判断决策单元是否为技术有效的。本部分只利用 BCC 模型来进行计算，比较区域技术效率。

$$(P_{\text{BCC}}^1)\begin{cases} \max(\mu^T Y_0 - \mu_0) \\ \omega^T X_j - \mu^T Y_j + \mu_0 \geq 0, j=1,2,\cdots,n \\ \omega^T X_0 = 1 \\ \omega \geq 0, \mu \geq 0 \\ \mu_0 \in E^1 \end{cases} \tag{5.3}$$

$$(P_{\text{BCC}}^1)\begin{cases} \min(\mu^T Y_0 - \mu_0) \\ \omega^T X_j - \mu^T Y_j + \mu_0 \geq 0, j=1,2,\cdots,n \\ \omega^T X_0 = 1 \\ \omega \geq 0, \mu \geq 0 \\ \mu_0 \in E^1 \end{cases} \tag{5.4}$$

根据 BCC 模型求出单元 D_{j0} 的运行效率 θ 及对应的松弛变量 S^-、S^+，并求出该单元的投入冗余率 α_0 和产出不足率 β_0。

$$\alpha_0 = \sum_{i=1}^{m}\left[(1-\theta) + \frac{S_i^-}{x_{i0}}\right]$$

$$\beta_0 = \sum_{i=1}^{s}\frac{S_i^+}{y_{i0}} \tag{5.5}$$

对于其他 $n-1$ 个单元建立相应的 DEA 模型，然后求解，并求其投入冗余率和产出不足率。

根据下列标准，对每年度的区域技术效率进行分析：

若 $\theta = 1$ 且 $s^- = 0$，则该年度的效率达到最高状态；

若 $\theta = 1$ 且 $s^- \neq 0$，$s^+ \neq 0$，则该年度的效率较好；

若 $\theta < 1$ 且 $\alpha_0 > \beta_0$，则该年度的效率属于逐步上升阶段；

若 $\theta < 1$ 且 $\alpha_0 \leq \beta_0$，则该年度的效率是下降的。

（2）指标体系及数据来源

输入输出指标体系见表 5 – 18。

表 5 – 18　衡量区域技术效率的输入输出指标体系

系统层	指标层	符号	单位
成本（输入指标）	规模以上工业企业 R&D 人员全时当量	x_{1j}	人年
	规模以上工业企业 R&D 经费	x_{2j}	万元
	规模以上工业企业 R&D 项目数	x_{3j}	项
	规模以上工业企业开发新产品经费	x_{4j}	万元
	规模以上工业企业新产品项目数	x_{5j}	项
	来源于政府资金的科技经费筹集额	x_{6j}	亿元
	来源于企业资金的科技经费筹集额	x_{7j}	亿元
	来源于金融机构贷款的科技经费筹集额	x_{8j}	亿元
收益（输出指标）	高新技术产品市场成交额	y_{1j}	亿元
	规模以上工业企业新产品销售收入	y_{2j}	万元
	高新技术产品出口额占对外贸易出口总额比重	y_{3j}	%
	规模以上工业企业有效发明专利数	y_{4j}	件

资料来源：各省（区、市）2007～2016 年统计年鉴和科技年鉴。

（3）分析结果

如表 5 – 19 所示，从纵向上看，中国技术效率值上升显著，从横向上比，差距在进一步扩大，中国各省（区、市）技术效率值均偏低。2007～2016 年各省（区、市）的年均技术效率值为 0.1529，超过全国均值的省（区、市）只有 10 个，排序分别为上海（0.39）、北京（0.34）、天津（0.25）、浙江（0.24）、江苏（0.23）、广东（0.22）、辽宁（0.18）、福建和山东（0.17）、内蒙古（0.16）；西藏的技术效率均值最低，仅为 0.06，最高和最低值相差 0.33，除去西藏外，排在后面的分别为甘肃、贵州和云南。

表 5 – 19 2007 ~ 2016 年基于 DEA 的中国各省（区、市）技术效率值

省(区、市)	2007 年	2008 年	2009 年	2010 年	2011 年	2012 年	2013 年	2014 年	2015 年	2016 年	均值
北京	0.20	0.22	0.25	0.28	0.30	0.33	0.36	0.39	0.49	0.53	0.34
天津	0.14	0.15	0.18	0.21	0.23	0.26	0.28	0.33	0.36	0.39	0.25
河北	0.06	0.07	0.08	0.10	0.11	0.12	0.12	0.13	0.14	0.16	0.11
山西	0.07	0.07	0.08	0.10	0.11	0.12	0.13	0.14	0.15	0.18	0.11
内蒙古	0.08	0.09	0.11	0.13	0.15	0.17	0.20	0.21	0.22	0.24	0.16
辽宁	0.10	0.11	0.13	0.16	0.18	0.20	0.22	0.24	0.24	0.25	0.18
吉林	0.08	0.09	0.09	0.11	0.12	0.14	0.14	0.15	0.14	0.15	0.12
黑龙江	0.07	0.08	0.09	0.11	0.12	0.13	0.15	0.16	0.17	0.19	0.13
上海	0.25	0.27	0.32	0.35	0.37	0.39	0.43	0.46	0.50	0.54	0.39
江苏	0.11	0.12	0.14	0.17	0.19	0.24	0.28	0.32	0.36	0.40	0.23
浙江	0.14	0.16	0.18	0.21	0.23	0.25	0.27	0.29	0.31	0.34	0.24
安徽	0.06	0.07	0.08	0.10	0.11	0.12	0.13	0.14	0.15	0.17	0.11
福建	0.11	0.11	0.13	0.15	0.16	0.17	0.19	0.21	0.23	0.26	0.17
江西	0.06	0.06	0.08	0.10	0.11	0.12	0.12	0.14	0.16	0.17	0.11
山东	0.10	0.10	0.12	0.14	0.15	0.17	0.19	0.21	0.26	0.28	0.17
河南	0.06	0.07	0.08	0.09	0.10	0.12	0.13	0.15	0.16	0.18	0.11
湖北	0.07	0.08	0.09	0.11	0.12	0.14	0.16	0.17	0.19	0.22	0.14
湖南	0.07	0.08	0.09	0.11	0.12	0.13	0.14	0.16	0.17	0.19	0.13
广东	0.14	0.15	0.17	0.20	0.22	0.24	0.25	0.26	0.28	0.31	0.22
广西	0.06	0.07	0.08	0.09	0.11	0.12	0.13	0.14	0.15	0.16	0.11
海南	0.06	0.07	0.08	0.09	0.11	0.12	0.13	0.17	0.18	0.21	0.12
重庆	0.08	0.08	0.10	0.12	0.14	0.15	0.17	0.19	0.21	0.23	0.15
四川	0.06	0.07	0.08	0.10	0.11	0.12	0.14	0.15	0.16	0.18	0.12
贵州	0.05	0.05	0.06	0.07	0.08	0.10	0.11	0.13	0.15	0.16	0.10
云南	0.05	0.06	0.07	0.08	0.10	0.11	0.12	0.13	0.15	0.16	0.10
西藏	0.03	0.04	0.04	0.05	0.05	0.06	0.07	0.09	0.10	0.11	0.06
陕西	0.06	0.007	0.08	0.10	0.12	0.12	0.15	0.15	0.17	0.18	0.12
甘肃	0.05	0.06	0.06	0.07	0.09	0.10	0.11	0.12	0.13	0.14	0.09
青海	0.06	0.07	0.07	0.09	0.10	0.12	0.14	0.15	0.17	0.18	0.11
宁夏	0.07	0.08	0.09	0.11	0.12	0.14	0.15	0.17	0.19	0.21	0.13
新疆	0.06	0.06	0.07	0.09	0.11	0.11	0.12	0.14	0.15	0.17	0.11
年均值	0.09	0.09	0.11	0.13	0.14	0.16	0.18	0.19	0.21	0.23	

资料来源：笔者计算得出。

第三节 农村劳动力持续转移内外动力所包含的关键要素

分析农村劳动力持续转移内外动力所包含的关键要素，为动力评价确定考量的指标。

一 内部动力——农村劳动力人力资本所包含的关键要素

农村劳动力人力资本提升的意义在于人力资本各组成要素的相应提升。一般认为，人力资本是劳动者本人所获得的各种知识能力、健康体质、劳动技能与观念精神的综合。提升农村劳动力能力的关键在于三个方面：一是加强农村基础教育投入，提升劳动力整体素质基础；二是加强劳动者技能培训，转移到城市的劳动力在工作中既要"干中学"，又要结合实际岗位需要，加强技能提升培训；三是加强劳动者医疗保障体系建设，确保劳动者身体素质提升。

二 外部动力——社会公平所包含的关键要素

（1）就业收入公平

①就业公平

就业作为民生之本，是社会公平的基础。就业是社会稳定的基础要素和人民生产生活的根本保障，经济增长的首要标志是就业岗位增加，为劳动力提供更多的就业机会，而劳动力的充分就业能够保证经济的持续增长和社会发展的稳定性。

②收入公平

收入是劳动力价值的直观体现，获得收入也是劳动者参与经济社会活动的主要目的之一，劳动者通过诚实劳动获得合法报酬是经济社会秩序运行良好的重要标志。需要特别说明的是，个人人力资本水平差异、地区行业发展差距等因素必然会造成劳动报酬的差距，但这并不是收入公平的主要衡量指标。

（2）教育文化公平

教育文化公平具有重要的社会价值，它是推动社会发展的重要力量，有利于社会组织结构的优化，有利于社会成员的合理流动，最终促进社会发展的良性循环。教育文化公平不仅能够促进社会成员的水平流动，而且能够深入影响社会成员的垂直流动，甚至改变社会成员的代际流动。

（3）医疗卫生公平

医疗卫生公平是保障劳动者健康权益的重要条件之一，劳动者的健康素质是人力资本的关键要素之一。

（4）社会保障公平

社会保障水平是衡量社会公平程度和社会发展效率的一个重要指标，研究社会保障公平性有助于解决分配领域的市场失灵问题，形成合理的收入分配格局。

三 外部动力——经济发展所包含的关键要素

我国是一个发展中大国，区域间的自然环境和经济发展水平差异显著，因此，各区域当前经济发展的动力、任务、目标等也会有所不同。

（一）外来人口导入与经济强劲拉动模式

第Ⅱ类外来人口导入与经济强劲拉动模式区域囊括了除北京、上海以外，中国经济最发达的江苏、浙江和广东，这类区域外向型经济特征明显，处于"创新驱动、转型发展"的转折时期，以往数量扩张型的经济增长方式已难以为继，经济增长方式必须由数量增长向质量增长转变升级。不能目标过于单一，要转为对经济增长过程的全面衡量，对经济增长的评价维度也要从以简单的要素投入为主要驱动力的规模扩张的数量增长，转变为提高效率、优化结构、增强稳定性和经济潜力的质量增长。经济增长质量是通过技术进步和提高各种生产要素水平来实现的，强调经济增长高效益、经济增长协调性也是追求质量增长的重要特征。本书从增长过程的"质变"角度出发，对经济增长质量从四个维度进行考察：衡量增长过程中经济运行的经济实力、衡量资源配置和分布特征的经济结构、衡量要素投入产出效率特征的经济效率，以及衡量经济长期持续增长特征的经济潜力。

（1）经济实力

经济实力反映的是经济增长动态过程中的各要素所形成的比较优势的集合。地区或部门的经济实力往往代表着已经实现了的经济增长成果和即将要发生的经济增长趋势。经济实力的变化往往基于现有各要素条件的生成或消失，是衡量经济增长前景的主要指标。

（2）经济结构

经济结构反映与经济增长相关的资源要素的相互关系状况，评价经济结构的合理性主要在于考察各要素组合的边际效应是否达到了最大化。经济结构的变化往往能对经济增长产生实际影响，结构的调整对增长的类型、趋势、速度等都会产生短期或深远影响。因此，经济结构是反映经济增长现状与趋势的直观指标之一。

（3）经济效率

效率是经济增长的最大追求，各增长要素的效率最大化，是经济运行良好的重要标志。经济效率是衡量经济增长质量的核心参数，经济效率的改善往往意味着经济增长类型或速度的调整，但并不意味着经济增长趋势的翻转或变化，因此，经济效率是衡量经济增长的重要指标。

（4）经济潜力

潜力是经济增长的未来，经济潜力预示着经济增长点的分布或结构。对经济潜力起决定作用的是各增长要素的特征，如劳动力结构的年轻化预示着巨大的经济潜力将会到来。经济增长潜力的挖掘与实现，是经济结构调整的重要方向，因此作为重要观察指标，经济潜力对正确全面认知经济增长具有重要意义。

（二）相对封闭的本地自发型流动模式

就属于第Ⅲ类相对封闭的本地自发型流动模式的区域而言，其经济社会发展中所面临的要素区域内外单向流动格局突出。扭转区域发展不平衡局面，促进协调发展，区域间要素的合理流动与有效配置是有力保证。要素流动是通过区域间合理与有效的产业集聚、人口集聚、资本集聚和技术集聚完成的。

（1）产业集聚

产业是经济各个要素组成增长单位的基本组织模式，产业集聚是进一步优化产业间各要素相互作用的升级配置。区域内或区域间的产业集聚，既是对资源优化的协同强化，也是产业自身升级转型的必然要求。产业集聚的加强，能够更大限度地发挥地区大城市的规模效应，带动周围城市群的发展，最终实现经济一体化发展。

（2）人口集聚

人口作为劳动力资源，是经济增长中最为活跃的因素，人口集聚是劳动力资源规模效应和正向外部性效应最大化的结果。区域内或区域间合理的人口流动与聚集可以提高劳动力资源的整体配置效益，使劳动力得到优化组合，为社会进步打下经济基础。

（3）资本集聚

在众多增长要素中，资本的流动性最强，对区域经济增长作用更为灵敏。资本在区域间流动的主要方式是直接投资，资本流动促进了资本与劳动力等要素有机结合，创造就业机会，促进产业结构升级，为农村劳动力转移提供基本保障。

（4）技术集聚

技术聚集主要包括科技、信息、文化在区域内的充分流动，是区域创新的首要力量，也是实现区域一体化发展的重要前提。科学技术、文化观念、科技信息在地区内的自由扩散，能够促进地区产业结构升级，从而实现经济的质量型增长。

（三）本地人口导出与经济强劲推动模式

农村劳动力转移的第Ⅳ类本地人口导出与经济强劲推动模式也可以说是区域城乡一体化发展动力模式，其推动力主要可概括为城乡基础实力、城乡关联强度、城乡统筹能力和城乡竞争潜力，它们共同构成了城乡一体化发展的动力系统，相互作用、相互促进，共同推进城乡一体化从而实现农村劳动力转移质变转型。

（1）城乡基础实力

①农业实现产业化、工业化

农业产业化的规模经济效应对推进城乡一体化有着不可替代的作用，为农村第二、第三产业的发展建立了牢固的根基。以乡镇企业为代表的农村工业化是城乡一体化的根本动力与加速器，是推动城乡一体化的直接力量。

②新型工业化

新型工业化是城乡一体化的重要引擎，是经济发展方式转变与产业结构优化升级的过程，加速了城镇化进程；空间集聚的规模效应促进城镇的发育；新型工业化增加城乡居民收入，加快要素的合理流动。

③产业结构优化

城乡一体化的实质是区域产业结构的优化与升级，是城市化的重要推力。在城乡一体化进程中，要不断发展第三产业，优化就业结构，充分发挥第三产业就业效应，提高城市、工业、服务业等对经济增长的实际贡献和综合效应，加快农村劳动力深度转移的动力优化。

（2）城乡关联强度

城乡关联强度的重要衡量指标和出发点在于健康城镇化，只有健康城镇化才能够深化城乡之间的强联系特征，使城镇与乡村在多层面广泛融合。

（3）城乡统筹能力

投资水平是衡量城乡统筹能力的重要指标，原因在于投资本身就具有巨大乘数效应。通过投资来表现的城乡统筹能力，是带动产业空间集聚、推动城乡一体化的最原初动力。投资水平、规模决定了城镇产业集聚功能的强弱，也能反映出城乡发展的活力状况。

（4）城乡竞争潜力

城乡之间是既对立又统一的生态整体，在同区域的不同城乡经济体之间，或者在不同区域的城乡经济体之间，往往都会存在竞争与合作关系。尽管对于城乡竞争潜力的衡量指标并不一定能够达成确切共识，但交通运输技术、通信技术毫无疑问是城乡竞争潜力的客观衡量指标。从劳动力的供给角度上看，人口城市化率和稳定的市场环境同样是城乡竞争潜力的重要表征。

第四节　本章小结

通过对经典理论的分析，本章首先梳理了推动农村劳动力转移的内外部动力，其次构建了农村劳动力持续转移的动力之间的逻辑框架，在此基础上确定内部动力为人力资本提升，外部动力为社会公平和经济发展。采用实证分析，对农村劳动力持续转移的内外动力进行现状分析，并总结现期面临的问题，由此确定内外动力所应包含的关键要素。内部动力农村劳动力人力资本包含思想观念、受教育程度、劳动素质与能力等关键要素。

外部动力社会公平包含就业收入公平、教育文化公平、医疗卫生公平及社会保障公平四个要素。通过对不同农村劳动力转移模式区域的经济发展状况进行比较分析，可知不同模式区域所面临的经济发展的关键要素不同，根据对各模式区域展开的有针对性的分析，提出不同的经济发展关键要素。第Ⅱ类外来人口导入与经济强劲拉动模式区域，经济发展的关键是从追求数量型增长升级为追求质量型增长，包含的关键要素为经济实力、经济结构、经济效率和经济潜力；第Ⅲ类相对封闭的本地自发型流动模式区域，经济发展的关键为要素集聚，包含的关键要素有产业集聚、人口集聚、资本集聚和技术集聚；第Ⅳ类本地人口导出与经济强劲推动模式区域，经济发展的关键为城乡一体化，包含的关键要素为城乡基础实力、城乡关联强度、城乡统筹能力和城乡竞争潜力。

第六章　农村劳动力转移社会公平推动系统评价

考虑到教育本身为长期投资，以及我国现期农村教育困境，在短期内没有翔实的数据可以对农村劳动力人力资本提升进行论证评价，因此本书主要对农村劳动力转移的外部动力社会公平和经济发展做评价分析。

社会公平因素对农村劳动力顺利转移具有重要的推动作用，也有观点认为社会成员对公平的感知与获取是社会成熟的关键标志。从劳动者的角度来说，社会公平对农村劳动力转移的促进作用主要在于其提供公平的就业机会、合理的劳动报酬等关系劳动力生存发展的基本条件。在农村劳动力转移的不同模式下，社会公平因素的推动作用呈现不同的样态。本章从建构社会公平推动系统评价指标体系出发，对三种主要模式下的社会公平推动作用做出评价、分析与比较，尤其是更进一步明确影响农村劳动力转移的社会公平关键因素，为进一步推动持续转移和综合评价提供支撑。

第一节　社会公平推动系统评价指标体系

一　指标体系构建原则

与经济发展的指标体系相比，社会公平方面的测度对客观性要求更高、涉及的层面更广、数据的可测性更难。因此，为了能够对社会公平的发展水平有更加准确的测度，从综合的维度来建构全面、合理、科学、可行的指标体系势在必行，建构社会公平推动系统评价指标体系的原则应涵盖以下几个方面。

首先，建构指标体系要严格遵循社会公平的科学内涵。

公平作为政治学或伦理学概念，具有道德价值指向意义，而社会公平一般是指社会成员之间的相互关系，这种追求平等、正义的关系机制涵盖的内容十分广泛。笼统而言，社会公平既是全体社会成员的一种追求，又是正在建设和取得成就的结果表征。以演绎法来认识社会公平内涵，理应包括生存公平、发展公平和竞争公平等方面的内容。建构社会公平推动系统评价指标体系既要包括全社会的整体性指标，也要兼顾社会成员个体性的诉求，指标体系之间的逻辑关系要能够兼顾社会公平系统内的各行为主体，并在严格遵循内涵的基础上，优化各指标体系之间的逻辑层级关系，既不泛化社会的外延，也不窄化公平的内涵。

其次，建构指标体系要牢牢把握社会公平的关键要素。

从系统的思维视角来看，社会公平是一套具有鲜明追求、过程复杂的综合系统。社会公平系统的交错复杂性，不亚于任何一种生态系统的运营过程。但就研究来说，从纷繁复杂的体系中找出关键要素，是开展研究的基本方法和本质追求。因此，选择社会公平体系的具体评价指标，是建构评价体系的关键举措。本书拟采用适用于复杂决策咨询的典型方法，从众多指标中进行多轮筛选，科学确定社会公平的核心评价指标，从而完成对体系的最终建构，充分体现指标体系的代表性，并实现其应用价值。

再次，建构指标体系要充分考虑指标数据的可操作性。

从概念上来讲，社会公平更多属于伦理价值范畴，实现社会公平推动系统评价指标体系的建构，不仅要确立各指标体系意向所指的准确性，也要充分考虑指标数据的可操作性。这种可操作性主要表现在三个方面：一是指标所依据的现实数据是能够通过各种渠道获取的，例如查阅统计年鉴、开展田野调查收集等；二是这些指标数据是能够被量化处理的，如果指标数据仅仅是定性描述的信息，无法转化成可量化处理的数据，其在指标体系中就无法满足进一步的使用需求；三是这些指标数据是能够进行数据统计或数据运算的，建构指标体系的基本指向是要对数据进行运算处理，可能原始材料中的数据无法直接用于统计或运算，但通过相关处理后要能够进入运算流程。

最后，建构指标体系要充分体现共建共享的根本追求。

社会公平的最终指向是人，是人在社会中的发展与进步，因此评价社会公平的各项指标都应充分体现经济社会发展建设的成果在分配领域的实际状况。建构社会公平推动系统评价指标体系不仅要注重实际物质利益分配上的成果共享，更要切实考察在人的发展面前机遇与机会的公平性。因此，在建构指标体系时应充分体现这一根本追求。

二　指标体系的构建

本书在前面曾采用决策试验和评价实验法，通过征询、收集专家和从业人员的意见，确定了农村劳动力转移的各项影响因素及它们之间的相互关系。这种方法通过两个轮次的意见征询来确认各变量因素之间的相互关系，但并不着重判断变量或指标体系在整体中的地位或作用。

社会公平是一套综合的复杂系统，对其考察不仅需要了解各变量因素之间的关系，更需要建构起一套综合的有机指标体系，因此本节拟采用德尔菲法来建构社会公平推动系统评价指标体系。德尔菲法是美国兰德公司于1946年总结出来的，主要运用于复杂系统的决策咨询，这一方法的独特之处在于对专家多轮次、单向性、背对背地征集意见，确保所收集意见的独立性、客观性、真实性，后来这一意见调查方法也被推广应用到其他研究领域。

德尔菲法的实施关键在于要充分重视专家的权威性和代表性，确保专家在咨询过程中能够真实、完整地表达意见。由于研究对象的抽象化特征，本书把专家征询范围限定在高校科研领域，通过多方比较专家在社会政策、政治管理等相关领域的研究经历和研究成果，最终选定30位专家，请其共同完成意见咨询，以达到研究层次和咨询深度的目标要求。

利用德尔菲法展开数据统计分析的具体步骤如下。

（1）专家意见的权威程度判断

社会公平领域已经存在大量的研究成果，通过对现有文献的梳理，本书选择最能够体现城乡发展进程中社会公平的四项内容作为一级指标，分别是就业收入公平、教育文化公平、医疗卫生公平、社会保障公平，在此基础上对每个维度分别匹配相应的数据考核指标，总共64项。专家根据研究开展的背景、意义、目标、目的，对64项指标按照重要性程度分别打分。与此同时对指标本身进行专家的主体性认知测量，即专家在对指标重要程度给出分值的同时，还要对自己对问题的熟悉程度、在这一领域的权威程度做出自我评价，确保各项分值的可靠性、科学性。

德尔菲法包含两个轮次的意见征询和数据收集。使用德尔菲法的过程中需要考察专家对指标的熟悉程度，以确保专家人选对该问题的熟悉和权威程度。第一轮征询主要确认指标，第二轮是对指标本身以及专家自我评价做出量化评价。如表6-1所示，专家根据自己的判断依据进行了自我评价，判断依据主要包括四类，即实践经验、理论分析、通过国内外同行了解、直觉直接判断。

表6-1 专家判断依据自我评价量化

判断依据	实践经验	理论分析	通过国内外同行了解	直觉直接判断
量化值	0.8	0.6	0.4	0.2

另外，为了检测专家对所调查问题的熟悉程度，提高专业领域学术研究的科学性，还请专家对自己对问题的熟悉程度进行了自我评价（见表6-2），具体结果比较理想。

表6-2 专家对问题熟悉程度的自我评价量化

熟悉程度	非常熟悉	很熟悉	熟悉	一般	不太熟悉	不熟悉
量化值	1	0.8	0.6	0.4	0.2	0

两个轮次的专家意见征询不仅显示了指标本身的科学性，也能对专家在这一问题上的权威程度做出统计。表6-3的数据显示，所有被征询的专家对问题熟悉程度的两轮均值均为0.929，据此可以做出专家对本研究主题非常熟悉的判断。而专家对社会公平推动系统评价指标体系的主要判断依据来自实践经验和理论分析，两轮均值分别为0.748和0.745，在合理的取值范围内，说明专家意见可信。从专家权威程度和预测精准程度的结果来看，本研究的指标体系设计精度可信。

表6-3 两轮专家征询权威程度统计

一级指标	第一轮征询			第二轮征询		
	判断依据	熟悉程度	权威程度	判断依据	熟悉程度	权威程度
就业收入公平	0.735	0.931	0.833	0.735	0.931	0.833
教育文化公平	0.778	0.964	0.871	0.778	0.977	0.878

二级指标	第一轮征询			第二轮征询		
	判断依据	熟悉程度	权威程度	判断依据	熟悉程度	权威程度
医疗卫生公平	0.776	0.937	0.857	0.767	0.937	0.852
社会保障公平	0.701	0.883	0.792	0.701	0.872	0.787
均值	0.748	0.929	0.838	0.745	0.929	0.838

（2）专家意见的协调度判断

由于专家来源具有多样性，要在某些方面的协调度上对专家意见进行验证处理。为保证专家意见的一致性，本书按照以下步骤建立了专家意见的协调度指数，确保数据有效性。

首先，计算专家对第 j 个指标评分和的简单平均数 $\overline{X_{S_j}} = \sum_{j=1}^{n} S_j / n$，其中 S_j 表示第 j 个指标的评分和，$S_j = \sum_{i=1}^{30} R_{ij}$，$R_{ij}$ 表示第 i 个专家对第 j 个指标的评分。

其次，计算协调系数。

$$w = \sum_{j=1}^{n} d_j^2 / \sum_{j=1}^{n} d_j^2(\max) \tag{6.1}$$

$$\sum_{j=1}^{n} d_j^2 = \sum_{j=1}^{n} (S_j - \overline{X_{s_i}})^2 \tag{6.2}$$

$$\sum_{j=1}^{n} d_j^2(\max) = 1/12 m^2(n^3 - n)(m = 1,2,\cdots,30) \tag{6.3}$$

当专家对各指标给出相同的评分时，协调系数的计算公式为：

$$w = \frac{12}{m^2(n^3 - n) - m\sum_{i=1}^{m} T_i} \sum_{j=1}^{n} d_j^2 \tag{6.4}$$

式（6.4）中，T_i 为相同等级指标，$T_i = \sum_{i=1}^{L} (t^3 - t_i)$，$L$ 为第 i 个专家相同的评分组数，t_i 为在 L 组中的相同等级数。

当专家对各指标没有给出相同的评分时，则协调系数的计算公式为：

$$w = \frac{12}{m^2(n^3 - n)} \sum_{j=1}^{n} d_j^2 \tag{6.5}$$

一般情况下，经 2~3 轮征询后，协调系数控制在 0.5 左右，表明专家意见一致性良好。当然，更可靠的方法是对专家意见的一致性进行显著性检验，计算卡方统计量。

$$\chi_R^2 = \frac{1}{mn(n+1) - \frac{1}{n-1}\sum_{i=1}^{m} T_i} \sum_{j=1}^{n} d_j^2 \sim \chi^2(n-1) \qquad (6.6)$$

如果通过检验，表明专家意见已经不存在显著差异而趋于一致了。本书执行两轮征询，专家意见的协调系数检验结果如表6-4所示。第一轮征询的专家意见协调系数仅为0.33，表明专家在指标的评分方面认识不一致，总体分歧较大，意见的协调程度较低。第二轮征询的协调系数提高到0.52，专家意见趋于一致。两轮协调系数的卡方检验的P值在95%的置信度下均小于0.05，表明两轮征询后，专家对指标重要性判断的协调性较好，所以专家意见的征询结束。

表6-4　两轮专家意见协调系数比较

	第一轮征询	第二轮征询
指标个数	64	21
协调系数 w	0.33	0.52
卡方值	345.65	811.23
P 值	0.00	0.00

（3）评价指标筛选

除了要对专家意见做权威程度和协调度验证以外，在选择和确定评价指标的过程中，为加强专家评分意见的可操作性，本书还根据界值法对专家评分的满分频率、算术均数和变异系数做了核算，并根据这三项的界值对指标进行筛选。

满分频率和算术均数的界值计算公式为：界值=均值-标准差。得分高于满分频率和算术均数界值的相关指标才能入选。

变异系数的界值计算公式为：界值=均值+标准差。得分低于变异系数界值的指标才能入选。

本书计算得到的界值如表6-5所示。

表6-5　两轮专家征询筛选指标界值

单位：%

第一轮征询				第二轮征询			
	均值	标准差	界值		均值	标准差	界值
满分频率	45.22	17.66	27.56	满分频率	59.27	11.79	47.48
算术均数	4.57	0.49	4.08	算术均数	4.61	0.31	4.30
变异系数	0.65	0.37	1.02	变异系数	0.59	0.28	0.87

　　根据文献整理，本书最初选定 4 个一级指标和 64 个原始二级指标作为指标体系的可选项。经过使用德尔菲法，删除了专家认为不宜采用的一些指标，并根据意见和需要做了新增，最终指标体系由 4 个一级指标 22 个二级指标组成（见表6-6）。

表6-6　社会公平推动系统评价指标体系

	一级指标	二级指标	单位	方向
社会公平推动系统评价指标体系	就业收入公平	就业弹性系数	%	正向
		就业岗位	%	正向
		劳动力市场化程度	%	正向
		劳动工资占 GDP 比重	%	正向
		劳动工资市场化程度	—	正向
		收入基尼系数	—	逆向
		贫困率	%	逆向
	教育文化公平	人均受教育年限	年/人数	正向
		每十万人口在校学生数	人	正向
		义务教育人均教育经费支出	元/人	正向
		学校师生比	人	正向
		人均拥有总藏书量	本/人	正向
		教育基尼系数	—	逆向
	医疗卫生公平	每万人口卫生机构床位数	张/万人	正向
		每万人口卫生技术人员数	人/万人	正向
		人均卫生总费用	元/人	正向
		卫生费用占 GDP 的比重	%	正向

	一级指标	二级指标	单位	方向
社会公平推动系统评价指标体系	社会保障公平	人均基本社会保障支出	元/人	正向
		城市居民最低生活保障人数	万人	逆向
		农村居民最低生活保障人数	万人	逆向
		社区服务机构和设施覆盖率	%	正向
		社会保障财政支出的基尼系数	—	逆向

三 数据的来源与指标处理

1992年中国共产党第十四次全国代表大会正式提出建立社会主义市场经济体制。1992年提出社会保险概念，1994年国企开始缴纳社保，1997年全国开始统一缴纳社保。本书研究农村劳动力转移问题，从确立社会主义市场经济体制的1992年开始，但1994年《中国统计年鉴》才开始统计有关社会保险的数据，因此1992年、1993年相应社保值取零。

本书采用的原始数据来源于《中国统计年鉴》《中国社会统计年鉴》《中国劳动统计年鉴》《中国人口和就业统计年鉴》《中国教育统计年鉴》《中国卫生健康统计年鉴》《中国卫生和计划生育统计年鉴》《中国人力资源和社会保障年鉴》《社会保障绿皮书：中国社会保障发展报告》，以及各省（区、市）相关统计年鉴。

研究过程中，本书根据数据的来源情况和数据本身的性质、向度，进行了规范化和统一化处理。由于指标体系中各级指标对综合指数作用的方向不同，存在正向、逆向、适度三种情况，在核算时难以直接进行加总运算，因此本书将会根据适度值把各指标统一调整为正向指标，对于本身属于逆向的指标采取倒数方式予以正向化处理，以确保指标数据能够进入核算体系。另外，在22个二级单项指标中，各指标数据的单位存在差异，而且单位之间很难直接换算，为了更加科学地处理和尽可能全面地吸纳数值在评价体系中的作用，本书对不同单位的数值进行了标准化处理，即通过均值化法对原始指标进行了无量纲化处理，确保各指标的变异程度信息。具体处理办法如下。

指标的标准化处理，均值化法：

$$x(i,j) = \frac{x^*(i,j)}{\tilde{x}_j} \qquad (6.7)$$

设备指标的样本集为 $\{x^*(i,j) \mid i = 1 \sim n, j = 1 \sim p\}$，其中，$x^*(i,j)$ 为第 i 个样本第 j 个指标值，n 为样本数，p 为指标个数，$\tilde{x}_j$ 为第 j 个指标平均值。

四　指标体系的权重

本书在评价指标的权重处理上，综合考虑各指标对应数据的复杂性，分别运用层次分析法（AHP）和熵值法，对指标在体系内的权重进行求取，再依据所求得的权重结果进行综合集成赋权，最终形成指标在体系内的综合权重，以确保各指标值在体系中有适合的权重表达。

由社会公平推动系统评价指标体系的四个一级指标的权重可见，就业收入公平综合权重最高，为 0.3354，教育文化公平次之，为 0.2561，表明社会公平更多体现在就业收入和教育文化两个维度上。社会保障公平和医疗卫生公平的综合权重分别为 0.2263 和 0.1822，表明这两个维度对社会公平的贡献相对较小（见表 6 - 7）。

表 6 - 7　社会公平推动系统评价指标体系权重计算结果

	一级指标	二级指标	AHP	熵值法	综合权重
社会公平推动系统评价指标体系	就业收入公平 （0.2726） （0.3954） （0.3354）	就业弹性系数	0.0143	0.0304	0.0238
		就业岗位	0.1252	0.1087	0.1154
		劳动力市场化程度	0.1298	0.0761	0.0980
		劳动工资占 GDP 比重	0.0909	0.0576	0.0712
		劳动工资市场化程度	0.0863	0.1279	0.1110
		收入基尼系数	0.0223	0.0249	0.0238
		贫困率	0.0091	0.0208	0.0160
	教育文化公平 （0.3103） （0.2044） （0.2561）	人均受教育年限	0.0852	0.0450	0.0614
		每十万人口在校学生数	0.0046	0.0144	0.0104
		义务教育人均教育经费支出	0.0669	0.0777	0.0733
		学校师生比	0.0137	0.0228	0.0191
		人均拥有总藏书量	0.0172	0.0313	0.0255
		教育基尼系数	0.1046	0.0870	0.0942

续表

	一级指标	二级指标	AHP	熵值法	综合权重
社会公平推动系统评价指标体系	医疗卫生公平 (0.1927) (0.1722) (0.1822)	每万人口卫生机构床位数	0.0349	0.0313	0.0328
		每万人口卫生技术人员数	0.0206	0.0311	0.0268
		人均卫生总费用	0.0223	0.0240	0.0233
		卫生费用占 GDP 的比重	0.0274	0.0327	0.0305
	社会保障公平 (0.2245) (0.2280) (0.2263)	人均基本社会保障支出	0.0206	0.0283	0.0252
		城市居民最低生活保障人数	0.0091	0.0281	0.0204
		农村居民最低生活保障人数	0.0172	0.0217	0.0198
		社区服务机构和设施覆盖率	0.0269	0.0251	0.0258
		社会保障财政支出的基尼系数	0.0509	0.0532	0.0523

注：一级指标下的三组数字分别为运用 AHP、熵值法和综合集成赋权法计算的权重结果。

五　指标体系的信度和效度检验

采用 Cronbach α 系数对四个维度的内部一致性信度进行评价。采用 Pearson 相关系数分析维度间得分的相关程度，评价结构效度。本书的统计分析均选择 α = 0.05 作为检验标准，得到的概率值均表示双侧概率。

(一) 信度检验

Cronbach α 系数是目前最常用的信度系数，其计算公式为：

$$\alpha = [k/(k-1)] * (1 - \sum_{i=1}^{n} SSE_i/SST) \qquad (6.8)$$

其中，k 为指标个数，SSE_i 为第 i 个维度得分的组内方差，SST 为全部指标总得分的方差。

从式 (6.8) 中可以看出，Cronbach α 系数考察的是评级体系中各维度间得分的一致性，属于内在一致性系数。这种方法适用于态度、意见式问卷（量表）的信度分析。量表的信度系数 α 最好在 0.7 以上，在 0.6 ~ 0.7 也可以接受。Cronbach α 系数如果在 0.6 以下就要考虑重新设置问卷。

通过式 (6.8) 计算社会公平推动系统评价指标体系四个维度的 Cronbach α 系数，结果如表 6 - 8 所示。

表 6 - 8　社会公平推动系统评价指标体系四个维度内部一致性信度评价结果

维度	指标数目	Cronbach α 系数
就业收入公平	7	0.8501
教育文化公平	6	0.7963
医疗卫生公平	4	0.6102
社会保障公平	5	0.6531

社会公平推动系统评价指标体系四个维度的 Cronbach α 系数均达到 0.6 以上，通过信度检验。

（二）效度检验

效度分析主要是用来考察指标体系中各项指标的准确程度，本书主要对指标体系的结构效度进行检验。

本书采用 Pearson 相关系数分析维度间得分的相关程度，评价结构效度。社会公平推动系统评价指标体系四个维度之间的 Pearson 相关系数主要在 0.5 以上，最高达到 0.8220，最低的为 0.5020，所有的 Pearson 相关系数在 $\alpha = 0.05$ 的检验水平上均具有统计学意义（见表 6 - 9）。

表 6 - 9　社会公平推动系统评价指标体系四个维度之间 Pearson 相关系数分析结果

Pearson 相关系数	就业收入公平	教育文化公平	医疗卫生公平	社会保障公平
就业收入公平	1.0000			
教育文化公平	0.8220 (0.0230)	1.0000	0.5040 (0.0480)	
医疗卫生公平	0.7280 (0.0130)	0.5040 (0.0480)	1.0000	
社会保障公平	0.6750 (0.0170)	0.5020 (0.0300)	0.6620 (0.0000)	1.0000

第二节　社会公平推动系统状态评价

运用加权求和法，分别计算得出全国各地及外来人口导入与经济强劲拉动模式区域、相对封闭的本地自发型流动模式区域、本地人口导出与经济强劲推动模式区域的社会公平推动指数。

一 社会公平推动系统评价

加权求和法：

$$Z = \sum_{j=1}^{m} w_j x_j \tag{6.9}$$

其中，x_j 为 j 评价指标的标准化值，w_j 为 j 评价指标的权重值，$\sum_{j=1}^{m} w_j = 1$。

根据综合集成赋权法得出的权重以及无量纲化处理之后的数据测算出中国 1992~2016 年就业收入公平、教育文化公平、医疗卫生公平、社会保障公平四个子系统的指数，以及中国经济增长的整体包容程度指数（社会公平推动总指数），见表 6 - 10。

表 6 - 10　社会公平推动总指数及各子系统指数测度结果汇总

年份	就业收入公平指数	教育文化公平指数	医疗卫生公平指数	社会保障公平指数	总指数
1992	0.1587	0.1178	0.0262	0.0024	0.0887
1993	0.1827	0.1451	0.0288	0.0035	0.1045
1994	0.2135	0.1576	0.0298	0.0037	0.1182
1995	0.2285	0.1604	0.0320	0.0041	0.1245
1996	0.2477	0.1743	0.0352	0.0041	0.1351
1997	0.2658	0.1784	0.0360	0.0042	0.1424
1998	0.2832	0.1939	0.0367	0.0043	0.1523
1999	0.3168	0.2164	0.0368	0.0043	0.1694
2000	0.3588	0.2285	0.0391	0.1443	0.2186
2001	0.3385	0.2477	0.0395	0.1445	0.2169
2002	0.3227	0.2689	0.0400	0.2046	0.2307
2003	0.3074	0.2871	0.0408	0.2464	0.2398
2004	0.2871	0.3074	0.0413	0.2647	0.2424
2005	0.2689	0.3385	0.0428	0.2529	0.2419
2006	0.2359	0.3135	0.0438	0.2756	0.2297
2007	0.1945	0.2980	0.0476	0.3059	0.2195
2008	0.1717	0.2544	0.0507	0.3260	0.2057

续表

年份	就业收入公平指数	教育文化公平指数	医疗卫生公平指数	社会保障公平指数	总指数
2009	0.1404	0.2469	0.0511	0.3617	0.1705
2010	0.1199	0.2239	0.0523	0.3738	0.1945
2011	0.1308	0.2301	0.0642	0.3797	0.2256
2012	0.1311	0.2182	0.0675	0.3960	0.2698
2013	0.1376	0.1962	0.0680	0.4100	0.2957
2014	0.1374	0.1362	0.0776	0.4108	0.3238
2015	0.1394	0.1294	0.0880	0.4114	0.3528
2016	0.2164	0.1010	0.1038	0.4252	0.3873

1992 年社会主义市场经济体制确立，此后迅速发展，中国社会公平推动总指数在 1992～2000 年呈现显著上升特征，但在 2001～2009 年由于就业收入公平指数的大幅度下滑而呈现下降趋势。2010 年后，虽然教育文化公平指数呈现下滑的特征，但因为另外三个子系统指数都有或多或少的改善，社会公平推动系统总指数呈现上升的趋势。

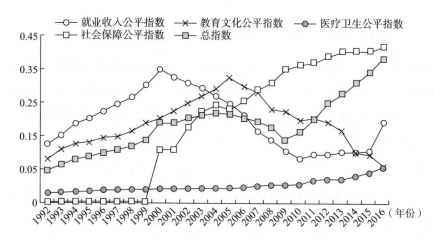

图 6 – 1　1992～2016 社会公平推动总指数及各子系统指数变化趋势

1992 年实行市场经济体制后，中国经济开始从超额需求逐步向超额供给转变，因此就业、收入在明显改善，就业收入公平指数在 1992～2000 年显著上升，但随着发展成果分配在效率和公平之间的失衡，2000 年后就业收入公平指数大幅度下滑，这与中国 2000 年后劳动收入占比逐年下降的趋势一致。社会各界已经意识到"不均衡"是我国经济发展的新特点，因此国家及地方都出台相应政策尽量协调再分配的公平性，2010 年后就业收入公平指数稍有改善。

随着经济的发展，人力资本发挥的作用越来越重要，人们对教育文化越来越重视，教育文化公平指数在 1992～2005 年呈显著上升趋势，但 2005 年之后随着对素质教育的重视程度提高，原生家庭的经济社会状况在教育中的作用越来越重要，经济发达的地区对教育的投入和欠发达地区呈现鲜明对比，导致教育文化公平指数开始下滑。

医疗卫生的情况随着经济社会发展有所改善，因此 1992～2016 年医疗卫生公平指数一直呈上升趋势，但因我国人口较多，医疗卫生的人均改善压力较大，因此上升缓慢。

社会保险是 1992 年提出的，1994 年国企开始缴纳，1996 年入宪强制性缴纳，因此社会保障公平指数在 2000 年呈现跃迁式增长。随着劳动市场的规范性越来越强，单位为员工缴纳社会保险得到普遍认可，这也在一定程度上推动了社会保障公平指数的上升。

二　三种模式区域社会公平推动系统评价结果及比较分析

从整体上看，全国及各省（区、市）2009～2016 年的社会公平推动总指数纵向上都呈增长趋势，但横向上各省（区、市）差异却非常明显并且呈扩大趋势。由表 6-11 可见，各地区社会公平推动总指数的排名情况与经济的发展程度大体上有正相关性，社会公平程度表现为由沿海向内陆逐渐递减的趋势。

表 6-11　2009～2016 年全国及各省（区、市）社会公平推动总指数测度结果汇总

地区	2009 年	2010 年	2011 年	2012 年	2013 年	2014 年	2015 年	2016 年
全国	0.1705	0.1945	0.2256	0.2698	0.2957	0.3238	0.3528	0.3873
北京	0.1404	0.1629	0.1801	0.1998	0.2207	0.2442	0.2707	0.2984
天津	0.3077	0.3658	0.3941	0.4422	0.4807	0.5263	0.6355	0.6940
河北	0.2340	0.2671	0.2975	0.3338	0.3628	0.4122	0.4576	0.4958
山西	0.1037	0.1208	0.1350	0.1464	0.1544	0.1659	0.1860	0.2082

续表

地区	2009 年	2010 年	2011 年	2012 年	2013 年	2014 年	2015 年	2016 年
内蒙古	0.1028	0.1178	0.1301	0.1480	0.1563	0.1804	0.1924	0.2302
辽宁	0.1320	0.1595	0.1806	0.2051	0.2339	0.2488	0.2726	0.2966
吉林	0.1714	0.2013	0.2279	0.2525	0.2742	0.2919	0.3012	0.3179
黑龙江	0.1237	0.1416	0.1593	0.1755	0.1822	0.1923	0.1898	0.2079
上海	0.1255	0.1374	0.1493	0.1649	0.1913	0.2066	0.2222	0.2400
江苏	0.4260	0.4650	0.4855	0.5185	0.5702	0.6175	0.6751	0.7364
浙江	0.1763	0.2104	0.2358	0.2829	0.3358	0.3760	0.4294	0.4798
安徽	0.2215	0.2645	0.2840	0.3087	0.3392	0.3689	0.4030	0.4495
福建	0.1076	0.1264	0.1372	0.1461	0.1626	0.1765	0.1934	0.2155
江西	0.1725	0.1953	0.2091	0.2219	0.2462	0.2697	0.3015	0.3394
山东	0.1005	0.1192	0.1307	0.1456	0.1474	0.1784	0.1986	0.2141
河南	0.1480	0.1697	0.1882	0.2065	0.2354	0.2561	0.3178	0.3542
湖北	0.0974	0.1139	0.1276	0.1434	0.1616	0.1813	0.2014	0.2237
湖南	0.1167	0.1355	0.1525	0.1718	0.1962	0.2174	0.2427	0.2712
广东	0.1152	0.1358	0.1498	0.1629	0.1811	0.2064	0.2244	0.2493
广西	0.2197	0.2488	0.2727	0.2994	0.3192	0.3517	0.3829	0.4138
海南	0.1000	0.1162	0.1309	0.1447	0.1592	0.1720	0.1891	0.2034
重庆	0.1028	0.1209	0.1361	0.1495	0.1640	0.2087	0.2260	0.2576
四川	0.1226	0.1454	0.1659	0.1863	0.2085	0.2302	0.2573	0.2825
贵州	0.1037	0.1245	0.1399	0.1540	0.1696	0.1843	0.2014	0.2242
云南	0.0776	0.0947	0.1055	0.1188	0.1386	0.1560	0.1792	0.2015
西藏	0.0915	0.1088	0.1204	0.1369	0.1482	0.1672	0.1838	0.2000
陕西	0.0618	0.0655	0.0728	0.0858	0.1001	0.1190	0.1273	0.1387
甘肃	0.1036	0.1226	0.1471	0.1630	0.1815	0.1910	0.2084	0.2323
青海	0.0788	0.0944	0.1064	0.1192	0.1327	0.1488	0.1654	0.1801
宁夏	0.0948	0.1113	0.1289	0.1490	0.1664	0.1861	0.2064	0.2225
新疆	0.1101	0.1341	0.1473	0.1641	0.1848	0.2108	0.2304	0.2613

外来人口导入与经济强劲拉动模式区域的四个省（区、市）因为经济发展和地理优势，在经济集聚和产业集聚等方面都呈现绝对优势，社会层面的发展水平也相应具有比较优势，因此社会公平推动系统无论在整体上还是各子系统上都明显优于其他两类区域。其社会公平推动系统的优势主

要表现在经济可持续增长带动就业收入的机会公平上，进而带动另外三个社会子系统呈现整体性的共同发展。

相对封闭的本地自发型流动模式区域社会公平发展的优势，主要表现在教育文化公平、医疗卫生公平两方面，属于这类模式的省（区、市）涵盖少数民族聚居区，以及人口密度不高的辽宁省。相对劣势主要体现在就业收入公平以及社会保障公平方面，这两个子系统都与地方经济发展水平密切相关。2013 年起该类区域的社会公平推动总指数开始高于全国水平，且区域优势呈上升趋势。国家这几年的宏观经济结构调整，以及对该类区域经济发展投入的提高，都带动了社会进步。

本地人口导出与经济强劲推动模式区域因为人口负担较重、资源分配紧张，相对劣势非常突出，其中教育文化公平方面表现尤为令人担忧，这主要是因为该类区域集中了六成以上农村户籍人口，教育文化公平指数最低，只有 0.1920（2016 年）。另外三个子系统的指数也都较低，在 0.2 左右。由于近年来西部大开发、中部崛起和东北地区等老工业基地振兴，该类区域的社会公平推动总指数还是提高了，但依旧建立在资源禀赋紧张、人口密度较大、增长乏力的基础之上，其社会公平发展的可持续性及增长潜力、增长效率都处于劣势地位（见表 6 - 12、图 6 - 2）。

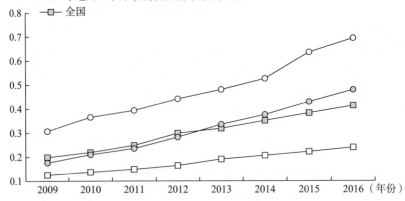

图 6 - 2　2009～2016 年农村劳动力转移三类模式区域
及全国社会公平推动总指数变化趋势

表 6 - 12　2009~2016 年农村劳动力转移三类模式区域
及全国社会公平推动总指数测度结果

年份	外来人口导入与经济强劲拉动模式区域	相对封闭的本地自发型流动模式区域	本地人口导出与经济强劲推动模式区域	全国
2009	0.3077	0.1763	0.1255	0.1705
2010	0.3658	0.2104	0.1374	0.1945
2011	0.3941	0.2358	0.1493	0.2256
2012	0.4422	0.2829	0.1649	0.2698
2013	0.4807	0.3358	0.1913	0.2957
2014	0.5263	0.3760	0.2066	0.3238
2015	0.6355	0.4294	0.2222	0.3528
2016	0.6940	0.4798	0.2400	0.3873

第三节　本章小结

通过加权求和法分别计算我国社会公平推动总指数及就业收入公平、教育文化公平、医疗卫生公平和社会保障公平指数。1992 年社会主义市场经济体制确立，此后迅速发展，中国社会公平推动系统总指数在 1992~2000 年呈现显著上升特征，但在 2001~2009 年由于就业收入公平指数的大幅度下滑而呈现下降趋势。2010 年后，虽然教育文化公平指数呈现下滑的特征，但因为另外三个子系统指数都有或多或少的改善，社会公平推动总指数呈现上升的趋势。其中，就业收入公平指数在 1992~2000 年显著上升，但随着发展成果分配在效率和公平之间的失衡，2000 年后就业收入公平指数大幅度下滑；教育文化公平指数在 1992~2005 年呈显著上升趋势，但之后经济发达的地区对教育的投入和欠发达地区呈现鲜明对比，导致教育文化公平指数开始下滑；医疗卫生的情况随着经济社会发展有所改善，因此 1992~2016 年医疗卫生公平指数一直呈上升趋势，但上升缓慢；社会保障公平指数在 2000 年呈现跃迁式增长。

属于外来人口导入与经济强劲拉动模式的四个省（区、市），在经济发展和地理位置方面占据优势，因此在社会层面的发展水平上也相应占得发展先机，其社会公平推动系统无论在整体上还是在各子系统上与其他两类区域相比都要更加优越、出色。相对封闭的本地自发型流动模式区域社会公平发展的优势表现在教育文化公平、医疗卫生公平方面；劣势表现在就业收入公平、社会保障公平方面。本地人口导出与经济强劲推动模式区域人口负担较重、资源分配紧张，相对劣势非常突出，教育文化公平指数最低，另外三个子系统的指数也较低，在0.2左右。

第七章 农村劳动力转移经济发展拉动系统评价

我国经济社会发展具有区域不平衡的特征，这既缘于各省（区、市）在自然资源禀赋方面的差异，也缘于东部、中部、西部的发展环境及政策上的不同。从农村劳动力转移模式的视角来看，外来人口导入与经济强劲拉动模式区域处于"创新驱动、转型发展"的新时期，以往数量型的经济发展方式已难以为继，经济发展方式必须由数量型向质量型转变升级；相对封闭的本地自发型流动模式区域在经济社会发展中所面临的要素区域内外单向流动格局更加突出，要扭转区域发展不平衡局面，就要加大资源有效配置的力度，进一步提升劳动成果分配激励机制效率；本地人口导出与经济强劲推动模式区域需要进一步挖掘城乡一体化发展动力系统的潜力，推进城乡一体化从而实现农村劳动力转移质变转型。因此，三种模式下的经济发展拉动系统评价指标体系必然会与之因应而彼此不同。

第一节 外来人口导入与经济强劲拉动模式下经济发展拉动系统状态评价

对外来人口导入与经济强劲拉动模式下的经济发展拉动系统状态进行评价，首先要构建其经济发展拉动系统评价指标体系；其次通过主观、客观赋权法得到综合集成的权重体系；最后通过加权求和法考察经济发展拉动指数，以及计算经济实力、经济结构、经济效率和经济潜力四个子系统的指数。通过建立经济发展拉动系统评价指标体系，筛选影响经济增长的关键因素，对该模式区域的经济潜力进行分析，并通过提升经济发展的核心驱动力，提升潜在经济效率，实现外来人口导入与经济强劲拉动模式区域的长期可持续增长。

一 经济发展拉动系统评价指标体系

采用德尔菲法，确定外来人口导入与经济强劲拉动模式下的经济发展拉动系统评价指标体系，通过基于"功能驱动"原理的专家咨询和层次分析法确定主观权重，并且通过基于"差异驱动"原理的熵值法确定客观权重，最后得到各指标的综合权重。

（一）指标体系构建原则

从属于外来人口导入与经济强劲拉动模式的区域的经济社会发展情况来看，这类区域外向型经济特征明显，处于"创新驱动、转型发展"的转折时期，以往数量型的经济发展方式已难以为继，经济发展方式必须由数量型向质量型转变升级。不能目标过于单一，要转为对经济发展过程的全面衡量，对经济发展的评价维度也要从以简单的要素投入为主要驱动力的规模扩张的数量增长，转变为提高效率、优化结构、增强稳定性和经济潜力的质量发展。为此，外来人口导入与经济强劲拉动模式下的经济发展拉动系统评价指标体系应重点关注经济质量发展方面，在建构社会经济系统指标时，应遵循目的性、科学性、系统性、完整性、可比性、可操作性原则。

（二）指标体系的构建

外来人口导入与经济强劲拉动模式区域由于地理位置、经济外向度、产业结构等原因，在发展过程中面临着由数量型向质量型全面升级的紧迫任务。从现在的经济发展表现来看，转型升级的压力将在一段时间内持续存在，例如经济增长速度的下降、资本投资率与回报率的双下降、经济社会发展失衡不断加剧、资源依赖与约束并存等，这些问题的解决只能在提升经济发展质量的进程中找到出路。

构建指标体系具体步骤如下。

（1）本书重点参考了任保平所著的《经济增长质量的逻辑》和《中国经济增长质量发展报告》、刘世锦主编的《中国经济增长十年展望（2018—2027）》，以及李健等所著的《中国经济增长质量的驱动因素分析》等资料，从中尽可能全面地提取能描述质量型经济发展状态的指标。

（2）根据上述文献及其他综合研究成果，本书在研究中将经济发展质量的评价指标分解为经济实力、经济结构、经济效率、经济潜力四个方面，并以此为一级指标，围绕核心主题建构相关数据指标体系。

（3）与前文社会公平推动系统评价指标体系建构一样，本书继续采用德尔菲法，对经济发展质量相关的4个一级指标113个原始二级指标进行优化处理，建立起更加科学合理的指标体系，具体操作步骤与前文相似，此处不再赘述。

由于经济发展质量相关的研究成果相对较为成熟，各指标的事实指向较为明确，在设计专家判断依据自我评价量化表时，判断依据的对应量化值更注重实践经验和理论分析，降低了直觉直接判断的重要程度（见表7-1）。

表7-1　专家判断依据自我评价量化

判断依据	实践经验	理论分析	通过国内外同行了解	直觉直接判断
量化值	0.9	0.9	0.7	0.5

由于德尔菲法使用的是两轮双重量化指标统计，调查结果显示出来的专家在权威程度与熟悉程度上的函数关系将能说明研究设计的质量。根据两轮专家意见征询结果统计，专家对经济实力、经济结构、经济效率、经济潜力四项一级指标的判断依据系数均值分别为0.882和0.879，处于0.8到0.9之间，属于可信空间；两轮征询中专家对四项一级指标的熟悉程度的均值分别为0.944和0.943，说明专家对四项一级指标及其二级指标非常熟悉；专家对四项一级指标的权威程度的均值分别为0.857和0.854，说明此次调查所选专家的专业水准非常可信（见表7-2）。因此，本书在专家意见征询方面的方法选择、指标初选和统计结果具有一定的可信度，为各指标体系的进一步建构打下了良好的基础。两轮专家意见协调系数比较见表7-3，两轮专家征询筛选指标界值见表7-4。

表7-2　两轮专家征询权威程度统计

一级指标	第一轮征询			第二轮征询		
	判断依据	熟悉程度	权威程度	判断依据	熟悉程度	权威程度
经济实力	0.927	0.962	0.871	0.919	0.959	0.867
经济结构	0.918	0.953	0.887	0.918	0.954	0.879
经济效率	0.873	0.951	0.849	0.868	0.947	0.849
经济潜力	0.811	0.908	0.822	0.811	0.910	0.821
均值	0.882	0.944	0.857	0.879	0.943	0.854

表 7 - 3　两轮专家意见协调系数比较

	第一轮征询	第二轮征询
指标个数	113	45
协调系数 w	0.41	0.60
卡方值	419.54	651.43
P 值	0.00	0.00

表 7 - 4　两轮专家征询筛选指标界值

单位：%

第一轮征询	均值	标准差	界值	第二轮征询	均值	标准差	界值
满分频率	53.55	29.11	24.44	满分频率	62.27	18.57	43.70
算术均数	5.19	0.64	4.55	算术均数	5.50	0.41	5.09
变异系数	0.59	0.28	0.87	变异系数	0.48	0.19	0.67

　　根据界值法并充分结合专家意见，在两轮征询后共获得外来人口导入与经济强劲拉动模式下经济发展拉动系统评价指标体系的二级指标 45 个（见表 7 - 5）。

表 7 - 5　外来人口导入与经济强劲拉动模式下经济发展拉动系统评价指标体系

	一级指标	二级指标	单位	方向
外来人口导入与经济强劲拉动模式下经济发展拉动系统评价指标体系	经济实力	人均国内生产总值	元/人	正向
		国内生产总值增速	%	正向
		经济集聚	万元/公里^2	正向
		规模以上工业企业主营业务收入	亿元	正向
		规模以上工业企业利润总额	亿元	正向
		第三产业集聚度	万元/公里^2	正向
		投资指数	—	正向
		消费指数	—	正向
		FDI 占 GDP 比重	%	正向
		进出口总额占 GDP 比重	%	正向
		人均可支配收入	元/人	正向
		一般公共预算收入	亿元	正向
		转移就业的劳动力数量	万人	正向
		农村劳动力绝对转移就业数量	万人	正向

	一级指标	二级指标	单位	方向
外来人口导入与经济强劲拉动模式下经济发展拉动系统评价指标体系	经济结构	产业结构合理化指数	—	适度
		产业结构高级化指数	—	正向
		重工业化指数	—	逆向
		高度加工化指数	—	正向
		高技术化指数	—	正向
		产业服务化指数	—	正向
		第三产业从业人员占从业人员总数比重	%	正向
		第三产业投资率	%	正向
		第三产业投资率增长率	—	正向
		投资消费比	—	逆向
		居民政府消费比	—	正向
		外贸依存度	%	逆向
	经济效率	产业集聚水平	—	正向
		就业集聚密度	万人/公里^2	正向
		单位农业机械总动力	千瓦/公里^2	正向
		单位面积投资强度	万元/公里^2	正向
		单位城镇用地非农产值	万元/公里^2	正向
		规模以上工业企业总资产贡献率	%	正向
		规模以上工业企业新产品商标有效注册量	个	正向
		全要素生产率	%	正向
		增量资本产出率	%	逆向
		第三产业劳动生产率	元/人	正向
	经济潜力	规模以上工业企业有 R&D 活动企业所占比重	%	正向
		规模以上工业企业 R&D 经费支出占 GDP 比重	%	正向
		高新技术产品市场成交额占 GDP 比重	%	正向
		高新技术产品出口额占 GDP 比重	%	正向
		技术市场技术转让合同数全国占比	%	正向
		私营企业数量	万家	正向
		非国有生产总值占 GDP 比重	%	正向
		非国有从业人员占就业人员比重	%	正向
		社会融资规模增量	万亿元	正向

（三） 数据的来源与指标处理

本书所采用的原始数据来源于中国以及江苏、浙江、广东和福建各省（区、市）的统计年鉴、人力资源和社会保障年鉴、人口和就业统计年鉴、劳动统计年鉴、工业统计年鉴、轻工业年鉴、第三产业统计年鉴、科技统计年鉴、信息化年鉴、企业年鉴、建设年鉴，以及国家统计局网站数据库。

完成外来人口导入与经济强劲拉动模式下经济发展拉动系统评价指标体系构建以后，还要根据数据的来源情况和数据本身的性质、向度，对数据进行规范化和统一化处理。由于指标体系中各级指标对综合指数作用的方向不同，存在正向、逆向、适度三种情况（见表7－5），在核算时难以直接进行加总运算，因此本书将会根据适度值把各指标统一调整为正向指标，对于本身方向为逆向的指标采取倒数方式予以正向化处理，以确保指标数据能够进入核算体系。

另外，在45个二级单项指标中，各指标数据的单位存在差异，而且单位之间很难直接换算，为了更加科学地处理和尽可能全面地吸纳数值在评价体系中的作用，本书对不同单位的数值进行了标准化处理，即通过均值化法对原始指标进行了无量纲化处理，确保各指标的变异程度信息。

对数据进行向度和标准化处理是评价指标体系数据处理的基础工作，在前文和后文中均用到此种方法，在此予以统一说明，本章不再重复解释。

（四） 指标体系的权重

本书在评价指标的权重处理上，综合考虑各指标对应数据的复杂性，分别运用AHP和熵值法，对指标在体系内的权重进行求取，再依据所求得的权重结果进行综合集成赋权，最终形成各个指标在体系内的综合权重，以确保各指标值在体系中能够实现合理的权重表达。

由表7－6可以看出，综合权重赋值最高的指标为经济效率指标（综合权重为0.4034），而紧随其后的经济结构指标综合权重为0.2058，经济实力与经济潜力的综合权重均未超过0.2。从计算结果来看，外来人口导入与经济强劲拉动模式下经济发展拉动系统评价主要在于与经济效率相关的各项指标，因此提高该模式区域的经济发展质量必然要从提高经济效率入手。

表7-6　外来人口导入与经济强劲拉动模式下各评价指标权重计算结果

一级指标	二级指标	AHP	熵值法	综合权重
经济实力 (0.2178) (0.1768) (0.1977)	人均国内生产总值	0.0103	0.0128	0.0115
	国内生产总值增速	0.0366	0.0392	0.0379
	经济集聚	0.2155	0.2246	0.2199
	规模以上工业企业主营业务收入	0.0071	0.0098	0.0084
	规模以上工业企业利润总额	0.0241	0.0211	0.0226
	第三产业集聚度	0.0722	0.0320	0.0528
	投资指数	0.0160	0.0153	0.0157
	消费指数	0.0385	0.0253	0.0321
	FDI占GDP比重	0.0006	0.0036	0.0020
	进出口总额占GDP比重	0.0018	0.0049	0.0033
	人均可支配收入	0.0185	0.0139	0.0163
	一般公共预算收入	0.0068	0.0070	0.0069
	转移就业的劳动力数量	0.0109	0.0126	0.0117
	农村劳动力绝对转移就业数量	0.0006	0.0024	0.0015
经济结构 (0.2038) (0.2078) (0.2058)	产业结构合理化指数	0.1143	0.0306	0.0739
	产业结构高级化指数	0.0786	0.0306	0.0554
	重工业化指数	0.0003	0.0046	0.0024
	高度加工化指数	0.0136	0.0128	0.0132
	高技术化指数	0.0164	0.0204	0.0183
	产业服务化指数	0.0158	0.0191	0.0174
	第三产业从业人员占从业人员总数比重	0.0118	0.0098	0.0109
	第三产业投资率	0.0095	0.0056	0.0076
	第三产业投资率增长率	0.0116	0.0128	0.0122
	投资消费比	0.0103	0.0137	0.0119
	居民政府消费比	0.0158	0.0128	0.0143
	外贸依存度	0.0002	0.0008	0.0005
经济效率 (0.3477) (0.4616) (0.4034)	产业集聚水平	0.0041	0.0064	0.0052
	就业集聚密度	0.0199	0.0255	0.0226
	单位农业机械总动力	0.0001	0.0024	0.0012
	单位面积投资强度	0.0404	0.0253	0.0331
	单位城镇用地非农产值	0.0063	0.0097	0.0079

续表

一级指标	二级指标	AHP	熵值法	综合权重
经济效率 (0.3477) (0.4616) (0.4034)	规模以上工业企业总资产贡献率	0.0021	0.0016	0.0018
	规模以上工业企业新产品商标有效注册量	0.0001	0.0033	0.0016
	全要素生产率	0.0888	0.2133	0.1490
	增量资本产出率	0.0044	0.0085	0.0064
	第三产业劳动生产率	0.0067	0.0121	0.0094
经济潜力 (0.2307) (0.1538) (0.1931)	规模以上工业企业有 R&D 活动企业所占比重	0.0007	0.0070	0.0037
	规模以上工业企业 R&D 经费支出占 GDP 比重	0.0063	0.0060	0.0061
	高新技术产品市场成交额占 GDP 比重	0.0014	0.0036	0.0024
	高新技术产品出口额占 GDP 比重	0.0149	0.0172	0.0160
	技术市场技术转让合同数全国占比	0.0012	0.0056	0.0033
	私营企业数量	0.0091	0.0124	0.0107
	非国有生产总值占 GDP 比重	0.0118	0.0112	0.0115
	非国有从业人员占就业人员比重	0.0079	0.0098	0.0088
	社会融资规模增量	0.0161	0.0210	0.0185

注：一级指标下的三组数字分别为运用 AHP、熵值法和综合集成赋权法计算的权重结果。

（五）评价指标体系的信度和效度检验

采用 Cronbach α 系数对四个维度的内部一致性信度进行评价。采用 Pearson 相关系数分析维度间得分的相关程度，评价结构效度。本书的统计分析均选择 α = 0.05 作为检验标准，得到的概率值均表示双侧概率。

（1）信度检验

通过式（6.8）计算外来人口导入与经济强劲拉动模式下经济发展拉动系统评价指标体系四个维度的 Cronbach α 系数，其结果如表 7 - 7 所示。

表 7 - 7　外来人口导入与经济强劲拉动模式下经济发展拉动系统
评价指标体系四个维度内部一致性信度评价结果

维度	指标数目	Cronbach α 系数
经济实力	14	0.8891
经济结构	12	0.7938
经济效率	10	0.7100
经济潜力	9	0.6547

外来人口导入与经济强劲拉动模式下经济发展拉动系统评价指标体系四个维度的 Cronbach α 系数均达到 0.6 以上，通过信度检验。

（2）效度检验

外来人口导入与经济强劲拉动模式下经济发展拉动系统评价指标体系四个维度之间的 Pearson 相关系数主要在 0.7 以上，最高达到 0.9540，最低的为 0.7010，所有的 Pearson 相关系数在 α = 0.05 的检验水平上均具有统计学意义（见表 7 - 8）。

表 7 - 8　外来人口导入与经济强劲拉动模式下经济发展拉动系统评价指标体系四个维度之间 Pearson 相关系数分析结果

Pearson 相关系数	经济实力	经济结构	经济效率	经济潜力
经济实力	1.0000			
经济结构	0.7010 (0.0450)	1.0000		
经济效率	0.7710 (0.0140)	0.8360 (0.0000)	1.0000	
经济潜力	0.7920 (0.0320)	0.9540 (0.0240)	0.7450 (0.0210)	1.0000

二　经济发展拉动系统状态评价

运用加权求和法，分别计算得出外来人口导入与经济强劲拉动模式下经济发展拉动总指数及各子系统指数（见表 7 - 9）。

表 7 - 9　1992 ～ 2016 年外来人口导入与经济强劲拉动模式下经济发展拉动总指数及各子系统指数变化

年份	经济实力指数	经济结构指数	经济效率指数	经济潜力指数	总指数
1992	0.3544	0.4888	0.3394	0.0137	0.1832
1993	0.3689	0.4962	0.3015	0.0146	0.1898
1994	0.3922	0.5185	0.2697	0.0163	0.1910
1995	0.3980	0.5291	0.2462	0.0176	0.1945
1996	0.4301	0.5362	0.2354	0.0193	0.1983
1997	0.4294	0.5291	0.2597	0.0195	0.2084
1998	0.4378	0.5244	0.2871	0.0265	0.2229

年份	经济实力指数	经济结构指数	经济效率指数	经济潜力指数	总指数
1999	0.4495	0.4919	0.3260	0.0275	0.2391
2000	0.4582	0.4782	0.3626	0.0288	0.2789
2001	0.4725	0.4633	0.3588	0.0294	0.2911
2002	0.4849	0.4567	0.3385	0.0315	0.3092
2003	0.5527	0.4224	0.3168	0.0317	0.3247
2004	0.5789	0.3898	0.3074	0.0345	0.3861
2005	0.6092	0.3385	0.3076	0.0381	0.3919
2006	0.6247	0.3899	0.3189	0.0415	0.4082
2007	0.6592	0.3247	0.3229	0.0552	0.4224
2008	0.6579	0.2894	0.3369	0.0595	0.4584
2009	0.6899	0.3092	0.2983	0.0740	0.4919
2010	0.7224	0.3579	0.2939	0.0890	0.4984
2011	0.7567	0.3580	0.2835	0.1068	0.5222
2012	0.7633	0.3592	0.3103	0.1140	0.5299
2013	0.7782	0.2789	0.3293	0.1244	0.5499
2014	0.7919	0.2527	0.3467	0.1368	0.5619
2015	0.8244	0.2164	0.3582	0.1525	0.5628
2016	0.8736	0.1942	0.3629	0.1674	0.5707

由图 7-1 可知，属于 1992~2016 年外来人口导入与经济强劲拉动模式的四个省（区、市）的经济发展质量总体上呈上升态势，经济发展拉动总指数由 1992 年的 0.1832 上升到 2003 年 0.3247，上升幅度为 0.1415，平均每年涨幅 0.0118，增长较平缓。2004 年随着经济实力和经济潜力两个维度指数的显著提升，经济发展拉动总指数上升幅度超过 0.06，此后增长趋势明显。从具体维度看，经济实力和经济潜力指数整体呈上升趋势，其中经济实力指数上升幅度最大，经济实力指数由 1992 年的 0.3544 上升到 2016 年的 0.8736，增长超过 0.5，可见经过这 25 年的发展，四个省（区、市）的经济积累和经济规模已为下一步的经济转型升级打下了坚实的基础。经济潜力指数呈稳步上升趋势，从 1992 年的 0.0137 显著提高到 2016 年的 0.1674，虽然不是增长幅度最大的，但却是增长速度最快的，25 年间增长了 11.22 倍。经济效率指数先大幅下降再缓慢上升，后期趋于平稳。四个维

度中只有经济结构指数呈波动下降态势，从 1992 年的 0.4888 下降到 2016 年的 0.1942，下降幅度将近 0.3。

　　建构经济发展拉动指数，能够更加直观地解读经济发展质量的变化态势。根据各指标体系建构及数值运算的具体结果，本书绘制出 1992～2016 年外来人口导入与经济强劲拉动模式下经济发展拉动总指数及各子系统指数变化趋势（见图 7－1）。正如图 7－1 中五条曲线所示，经济发展拉动各子系统指数在历时性的轨迹上各不相同，其中经济实力指数呈现稳步增长状态；经济结构指数自 1997 年开始出现波动下降态势；而经济效率指数的起伏波动与发展环境不无关系；经济潜力指数起点较低，呈现缓缓攀升趋势。各子系统的综合结果形成了外来人口导入与经济强劲拉动模式下经济发展拉动总指数，其从 1992 年的 0.1832 增长至 2016 年的 0.5707，增长了接近 0.4，不仅呈现了逐年平稳上升趋势，也反映出了经济发展由量的增长逐渐向质的增长的优化转型。

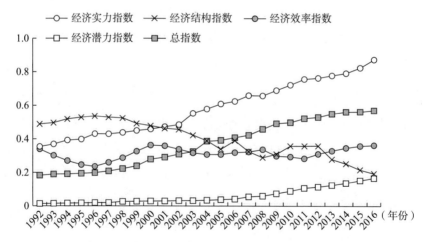

图 7－1　1992～2016 年外来人口导入与经济强劲拉动模式下经济发展拉动总指数及各子系统指数变化趋势

三　经济增长潜力分析

　　本部分从外来人口导入与经济强劲拉动模式下经济发展拉动系统评价指标体系的四个维度中选取关键性指标，对该模式区域经济增长的潜力进行深入分析。

(一) 模型构建

属于外来人口导入与经济强劲拉动模式的江苏、浙江、广东、福建是我国除了北京、上海以外，经济最发达，人口、产业、城镇、财富最密集的省（区、市），也是我国最有可能且最具实力率先建成更高水平小康社会、基本实现现代化的省（区、市），这四个省（区、市）已成为我国经济发展的高地和引擎。但在经济快速增长的背后，这几个省（区、市）日益暴露出过分依赖投资驱动和出口拉动、产业结构不合理、发展动力趋弱、自主创新乏力等一系列结构性矛盾。原有的维持经济快速增长的土地、资源、环境、人口等要素红利在逐步流失，而高端的技术、人才等要素供给却远远不足，因此该类地区下一步的经济重点就是升级经济结构、提高经济效率、更加合理地优化资源配置、加快增长方式转型升级，实现经济质量和效益的双重增长。

本部分将采用三个产业的资本和劳动力投入比重衡量经济结构、采用全要素生产率衡量经济效率、采用人力资本积累衡量经济潜力，从而进一步分析外来人口导入与经济强劲拉动模式区域的潜在经济增长质量。设定模型如下：

$$Y(t) = TFP(t)^{\alpha} * K^{\sum_{i=1}^{n}\beta_i k_i} * L^{\sum_{j=1}^{n}\delta_j l_j} * H^{\sum_{q=1}^{m}\theta_q h_q} * \varepsilon^{\mu} \tag{7.1}$$

式 (7.1) 中，$Y(t)$ 代表 t 年经济增长质量总产出；$TFP(t)$ 代表 t 年全要素生产率，α 代表 TFP 的产出弹性；K 代表物质资本存量，n 代表产业类别，β_i 代表在第 i 个产业中的资本产出弹性，k_i 代表第 i 个产业资本占全部产业资本的比重；L 是劳动力人数，δ_j 代表第 j 个产业的劳动产出弹性，l_j 代表第 j 个产业劳动力占全部产业劳动力比重；H 代表人力资本，θ_q 代表 q 类人力资本产出弹性，h_q 代表 q 类人力资本占全部人力资本的比重，m 为人力资本类别。将大专及以上受教育程度的劳动力定义为专业人力资本、大专以下受教育程度的劳动力定义为一般人力资本；根据受教育层次，将劳动力具体划分为大专及以上、高中、初中、小学和文盲五个类别。根据对人力资本的不同划分方式，将式 (7.1) 展开如下。

$$Y(t) = TFP(t)^{\alpha} * K^{\beta_1 k_1 + \beta_2 k_2 + \beta_3 k_3} * L^{\delta_1 l_1 + \delta_2 l_2 + \delta_3 l_3} * H^{\theta_1 h_1 + \theta_2 h_2} * \varepsilon^{\mu} \tag{7.2}$$

$$Y(t) = TFP(t)^{\alpha} * K^{\beta_1 k_1 + \beta_2 k_2 + \beta_3 k_3} * L^{\delta_1 l_1 + \delta_2 l_2 + \delta_3 l_3} * H^{\theta_1 h_1 + \theta_2 h_2 + \theta_3 h_3 + \theta_4 h_4 + \theta_5 h_5} * \varepsilon^{\mu} \tag{7.3}$$

式（7.2）和式（7.3）中的 k_1、k_2、k_3 分别代表三次产业固定资产投资占比，l_1、l_2、l_3 代表三次产业就业人数占比。式（7.2）中的 h_1、h_2 分别代表专业人力资本和一般人力资本的比重，式（7.3）中的 h_1、h_2、h_3、h_4、h_5 分别代表劳动力中大专及以上、高中、初中、小学和文盲劳动力的比重。

对修正后的经济增长模型两边同时求导，建立模型 I 和模型 II：

$$\ln Y = \alpha \ln TFP + \sum_{i=1}^{3} \beta_i k_i \ln K + \sum_{j=1}^{3} \delta_j l_j \ln L + \sum_{q=1}^{2} \theta_q h_q \ln H + \mu \tag{7.4}$$

$$\ln Y = \delta \ln TFP + \sum_{i=1}^{3} \beta_i k_i \ln K + \sum_{j=1}^{3} \delta_j l_j \ln L + \sum_{q=1}^{5} \theta_q h_q \ln H + \mu \tag{7.5}$$

（二）数据的来源及处理

本研究的数据来源除需要核算的再生数据以外，均来自历年的《中国统计年鉴》或各省（区、市）的统计年鉴，例如，经济总量、各省（区、市）的就业人数等，而对于物质资本存量、人力资本存量等数据需要进行进一步核算，具体的核算方法及数据来源说明如下。

①经济总量

本书在研究中已按照《中国统计年鉴》数据对价格因素予以去除，计算时采用以 1978 年为不变价格计算的 1992~2016 年的各省（区、市）生产总值指数。

②物质资本存量

本书采用国际通用的永续盘存法核算一定时期内的物质资本存量，其基本思想是通过累计形成的固定资产投资计算物质资本存量，基本公式为：

$$K_{it} = I_{it} + (1 - a_{it}) K_{i(t-1)} \tag{7.6}$$

其中，K_{it} 表示 i 省（区、市）第 t 年的物质资本存量，I_{it} 表示 i 省（区、市）第 t 年新增的投资，a_{it} 为 i 省（区、市）第 t 年的折旧率，$K_{i(t-1)}$ 表示 i 省（区、市）第（$t-1$）年的物质资本存量。

③资本投入结构

本指标缺乏直接有效数据，研究中以固定资产投资结构替代。根据《中国统计年鉴》，选取四个省（区、市）的行业固定资产投资结构情况进行产业加总，并算出 1992~2016 年四个省（区、市）的三次产业固定资产

投资占比 k_1、k_2、k_3。

④就业人数与劳动投入结构

在历年统计年鉴中查找到四个省（区、市）的各产业就业人数，进而计算出三次产业就业人数占比 l_1、l_2、l_3。

⑤人力资本的估算

人力资本用就业人口的平均受教育年限表示（P_i = 该文化程度的劳动就业人数/就业人员总数，$i = 1，2，3，4，5，6，7$）。按照正常学制年限设置文盲、小学、初中、高中、大专、本科、硕士及以上七个层次。根据金相郁、段浩（2007），小学及以下受教育年数的教育回报率 R_1 为 0.18，中学教育阶段教育回报率 R_2 为 0.134，高等教育阶段教育回报率 R_3 为 0.151。

$$一般人力资本 = (2 * P_1 R_1 + 6 * P_2 R_1 + 3 * P_3 R_2 + 3 * P_4 R_2) * 总就业人口数$$

$$专业人力资本 = (3 * p_5 R_3 + 4 * P_6 R_3 + 3 * P_7 R_3) * 总就业人口数 \qquad (7.7)$$

⑥人力资本结构

根据模型的两种不同设定方式，人力资本结构也有两种不同的设定模式：一是以是否接受过大学教育，将人力资本分为两类，所占比重各为 h_1、h_2；二是按照不同的学历层次，将人力资本分为五类，所占比重分别为 h_1、h_2、h_3、h_4、h_5。

⑦全要素生产率

本书采用传统的索洛分解法来测算本模式下四个省（区、市）的 TFP，参考霍尔和琼斯（Hall & Jones，1999）以及比尔斯和克列诺（Bils & Klenow，2000）的做法，假定总量生产函数为柯布 - 道格拉斯形式：

$$Y_i = A_i K_i^\alpha H_i^\beta \qquad (7.8)$$

i 省（区、市）的总产出 Y_i，可利用物质资本存量 K_i、人力资本增强型劳动力 H_i 和实际使用的技术 A_i 来生产得到。假定规模收益不变，即 $\alpha + \beta = 1$，A_i 即我们所要计算的 TFP。总产出 Y_i 用省（区、市）的生产总值指数来表示，人力资本增强型劳动力 H_i 用人力资本存量来表示。两边同时取对数有：

$$\ln Y_i = \ln A_i + \alpha \ln K_i + \beta \ln H_i \qquad (7.9)$$

本书主要采用索洛残差法测算 TFP，相关基础数据上文已经予以说明。

由此使用 Eviews 软件对上述方程式做回归运算，即可得到索洛残差余值，用以表述全要素生产率。

（三）分析结果

将前述经济增长方程求导得出的模型Ⅰ和模型Ⅱ，代入相关数据进行运算，得出经济增长潜力分析结果，具体说明如下。

（1）分析结果

在完成基础整理以后，对模型分别运用面板固定效应模型和随机效应模型进行回归。

从模型Ⅰ和模型Ⅱ的估计结果来看，各项投入的产出弹性呈现了不同的特点。

①技术投入产出弹性

从产出弹性的对比来看，技术投入产出弹性数值明显低于其他弹性数值，虽然技术水平的系数为正显示了其对经济增长贡献的积极作用，但产出弹性系数明显小于其他要素，说明经济增长进程中技术投入的贡献率要比其他要素的贡献率低。

②要素投入结构变化产出弹性

同技术投入一样，要素投入结构变化对经济发展的影响系数也为正值，但要素投入结构在不同的产业中的影响程度不尽相同。以劳动投入为例，第一产业就业比重上升能够很大程度地影响劳动产出弹性，而第三产业就业比重上升的影响则相对较弱。

③资本投入结构产出弹性

资本投入结构产出弹性对各产业的影响同样存在差异。从资本投入结构产出弹性的对比来看，第三产业资本投入比重提升的正向影响最大。

④人力资本结构产出弹性

模型Ⅰ得出的结论是，专业人力资本比重提升对人力资本结构产出弹性的正向影响要远大于一般人力资本比重提升对人力资本结构产出弹性的正向影响。

模型Ⅱ得出的结论是，按劳动力受教育年限（层次）从高到低排序，各教育层次劳动力所占比例对人力资本结构产出弹性的积极影响依次递减，并且高中及以下呈现负向影响。

（2）各要素产出弹性对经济增长的影响分析

模型 I 和模型 II 的回归结果见表 7 - 10。1992～2016 年各生产要素产出弹性变化趋势见表 7 - 11。

表 7 - 10 模型 I 和模型 II 的回归结果

	模型 I		模型 II	
	FE	RE	FE	RE
$\ln TFP$	0.02513 ***	0.03421 ***	0.02726 ***	0.03927 ***
	（0.05352）	（0.05079）	（0.06520）	（0.06199）
$k_1 \ln K$	0.38975 ***	0.33337 ***	0.36057 **	0.32595 ***
	（0.03385）	（0.03074）	（0.02689）	（0.02477）
$k_2 \ln K$	0.04843 ***	0.03237 ***	0.03566 ***	0.03892 ***
	（0.00921）	（0.00880）	（0.00776）	（0.00969）
$k_3 \ln K$	0.42122 ***	0.35161 ***	0.39919 ***	0.37431 ***
	（0.01217）	（0.01283）	（0.01262）	（0.01433）
$l_1 \ln L$	0.49607 ***	0.59072 ***	0.36764 ***	0.56671 ***
	（0.05095）	（0.03341）	（0.06565）	（0.03565）
$l_2 \ln L$	0.48552 ***	0.51563 ***	0.31649 ***	0.51493 ***
	（0.06219）	（0.05291）	（0.05192）	（0.03107）
$l_3 \ln L$	0.44122 ***	0.52613 ***	0.34807 ***	0.34422 ***
	（0.62525）	（0.52279）	（0.51755）	（0.31593）
$h_1 \ln H$	1.21014 ***	1.19213 ***	0.41913 *	0.31649
	（0.18221）	（0.12488）	（0.23392）	（0.20517）
$h_2 \ln H$			- 1.82302 *	- 1.22085 **
			（0.22371）	（0.24279）
$h_3 \ln H$			- 1.11560 **	- 1.10386 **
			（0.22442）	（0.21747）
$h_4 \ln H$			- 0.82087 *	- 0.71640 *
			（0.21813）	（0.35173）
$h_5 \ln H$			- 0.61843 **	- 0.61696 ***
			（0.53627）	（0.43829）
$h_6 \ln H$	0.39801 ***	0.49612 ***		
	（0.11711）	（0.17002）		
常数项	0.52941	- 0.64888 **	3.03626 **	2.14888 **
	（0.43260）	（0.23105）	（0.67401）	（0.62849）

续表

	模型 I		模型 II	
	FE	RE	FE	RE
$nsigma^2$				
$ilgtgama$				
mu				
变量	100	100	100	100
R^2	0.9323		0.9351	
$HausmanP$	0.0000		0.0000	

注：*** 、** 、* 分别表示在 1% 、5% 、10% 的水平上显著。

表 7 – 11　1992～2016 年各生产要素产出弹性变化趋势

年份	FE 模型				RE 模型			
	TFP（FE）	K（FE）	L（FE）	H（FE）	TFP（RE）	K（RE）	L（RE）	H（RE）
1992	0.0955	0.4961	0.5328	0.1061	0.0604	0.6924	0.5332	0.1178
1993	0.0975	0.4825	0.4966	0.1203	0.0714	0.6847	0.4831	0.1308
1994	0.1075	0.4966	0.4625	0.1415	0.0779	0.6112	0.4579	0.1451
1995	0.1083	0.4528	0.4250	0.1520	0.0792	0.6061	0.4183	0.1604
1996	0.1156	0.4794	0.4194	0.1785	0.0898	0.5579	0.4027	0.1918
1997	0.1208	0.4403	0.3990	0.1918	0.0912	0.5408	0.4031	0.1983
1998	0.1217	0.4403	0.3942	0.2062	0.1063	0.5406	0.4037	0.2016
1999	0.1262	0.4403	0.3853	0.2068	0.1087	0.5405	0.4038	0.2068
2000	0.1283	0.4400	0.3841	0.2298	0.1160	0.5403	0.4037	0.2226
2001	0.1326	0.4398	0.3836	0.2374	0.1228	0.5401	0.4039	0.2229
2002	0.1433	0.4393	0.3795	0.2458	0.1298	0.5395	0.4037	0.2477
2003	0.1436	0.4386	0.3717	0.2586	0.1391	0.5390	0.4033	0.2586
2004	0.1507	0.4387	0.3641	0.2626	0.1522	0.5383	0.4031	0.2689
2005	0.1520	0.4371	0.3587	0.2835	0.1524	0.5376	0.4028	0.2832
2006	0.1589	0.4364	0.3488	0.2849	0.1576	0.5370	0.4028	0.2871
2007	0.1717	0.4358	0.3409	0.3260	0.1644	0.5364	0.4027	0.3374
2008	0.1813	0.4353	0.3409	0.3626	0.1721	0.5361	0.4025	0.3668
2009	0.1983	0.4347	0.3409	0.3898	0.1739	0.5356	0.4027	0.3888
2010	0.2084	0.4333	0.3341	0.3980	0.1743	0.5351	0.4028	0.4001
2011	0.2226	0.4342	0.3341	0.4168	0.1886	0.5347	0.4026	0.4273

年份	FE 模型				RE 模型			
	TFP（FE）	K（FE）	L（FE）	H（FE）	TFP（RE）	K（RE）	L（RE）	H（RE）
2012	0.2229	0.4337	0.3286	0.4517	0.1939	0.5342	0.4042	0.4712
2013	0.2367	0.4450	0.3271	0.4534	0.1958	0.5189	0.4170	0.4717
2014	0.2369	0.4492	0.3231	0.5207	0.2164	0.5198	0.4120	0.5582
2015	0.2391	0.4363	0.3235	0.5289	0.2182	0.4819	0.4281	0.5496
2016	0.2487	0.4309	0.3357	0.5326	0.2298	0.4436	0.4328	0.5536

由表 7 - 11 可以看出，外来人口导入与经济强劲拉动模式下，四类生产要素的产出弹性变化出现了一定的趋势性特点。江苏、浙江、广东和福建四省在经济发展进程中，全要素生产率的产出弹性始终处于上升状态，自 1992 年的 0.0955 和 0.0604 攀升到 2016 年的 0.2487 和 0.2298，这也从侧面说明了外来人口导入与经济强劲拉动模式下经济增长的主要依赖因素是全要素生产率的提高。而同一时期，劳动产出弹性在两种模型下尽管呈现不尽相同的趋势轨迹，但均有明显下降的节点，出现类似现象的还有资本产出弹性的历时性表现。另外，1992 ~ 2016 年，属于外来人口导入与经济强劲拉动模式的四省的经济增长表现中，人力资本的产出弹性明显呈现了连年快速上升的趋势，这也表明外来人口导入与经济强劲拉动模式下人力资本逐渐汇集对区域经济增长做出的突出贡献。

综合四项基本要素的投入产出弹性变化趋势，基本能够预测未来在外来人口持续导入条件下，经济增长的潜力所在：第一，加快经济质量增长转型，在劳动和资本投入报酬递减的形势下，加强人力资本投入报酬递增的趋势，实现由要素投入型的外生增长模式向内生增长模式转变；第二，加快经济增长驱动类型的升级换代，促进创新驱动对投入驱动的更新替换，实现经济增长活力的持续性和增长质量的创新性；第三，提高人力资本投入和劳动力流入的效率质量。外来人口导入与经济强劲拉动模式下的四个省（区、市）人力资本占比仅为 12.6%，与北京、上海等超大规模省（区、市）的人才吸纳能力相比仍有一定差距，除了加大对高层次人才资本和劳动力的吸引之外，还要重视对本区域内劳动力和人才的长线投资和培育，为经济质量增长提供更好的人力资源支持。

第二节 相对封闭的本地自发型流动模式下经济发展拉动系统状态评价

通过实证分析,属于相对封闭的本地自发型流动模式的省(区、市)经济发展拉动的关键是要素集聚,因此本书在该模式下构建经济发展拉动系统评价指标体系主要围绕产业集聚、资本集聚、人口集聚、技术集聚四个方面展开。

一 经济发展拉动系统评价指标体系

属于相对封闭的本地自发型流动模式的省(区、市)主要是山西、内蒙古、辽宁、山东、海南、青海、宁夏、新疆8个省(区、市),根据前文分析,这些省(区、市)面临的问题主要是如何促进要素在区域内外流动格局优化,而要素流动优化是通过区域间合理和有效的产业集聚、人口集聚、资本集聚和技术集聚完成的。因此在设计指标体系时应充分考虑要素流动与聚集的基本特点,科学合理地完成指标体系建构。

(一)指标体系构建原则

从现代增长经济学的主要理论来看,要素作为经济增长的基本元件,涵盖的内容较为广泛,不仅包括传统意义上的土地、劳动力、资本等,还应当包括技术、产业、信息等内容。要素集聚是从资源合理配置和优化的角度,提升投入与产出效益的手段,既强调投入与产出的规模效应,也追求成本与收益的单位效率,因此在围绕要素集聚构建评价指标体系时应坚持指标体系的多样性,指标体系应能够包容产业、资本、人口、技术等多方面的信息,并使得这些信息自发统一,有机融合。

作为对要素集聚的评价,在建构指标体系过程中,还要保证指标的准确度,确保指标指向明确、数据真实,同时还要能够实现指标数据的可计算化和可操作性,以确保指标体系建成以后,能够科学合理应用。

(二)指标体系的构建

相对封闭的本地自发型流动模式区域,尤其是除了山东以外的省(区、市),要创造内生发展动力,吸引生产要素流动积累,从而通过生产要素集聚直接影响经济增长率，这是建构评价指标体系的主要依据和基本出发点。因此，构建以要素集聚为主题的指标体系具体步骤如下。

（1）根据要素集聚的内涵，参照浙江大学区域经济开放与发展研究中心发布的报告《要素流动、产业转移和区域经济一体化》、刘寒波所著的《空间财政：公共服务、要素流动与经济增长》，以及李映照、龙志和所著的《要素流动与企业集聚形成》等研究成果，尽可能全面地列出能描述要素集聚发展状态的指标。

（2）根据上述主要文献，并从知网上以要素流动、要素集聚、人口集聚、产业集聚、资本集聚、技术集聚为主题进行检索，筛选出17篇综合研究成果，从中选出评价指标备选。

（3）与前文社会公平推动系统评价指标体系建构一样，本书继续采用德尔菲法，对以要素集聚为主题的4个一级指标76个原始二级指标进行优化处理，建立起更加科学合理的指标体系，请专家对这76个指标按照重要性打分。专家判断依据自我评价量化情况见表7-12。

表 7-12　专家判断依据自我评价量化

判断依据	实践经验	理论分析	通过国内外同行了解	直觉直接判断
量化值	0.7	0.6	0.5	0.2

如前文对专家判断依据、熟悉程度、权威程度的考察一样，在要素集聚领域内，专家评价的权威程度较高，判断依据相对科学准确，同样可以推论本研究的精度也较高，具体如表7-13所示。两轮征询专家意见协调系数比较见表7-14。两轮征询筛选指标界值见表7-15。

表 7-13　两轮征询专家权威程度统计

一级指标	第一轮征询			第二轮征询		
	判断依据	熟悉程度	权威程度	判断依据	熟悉程度	权威程度
产业集聚	0.830	0.950	0.828	0.829	0.944	0.819
资本集聚	0.818	0.966	0.880	0.816	0.959	0.875
人口集聚	0.827	0.951	0.875	0.824	0.950	0.868
技术集聚	0.800	0.913	0.892	0.801	0.911	0.889
均值	0.819	0.945	0.869	0.818	0.941	0.863

表 7 - 14　两轮征询专家意见协调系数比较

	第一轮征询	第一轮征询
指标个数	76	37
协调系数 w	0.45	0.61
卡方值	471.02	784.77
P 值	0.005	0.003

表 7 - 15　两轮征询筛选指标界值

单位:%

第一轮征询				第二轮征询			
	均值	标准差	界值		均值	标准差	界值
满分频率	55.21	15.30	39.91	满分频率	66.03	9.99	56.04
算术均数	4.69	0.43	4.26	算术均数	5.10	0.30	4.8
变异系数	0.57	0.29	0.86	变异系数	0.61	0.18	0.79

经过两轮征询，根据界值法并充分结合专家意见，选取一级指标 4 个二级指标 36 个，以此为基础构建相对封闭的本地自发型流动模式下经济发展拉动系统评价指标体系，如表 7 - 16 所示。

表 7 - 16　相对封闭的本地自发型流动模式下经济发展拉动系统评价指标体系

	一级指标	二级指标	单位	方向
相对封闭的本地自发型流动模式下经济发展拉动系统评价指标体系	产业集聚	人均国内生产总值	元/人	正向
		国内生产总值增速	%	正向
		非农产值比重	%	正向
		产业集聚	—	正向
		经济集聚	万元/公里^2	正向
		规模以上工业企业资产总计	亿元	正向
		规模以上工业企业主营业务收入	亿元	正向
		工业产值利税率	%	正向
		私营工业企业单位数	个	正向
		服务业人均增加值	元/人	正向

	一级指标	二级指标	单位	方向
相对封闭的本地自发型流动模式下经济发展拉动系统评价指标体系	资本集聚	单位农业机械总动力	千瓦/公里²	正向
		全社会固定资产投资额	亿元	正向
		单位面积投资强度	万元/公里²	正向
		社会融资规模增量	亿元	正向
		外商直接投资额	亿元	正向
		路网密度	公里/公里²	正向
		货运总量	万吨	正向
		客运总量	万人	正向
		国内旅游总收入	亿元	正向
		地区税收总额	亿元	正向
	人口集聚	常住人口城镇化率	%	正向
		户籍人口城镇化率	%	正向
		人口密度	人/公里²	正向
		就业密度	人/公里²	正向
		转移就业劳动力数量	万人	正向
		农村劳动力绝对转移数量	万人	正向
	技术集聚	R&D 人员全时当量	万人年	正向
		规模以上工业企业 R&D 经费支出占 GDP 比重	%	正向
		专利申请受理数	件	正向
		专利申请授权数	件	正向
		全要素生产率	%	正向
		劳动生产率	%	正向
		技术市场成交额占 GDP 比重	%	正向
		技术市场技术咨询合同数	件	正向
		技术市场技术开发合同数	件	正向
		技术市场技术服务合同数	件	正向

（三） 指标体系的权重

本书在评价指标的权重处理上，综合考虑各指标对应数据的复杂性，分别运用 AHP 和熵值法，对指标在体系内的权重进行求取，再依据所求得的权重结果进行综合集成赋权，最终形成各个指标在体系内的综合权重，以确保各指标值在体系中能够实现合理的权重表达。相对封闭的本地自发型流动模式下各指标权重计算结果见表 7 – 17。

表 7 – 17　相对封闭的本地自发型流动模式下各指标权重计算结果

一级指标	二级指标	AHP	熵值法	综合权重
产业集聚 (0.4557) (0.4881) (0.4710)	人均国内生产总值	0.0207	0.0329	0.0264
	国内生产总值增速	0.1144	0.0569	0.0878
	非农产值比重	0.0274	0.0415	0.0339
	产业集聚	0.2136	0.1000	0.1609
	经济集聚	0.2011	0.0658	0.1383
	规模以上工业企业资产总计	0.0248	0.0562	0.0394
	规模以上工业企业主营业务收入	0.0155	0.0262	0.0204
	工业产值利税率	0.0734	0.0500	0.0625
	私营工业企业单位数	0.0326	0.0933	0.0608
	服务业人均增加值	0.0326	0.0484	0.0399
资本集聚 (0.1758) (0.2058) (0.1900)	单位农业机械总动力	0.0001	0.0021	0.0010
	全社会固定资产投资额	0.0247	0.0558	0.0392
	单位面积投资强度	0.0158	0.0311	0.0229
	社会融资规模增量	0.0237	0.0244	0.0240
	外商直接投资额	0.0002	0.0023	0.0012
	路网密度	0.0105	0.0212	0.0155
	货运总量	0.0048	0.0173	0.0106
	客运总量	0.0001	0.0032	0.0015
	国内旅游总收入	0.0001	0.0015	0.0008
	地区税收总额	0.0201	0.0403	0.0295
人口集聚 (0.2137) (0.1727) (0.1943)	常住人口城镇化率	0.0005	0.0040	0.0021
	户籍人口城镇化率	0.0304	0.0369	0.0334
	人口密度	0.0011	0.0026	0.0018
	就业密度	0.0443	0.0364	0.0406
	转移就业劳动力数量	0.0126	0.0201	0.0161
	农村劳动力绝对转移数量	0.0030	0.0086	0.0056

一级指标	二级指标	AHP 注	熵值法	综合权重
技术集聚 (0.1548) (0.1334) (0.1447)	R&D 人员全时当量	0.0001	0.0037	0.0017
	规模以上工业企业 R&D 经费支出占 GDP 比重	0.0007	0.0043	0.0024
	专利申请受理数	0.0002	0.0042	0.0021
	专利申请授权数	0.0106	0.0187	0.0144
	全要素生产率	0.0234	0.0356	0.0291
	劳动生产率	0.0141	0.0259	0.0196
	技术市场成交额占 GDP 比重	0.0005	0.0070	0.0035
	技术市场技术咨询合同数	0.0001	0.0073	0.0034
	技术市场技术开发合同数	0.0011	0.0058	0.0032
	技术市场技术服务合同数	0.0011	0.0087	0.0046

注：一级指标下的三组数字分别为运用 AHP、熵值法和综合集成赋权法计算的权重结果。

由相对封闭的本地自发型流动模式下各指标权重计算结果可知，产业集聚子系统的综合权重最高，为 0.4710，人口集聚子系统综合权重次之，为 0.1943，表明属于此类模式的 8 个省（区、市）经济发展应倾向于提高产业集聚和人口集聚水平。资本集聚和技术集聚两个子系统的指标权重相对较小，分别为 0.1900 和 0.1447。

（四）评价指标体系的信度和效度检验

采用 Cronbach α 系数对四个维度的内部一致性信度进行评价。采用 Pearson 相关系数分析维度间得分的相关程度，评价结构效度。本书的统计分析均选择 α = 0.05 作为检验标准，得到的概率值均表示双侧概率。

（1）信度检验

通过式（6.8）计算相对封闭的本地自发型流动模式下经济发展拉动系统评价指标体系四个维度的 Cronbach α 系数，其结果见表 7 - 18。

表 7 - 18 相对封闭的本地自发型流动模式下经济发展拉动系统评价指标体系
四个维度内部一致性信度评价结果

维度	指标数目	Cronbach α 系数
产业集聚	10	0.7346
资本集聚	10	0.8621

续表

维度	指标数目	Cronbach α 系数
人口集聚	6	0.6011
技术集聚	10	0.6473

相对封闭的本地自发型流动模式下经济发展拉动系统评价指标体系四个维度的 Cronbach α 系数均达到 0.6 以上，通过信度检验。

（2）效度检验

相对封闭的本地自发型流动模式下经济发展拉动系统评价指标体系四个维度之间的 Pearson 相关系数主要在 0.5 以上，最高达到 0.9389，最低的为 0.5465，所有的 Pearson 相关系数在 $\alpha = 0.05$ 的检验水平上均具有统计学意义（见表 7 - 19）。

表 7 - 19　相对封闭的本地自发型流动模式下经济发展拉动系统评价指标体系四个维度之间 Pearson 相关系数

Pearson 相关系数	产业集聚	资本集聚	人口集聚	技术集聚
产业集聚	1.0000			
资本集聚	0.9389 (0.0426)	1.0000		
人口集聚	0.8726 (0.0160)	0.8811 (0.0275)	1.0000	
技术集聚	0.7297 (0.0119)	0.8625 (0.0385)	0.5465 (0.0392)	1.0000

二　经济发展拉动系统状态评价

运用加权求和法，分别计算得出相对封闭的本地自发型流动模式下经济发展拉动总指数及各子系统指数（见表 7 - 20）。其变化趋势见图 7 - 2。

表 7 - 20　1992 ~ 2016 年相对封闭的本地自发型流动模式下经济发展拉动总指数及各子系统指数变化

年份	产业集聚指数	资本集聚指数	人口集聚指数	技术集聚指数	总指数
1992	- 0.9589	- 0.2114	- 0.0794	- 0.5080	- 0.5808
1993	- 0.8001	- 0.1679	- 0.0750	- 0.4857	- 0.4936
1994	- 0.5828	- 0.1323	- 0.0837	- 0.4387	- 0.3794

续表

年份	产业集聚指数	资本集聚指数	人口集聚指数	技术集聚指数	总指数
1995	− 0.5599	− 0.4397	− 0.0692	− 0.4242	− 0.4221
1996	− 0.3633	− 0.3959	− 0.0685	− 0.2977	− 0.3027
1997	− 0.3308	− 0.2595	− 0.0611	− 0.2595	− 0.2545
1998	− 0.2708	− 0.0768	− 0.0381	− 0.1882	− 0.1768
1999	− 0.2571	− 0.0516	− 0.0391	− 0.1761	− 0.1640
2000	− 0.2473	− 0.1679	− 0.0558	− 0.1525	− 0.1813
2001	− 0.2101	− 0.1002	− 0.0540	− 0.1406	− 0.1488
2002	− 0.1985	− 0.0516	− 0.0330	− 0.0924	− 0.1231
2003	− 0.1961	0.0144	− 0.0283	− 0.0849	− 0.1074
2004	− 0.1666	0.0206	− 0.0462	− 0.0610	− 0.0924
2005	− 0.0927	0.0384	− 0.0253	− 0.0503	− 0.0486
2006	0.0161	0.0156	− 0.0217	− 0.0469	− 0.0004
2007	0.0761	0.0192	− 0.0180	− 0.0295	0.0317
2008	0.0838	0.0342	0.0081	− 0.0285	0.0434
2009	0.1102	0.0477	0.0104	− 0.0272	0.0590
2010	0.1178	0.0485	0.0125	− 0.0222	0.0639
2011	0.1219	0.0727	0.0150	− 0.0199	0.0713
2012	0.2057	0.0769	0.0182	− 0.0199	0.1122
2013	0.3508	0.0831	0.0235	− 0.0189	0.1829
2014	0.4113	0.1029	0.0339	0.1567	0.2425
2015	0.4402	0.1199	0.0474	0.2381	0.2738
2016	0.6261	0.1283	0.0628	0.4114	0.3910

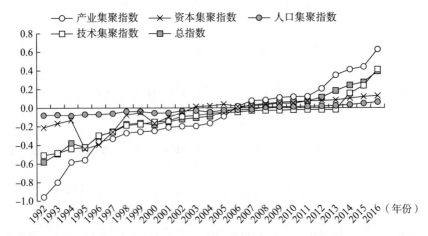

图 7 - 2　1992~2016 年相对封闭的本地自发型流动模式下经济发展拉动总指数及
各子系统指数变化趋势

　　由表 7 - 20 可知，1992 ~ 2016 年属于相对封闭的本地自发型流动模式的 8 个省（区、市）的经济发展质量总体上呈上升态势，经济发展拉动总指数 1992 年为 - 0. 5808，在 2007 年才实现转负为正，上升到 0. 0317，上升幅度为 0. 6125，平均每年涨幅 0. 0383，1992 ~ 2001 年涨幅明显，2002 ~ 2007 年趋于平缓。2008 年之后伴随着人口集聚指数的转负为正，涨势加速，从 2008 年的 0. 0434 大幅增长至 2016 年的 0. 3910，增长了 8 倍以上。从具体维度看，四个维度指数均呈上升趋势。产业集聚指数上升幅度最大，由 1992 年的 - 0. 9589 上升到 2016 年的 0. 6261，增长幅度超过 1. 5，在这类模式区域中产业集聚贡献最大的应属山东。人口集聚指数变化缓慢，从 1992 年的 - 0. 0794（人口外流）到 2008 年的 0. 0081（人口有所增加），2016 年也仅达到 0. 0628，25 年变化幅度只有 0. 1422，人口集聚效果不明显。资本集聚指数呈波动上升状态，后期趋于平稳。技术集聚指数呈稳步上升趋势，从 1992 年的 - 0. 5080 显著提高到 2016 年的 0. 4114，虽然绝对值不是增长幅度最大的，但 2014 ~ 2016 年增长速度却是最快的。属于相对封闭的本地自发型流动模式的 8 个省（区、市）涉及中国四个划分区域，包括两个东部省（区、市）山东和海南，一个中部省（区、市）山西，四个西部省（区、市）内蒙古、青海、宁夏、新疆和东北的辽宁，所以这个模式中的省（区、市）差距是最大的（以 2016 年为例，见表 7 - 21）。在该类模式区域中，青海、宁夏、新疆几个维度的指数都偏低，因此四个子系统指数和总指数波动范围都相对不大。这类地广人稀的省（区、市），具有城市化的基本自然资源条件，应加速要素流动，形成产业集聚、资本集聚，吸引农村劳动力迁入这类地区，在数量上、进程上和质量上尽快完成市民化。

表 7 - 21　2016 年相对封闭的本地自发型流动模式下各个省（区、市）经济发展拉动总指数及各子系统指数

省（区、市）	产业集聚指数	资本集聚指数	人口集聚指数	技术集聚指数	总指数
山西	- 0. 1102	- 0. 2174	0. 0285	- 0. 4231	- 0. 1489
内蒙古	0. 1178	0. 1959	0. 0044	- 0. 3875	0. 0375
辽宁	0. 2057	0. 4845	0. 0378	- 0. 1406	0. 1759

省（区、市）	产业集聚指数	资本集聚指数	人口集聚指数	技术集聚指数	总指数
山东	0.4402	0.7919	0.0854	0.6444	0.4676
海南	0.0874	0.0733	0.0450	0.0583	0.0723
青海	− 0.6438	− 0.5725	0.0012	− 0.5283	− 0.4882
宁夏	− 0.6858	− 0.4805	0.0014	− 0.5029	− 0.4868
新疆	− 0.4670	− 0.2411	0.0028	− 0.4697	− 0.3332

三　经济增长潜力分析

（1）基本模型构建

要素具有流动性特征，区域空间内的要素流动是现代经济增长的必要条件，要素流动与集聚推动了技术扩散和产业集聚，扩大了规模效应和单位效率，从而能够经济增长。要素与空间的关系是劳动与分工的进一步发展，因此，产业集聚水平、区域物质资本存量变化、劳动力流动与集聚规模都将对要素集聚产生影响。据此，设定基本模型如下：

$$Y = TFP^{\alpha} * K^{\beta} * L^{\delta} * TranI^{\eta} \tag{7.10}$$

其中，Y 为产出水平，TFP 为全要素生产率，K 为物质资本存量，L 为劳动力供给，$TranI$ 代表产业集聚水平。α、β、δ、η 分别代表 TFP、K、L、$TranI$ 的产出弹性。

对式（7.10）两边求导得：

$$\ln Y = \alpha \ln TFP + \beta \ln K + \delta \ln L + \eta \ln TranI \tag{7.11}$$

从经济学基本理论上看，要素主要包含三个方面，即资本、劳动和技术。在式（7.11）基础上，可以将要素集聚效应在资本、劳动和技术三方面具体化，即对于每一地区 i 而言都有：

$$f(TranI_{it}) = f(TT_{it}, K_{it}, L_{it}) + \varepsilon_{it} \tag{7.12}$$

其中，TT_{it} 代表 i 地区技术要素在 t 年的扩散程度，K_{it} 代表 i 地区物质资本要素在 t 年的净流动规模，L_{it} 代表 i 地区劳动要素在 t 年的净流动规模。

对修正后的经济增长模型两边同时求导，建立模型：

$$\ln Y_{it} = \alpha \ln TFP_{it} + \beta \ln K_{it} + \delta \ln L_{it} + \eta_1 \ln TT_{it} + \eta_2 \ln KT_{it} + \eta_3 \ln LT_{it} \tag{7.13}$$

（2）计量方法

如前所述，要素集聚反映的是空间与资源的互动关系，因此要采用空间计量法对模型进行处理，现主要有三种模型可供使用，即空间自回归模型、空间误差模型和空间杜宾模型。

①空间自回归模型：本模型的特点在于考察因素在分领域内的空间相关性，用以判断溢出效应或扩散效应能否发生。

空间自回归模型的一般形式如式（7.14）所示：

$$Y_{it} = \delta \sum_{j=1}^{N} \omega_{ij} y_{it} + \beta X_{it} + \mu_i + \varepsilon_{it} \sim N(0, \sigma^2 In) \tag{7.14}$$

其中，i 和 t 分别代表地区和时间，ω_{ij} 为空间权重矩阵中的值，μ_i 代表空间个体效应，ε_{it} 为随机干扰项，δ 代表空间自回归系数，其代表的是相邻区域的观测值对本地观测值的影响。

②空间误差模型：本模型主要用来观测变量误差对空间扰动的依赖作用。

空间误差模型的一般形式如式（7.15）所示：

$$Y_{it} = \beta X_{it} + \mu_i + \varphi_{it}$$
$$\varphi_{it} = \lambda \sum_{j=1}^{N} \omega_{ij} \varphi_{jt} + \varepsilon_{it} \tag{7.15}$$

其中，φ 和 λ 分别为空间误差项和空间误差自相关系数，考查的是相邻地区观测值误差冲击对本地观测值的影响大小。

③空间杜宾模型：本模型是对以上两种的综合，同时考察因变量与自变量的空间相关性、自相关性及空间交互作用。

空间杜宾模型的一般形式如式（7.16）所示：

$$Y_{it} = \delta \sum_{j=1}^{N} \omega_{ij} y_{it} + \beta X_{it} + \gamma \sum_{j=1}^{N} \omega_{ij} X_{it} + \mu_i + \varepsilon_{it} \tag{7.16}$$

其中，如果系数 $\gamma = 0$，则空间杜宾模型简化为空间自回归模型；如果 $\gamma + \delta\beta = 0$ 则空间杜宾模型简化为空间误差模型。

本书根据研究需要和三类面板模型特点，将要估计的模型［式

(7.13)] 分别写成空间自回归模型、空间误差模型、空间杜宾模型。

空间自回归模型：

$$\ln Y_{it} = \delta \sum_{j=1}^{N} \omega_{ij} \ln y_{it} + \alpha \ln TFP_{it} + \beta \ln K_{it} + \delta \ln L_{it} + \eta_1 \ln TT_{it}$$
$$+ \eta_2 \ln KT_{it} + \eta_3 \ln LT_{it} + \mu_i + \varepsilon_{it} \qquad (7.17)$$

空间误差模型：

$$\ln Y_{it} = \alpha \ln TFP_{it} + \beta \ln K_{it} + \delta \ln L_{it} + \eta_1 \ln TT_{it} + \eta_2 \ln KT_{it} + \eta_3 \ln LT_{it} + \mu_i + \varphi_{it} \qquad (7.18)$$

其中，$\varphi_{it} = \lambda \sum_{j=1}^{N} \omega_{ij} \varphi_{jt} + \varepsilon_{it}$

空间杜宾模型：

$$\ln Y_{it} = \delta \sum_{j=1}^{N} \omega_{ij} \ln y_{it} + \alpha \ln TFP_{it} + \beta \ln K_{it} + \delta \ln L_{it} + \eta_1 \ln TT_{it} + \eta_2 \ln KT_{it} + \eta_3 \ln LT_{it}$$
$$+ \sum_{j=1}^{N} \omega_{ij} (\alpha \ln TFP_{it} + \beta \ln K_{it} + \delta \ln L_{it} + \eta_1 \ln TT_{it}$$
$$+ \eta_2 \ln KT_{it} + \eta_3 \ln LT_{it}) + \mu_i + \varepsilon_{it} \qquad (7.19)$$

本节的实证部分，主要是对以上三种模型进行分析。

（二）数据的来源及处理

①经济总量

为了除去价格因素对经济增长的影响，对经济总量的衡量采用各省（区、市）生产总值指数。2009～2016 年各省（区、市）生产总值指数（以 1978 年为不变价格）数据来源于《中国统计年鉴》。

②产业集聚

对产业集聚度的衡量采用区位熵 LQ（Location Quotient），主要从区域专业化角度来衡量产业集聚，其计算公式为：

$$LQ = \frac{x_{ij} / \sum_{j=1}^{m} x_{ij}}{\sum_{i=1}^{n} x_{ij} / \sum_{i=1}^{n} \sum_{j=1}^{m} x_{ij}} \qquad (7.20)$$

LQ 又称"地区专业化指数"。其中，i 表示第 i 个产业；j 表示第 j 个地区；x_{ij} 表示 j 地区 i 产业的产值。当 LQ $>$ 1 时，表明 i 产业在 j 地区相对于其他地区或者其他产业有更大的竞争力；当 LQ $=$ 1 时，表明 i 产业在 j 地区不存在明显优势也没有明显劣势；当 LQ $<$ 1 时，表明 i 产业在 j 地区发展落

后，比重较低。

③资本集聚

用地区物质资本存量占全国物质资本存量的相对比重变化作为测度资本流动规模的指标，其计算公式为：

$$K_{it} = I_{it} + (1 - a_t) K_{i(t-1)} \tag{7.21}$$

$$PK_{it} = \frac{K_{it}}{\sum_{i=1}^{31} K_{it}} - \frac{K_{i(t-1)}}{\sum_{i=1}^{31} K_{i(t-1)}} \tag{7.22}$$

如果 i 地区在 t 年的 $PK_{it} > 0$，表明该地区物质资本存量占全国的比重是在上升的，这也就是说在 i 地区是存在资本流入的；相反，如果 i 地区在 t 年的 $PK_{it} < 0$，就表明 i 地区物质资本存量占全国物质资本存量的比重在下降，也就意味着 i 地区存在资本流出。PK_{it} 数值的大小表明了资本流动的规模。

④人口集聚

采用农村劳动力净输入量作为人口集聚规模的测度指标。

$$RLNI = MRSL - ERSL \tag{7.23}$$

式（7.23）中，RLNI 代表农村劳动力净输入量，MRSL 表示农村劳动力输入数量，ERSL 表示农村劳动力输出数量。

⑤技术集聚

采用全要素生产率作为技术集聚规模的衡量指标，具体计算方法见前文关于 TFP 的说明。

⑥空间权重

为更好地开展研究，本书建构了空间权重信息矩阵，如表 7 - 22 所示。

表 7 - 22　各省（区、市）空间权重信息矩阵

序号	省（区、市）	相邻信息	序号	省（区、市）	相邻信息
1	北京	2，3	5	内蒙古	3，4，6，7，27，28，30
2	天津	1，3，15	6	辽宁	3，5，7
3	河北	1，2，4，5，6，15，16	7	吉林	5，6，8
4	山西	3，5，16，27	8	黑龙江	5，7

序号	省 (区、市)	相邻信息	序号	省 (区、市)	相邻信息
9	上海	10, 11	20	广西	18, 19, 24, 25
10	江苏	9, 11, 12, 15	21	海南	19
11	浙江	9, 10, 12, 13, 14	22	重庆	17, 18, 23, 24, 27
12	安徽	10, 11, 14, 15, 16, 17	23	四川	22, 24, 25, 27, 28, 29,
13	福建	11, 14, 19	24	贵州	18, 20, 22, 23, 25
14	江西	11, 12, 13, 17, 18, 19	25	云南	20, 23, 24
15	山东	2, 3, 10, 12, 16	26	陕西	4, 5, 16, 17, 22, 23, 28
16	河南	3, 4, 12, 15, 17, 27	27	甘肃	5, 23, 27, 29, 30, 31
17	湖北	12, 14, 16, 18, 22, 27	28	青海	23, 28, 31
18	湖南	14, 17, 19, 20, 22, 24	29	宁夏	5, 27, 28
19	广东	13, 14, 18, 20, 21	30	新疆	28, 29

(三) 分析结果

为对空间面板进行选择分析，本书根据 Elhorst (2010) 经验，对空间自相关存在与否分别进行检验。在使用 LM 检验方法时，因变量与残差自相关性分析出现空间固定效应、时间固定效应和双固定效应三种模型，具体结果可见表 7 - 23。当假定因变量空间自相关不存在时，混合面板及三种效应的 LM 检验以及稳健 LM 检验都在 5% 的显著性水平上拒绝了原假设。

表 7 - 23　模型估计结果比较

	混合面板	空间固定效应	时间固定效应	双固定效应
$\ln TFP$	0.32275 *** (0.02585)	0.21337 *** (0.01274)	0.31257 ** (0.14871)	0.20957 ** (0.05689)
$\ln K$	0.54843 *** (0.04921)	0.43237 *** (0.04880)	0.44434 *** (0.02072)	0.43566 * (0.02776)
$\ln L$	0.21607 *** (0.02095)	0.27072 *** (0.53341)	0.11728 *** (0.08159)	0.26764 *** (0.03565)
$\ln TT$	0.16552 *** (0.06219)	- 0.05156 * (0.01291)	0.05238 ** (0.03193)	0.09649 *** (0.15192)
$\ln KT$	0.42422 *** (0.06225)	0.03613 *** (0.01579)	0.23628 *** (0.02325)	0.23487 *** (0.11755)

续表

	混合面板	空间固定效应	时间固定效应	双固定效应
$\ln LT$	0. 42122 *** (0. 01217)	0. 35161 *** (0. 01283)	0. 44042 *** (0. 01507)	0. 39919 *** (0. 01262)
Constant	3. 23626 ** (0. 27401)			
σ^2	0. 020892	0. 001906	0. 008713	0. 016561
R^2	0. 99099	0. 92558	0. 83174	0. 07033
LogL	27. 02755	131. 02572	43. 02437	77. 02079
LM test no spatial Lag (p)	0. 006849	0. 002764	0. 002616	0. 016433
Robust LM test no spatial Lag (p)	0. 0056	0. 0137	0. 0000	0. 0071
LM test no spatial error (p)	0. 0003	0. 0000	0. 1431	0. 06971
Robust LM test no spatialerror (p)	0. 0001	0. 0000	0. 115053	0. 10796

注：*** 、** 、* 分别表示 1% 、5% 、10% 的显著性水平。

而在关于残差项空间自相关检验中，LM 检验和稳健 LM 检验出现不同反应，并没有完全拒绝原假设，因此需要再次对残差项是否存在空间自相关性进行分析。为此，本书继续采用 Wald 检验和 LR 检验方法对 SD 面板模型进行检验，结果如表 7 - 24 所示。

表 7 - 24　模型估计结果

	空间固定效应 (P)	时间固定效应 (P)	双固定效应 (P)
Wald test no spatial Lag	0. 0012	0. 3181	0. 7764
LR test no spatial Lag	0. 0009	0. 2150	0. 2079
Wald test no spatial error	0. 0000	0. 0004	0. 0008
LR test no spatial error	0. 0000	0. 0355	0. 0003

检验结果进一步表明，空间固定效应模型和双固定效应模型的估计应采用空间自回归模型，而对时间固定效应模型的估计应采用空间杜宾模型。

表 7 – 25 　2009～2016 年空间自回归模型和空间杜宾模型回归结果

	空间固定效应	时间固定效应	双固定效应
$\ln TFP$	0. 12927 *** (0. 00399)	0. 20109 ** (0. 08664)	0. 22927 *** (0. 02199)
$\ln K$	0. 42595 *** (0. 04477)	0. 08735 *** (0. 02185)	0. 04595 * (0. 02277)
$\ln L$	0. 33892 *** (0. 00955)	0. 41781 *** (0. 00833)	0. 40386 *** (0. 009319)
$\ln TT$	0. 23431 *** (0. 10433)	0. 16333 *** (0. 01436)	0. 21431 *** (0. 01433)
$\ln KT$	0. 42671 *** (0. 06565)	0. 34042 *** (0. 06159)	0. 35667 *** (0. 01065)
$\ln LT$	0. 13493 *** (0. 09107)	0. 11649 ** (0. 05456)	0. 01493 ** (0. 00907)
$\omega \ln TFP$		0. 01822 ** (0. 04371)	0. 22085 ** (0. 02279)
$\omega \ln K$		0. 08560 ** (0. 02792)	0. 04386 * (0. 02747)
$\omega \ln L$		0. 41087 (0. 83813)	0. 41640 (1. 95173)
$\omega \ln TT$		0. 06143 ** (0. 10367)	0. 01696 *** (0. 00439)
$\omega \ln KT$		0. 00242 *** (0. 00255)	0. 045613 *** (0. 06279)
$\omega \ln LT$	0. 05626 **	0. 01014 ** (0. 08221)	0. 01213 ** (0. 05488)
$\omega l dep. var$	(0. 13674)	0. 07148 ** (0. 06284)	0. 03808 ** (0. 09726)
σ^2	0. 0381	0. 03453	0. 03016
$Corrected\ R^2$	0. 97847	0. 93485	0. 94233
$LogL$	21. 1937	76. 1823	62. 1708

注：***、**、*分别表示在 1%、5%、10% 的水平上显著。

空间固定效应模型的似然函数值最大，达到 211.23，在三个模型对比中最为可靠。因此，本书最终选取基于空间固定效应的空间自回归模型来进行估计。具体采用 LeSage 和 Pace（2009）的方法，通过模型自身偏导数和交叉偏导数来推导直接效应和间接效应，从而正确估计模型中自变量对因变量的影响，并对这一影响进行结构分解。偏导数的矩阵表达式如下：

$$S_r(W) = \left(I_n + \sum_{i=1}^{N} \delta^i W^i\right) I_n \beta_r \tag{7.24}$$

LeSage 和 Pace 定义 $M(r)_{direct}$、$M(r)_{indirect}$、$M(r)_{total}$ 分别为平均直接效应、平均间接效应和平均总效应。其中直接效应表示自变量变化对本地因变量的影响，间接效应表示自变量变化对相邻地区因变量的影响。三种效应的关系如下：

$$M(r)_{indirect} = M(r)_{total} - M(r)_{direct} = n^{-1} tr[S_r(W)] - n^{-1} S_r(W) \tag{7.25}$$

本书采用该方法对空间自回归模型进行计算。因为属于相对封闭的本地自发型流动模式的各区域差别较大，因此按照区域经济社会发展水平与农村劳动力净输入的聚类分析法对该类模式区域进一步细分，并分别进行估计。

根据表 7－26，2009～2016 年相对封闭的本地自发型流动模式区域四个子类型区域的资本效应 lnKT 的总效应、直接效应和间接效应都通过了1%的显著性水平检验。从总效应、直接效应和间接效应三种效应的回归系数方向上可知，资本集聚对相对封闭的本地自发型流动模式区域四个子类型区域的经济增长的贡献均为正向，但直接效应对经济增长的贡献大于间接效应。代表人口集聚的农村劳动力净流入 lnLT 的总效应、直接效应和间接效应除了第 4 类区域，其余 3 类区域均通过了 1%的显著性水平检验。通过总效应、直接效应和间接效应的回归系数可知，人口集聚对经济增长起到了正向的作用，但与资本集聚的效应结果类似，直接效应对经济增长的贡献大于间接效应。代表技术集聚的全要素生产率 lnTT 的总效应、直接效应和间接效应也通过了显著性水平检验，通过总效应、直接效应和间接效应的回归系数可知，技术集聚对经济增长的贡献均为正向，但技术对经济增长的贡献度依旧有限。这表明，资本集聚和人口集聚是促进该类模式区域经济增长的主要因素，而技术集聚对经济增长的贡献十分有限。说明技术吸收和技术扩散的作用在该类模式区域中还未得到充分发挥，更不用说技术创新对经济增长的作用了，说明该类模式区域今后需要在进一步集聚人口和资本的同时，扩大和深化技术集聚规模和贡献，从而保障经济有质量的增长，提升经济增长的持续动力。

表7-26 2009~2016年相对封闭的本地自发型流动模式下分类别的效应分解结果

模式子分类	变量	总效应	直接效应	间接效应
第1类 海南、 山西	$\ln TT$	0.21513 * （0.03543）	0.16321 * （0.02379）	0.05580 ** （0.02245）
	$\ln KT$	0.31075 *** （0.02485）	0.18737 *** （0.09324）	0.12377 *** （0.03161）
	$\ln LT$	0.49843 *** （0.00871）	0.32337 *** （0.00650）	0.17534 *** （0.01072）
第2类 山东	$\ln TT$	0.43222 *** （0.03217）	0.29861 *** （0.04133）	0.13442 *** （0.02117）
	$\ln KT$	0.11707 *** （0.22195）	0.06872 *** （0.13561）	0.04928 *** （0.17269）
	$\ln LT$	0.57452 *** （0.00899）	0.35363 *** （0.07891）	0.22158 *** （0.01013）
第3类 内蒙古、 辽宁	$\ln TT$	0.1376 ** （0.01220）	0.11927 ** （0.01049）	0.02509 * （0.07964）
	$\ln KT$	0.31757 *** （0.02689）	0.20895 *** （0.02477）	0.10915 *** （0.02285）
	$\ln LT$	0.11466 *** （0.01076）	0.03692 *** （0.02049）	0.07881 *** （0.00669）
第4类 青海、 宁夏、 新疆	$\ln TT$	0.13219 ** （0.02162）	0.08931 * （0.01093）	0.04383 ** （0.00436）
	$\ln KT$	0.36264 *** （0.02565）	0.24571 *** （0.01565）	0.11742 *** （0.01359）
	$\ln LT$	0.32049 （0.88592）	0.16493 （0.74807）	0.15449 （0.94456）

注：***、**、* 分别表示在1%、5%、10%的水平上显著。

属于相对封闭的本地自发型流动模式的8个省（区、市）的经济发展水平存在显著差异，因此对影响农村劳动力转移的因素以及8个省（区、市）农村劳动力的输出数量、输入数量及净输入量进行综合考量，采用聚类分析法，将属于该类模式的8个省（区、市）继续细分为四小类（见图7-3）。第1类为区域经济社会发展水平低、农村劳动力净输入高的组合，包括海南和山西；第 2 类为区域经济社会发展水平高、农村劳动力净输入高的组合，包括山东；第 3 类为区域经济社会发展水平高、农村劳动力净输入低的组合，包括内蒙古和辽宁；第 4 类为区域经济社会发展水平低、农村劳动力净输入低的组合，包括青海、宁夏和新疆。从资本集聚、人口集聚和技术集聚的总效应回归系数可知，各要素对经济增长的贡献在相对封闭的本地自发型流动模式区域四个子类型区域中存在显著差异：在山东，人口集聚和技术集聚对经济增长的贡献更大；而在内蒙古、辽宁和青海、宁夏和新疆，资本集聚对经济增长的贡献相对更大；在海南和山西，资本集聚和人口集聚对经济增长的贡献较大。通过对第相对封闭的本地自发性流动模式区域进一步细分可知，技术集聚仅在山东对经济增长的贡献效应较为明显，在其他 7 个省（区、市），技术集聚对经济增长没有发挥显著成效。应进一步提升山东技术集聚对经济增长的正向贡献，也要加快其他 7 个省（区、市）的技术吸收和扩散，从而提高经济增长效率，提升可持续的经济增长竞争潜力。

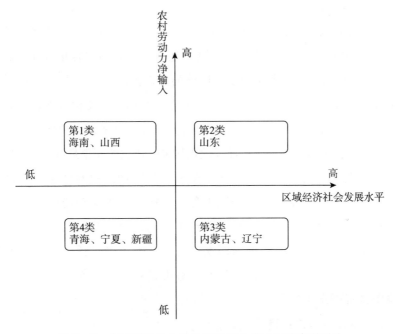

图 7 - 3 相对封闭的本地自发型流动模式区域类别划分

第三节　本地人口导出与经济强劲推动模式下经济发展拉动系统状态评价

通过实证分析，本地人口导出与经济强劲推动模式下经济发展的关键要素是城乡一体化，因此本书在该模式下构建经济发展拉动系统评价指标体系时主要围绕城乡基础实力、城乡关联强度、城乡统筹能力、城乡竞争潜力展开。

一　经济发展拉动系统评价指标体系

本地人口导出与经济强劲推动模式区域，主要涵盖 15 个省（区、市），发展的关键要素是城乡一体化。因此在建构指标体系过程中只有对城乡一体化概念、现实、趋势有清醒的认识，才能全面、深刻地建立具体评价指标体系。

（一）指标体系构建原则

城乡一体化以一场具有动态意义的经济社会运行过程，涵盖了经济、社会、文化、环境等多方面的内容，尤其是在劳动力转移与转化方面，城乡一体化的起点和终点都具有非常重要且明确的衡量指标，广受社会和大众关注。而作为经济现象的城乡一体化，不仅是地理空间环境的变化，更是各种经济资源的重新调整与再分配。因此在建构指标体系时应坚持科学性与完备性兼顾的原则，从各个角度和多个层面反映出城乡一体化的完整进程。

从根本上说，城乡一体化的重点在于"化"的过程与状态，一体化本身就是具有开放性和动态性的系统工程，系统内各主体功能的调整与实现都会对城乡一体化的具体进行和效果产生影响，因此在构架评价指标体系时，必然要兼顾系统需求和动态调整的需要。为了确保评价指标体系的可运算、可应用，各指标选取时要确保能够可量化、可操作，并且能够确保数据来源真实可靠。

（二）指标体系的构建

构建指标体系具体步骤如下。

（1）根据城乡一体化的内涵，参照国家发展改革委城市和小城镇改革发展中心系列研究报告《中国城镇化：路径、驱动力与作用》《新型城镇化路径选择》《促进城镇健康发展的规划研究》《城镇化进程中的城乡关系》《中国城镇化转型研究》《新型城镇化发展报告（2017）》《新型城镇化论纲》，中国科学院可持续发展战略研究组的"中国可持续发展指标体系""中国新型城市化指标体系"等，尽可能全面地列出能描述区域城乡一体化发展状态的指标。

（2）分别以城乡一体化发展评价、城乡统筹发展评价、城乡关联发展评价、城乡互动发展评价、城乡协调发展评价为主题检索项，选出25篇论文作为样本，并从中选出重要的指标作为备用。

（3）与前文社会公平推动系统评价指标体系建构一样，本书继续采用德尔菲法，对以城乡一体化为主题的4个一级指标82个原始二级指标进行优化处理，建立起更加科学合理的指标体系，请18位专家对这82个指标按照重要性打分。专家判断依据自我评价量化见表7-27。

表7-27　专家判断依据自我评价量化

判断依据	实践经验	理论分析	通过国内外同行了解	直觉直接判断
量化值	0.6	0.8	0.5	0.3

如前文对专家判断依据、熟悉程度、权威程度的考察一样，在城乡一体化领域内，专家的权威程度较高，判断依据相对科学准确，同样可以推论本研究的精度也较高，具体如表7-28所示。两轮征询专家意见协调系数比较见表7-29。两轮征询筛选指标界值见表7-30。

表7-28　两轮征询专家权威程度统计

一级指标	第一轮征询			第二轮征询		
	判断依据	熟悉程度	权威程度	判断依据	熟悉程度	权威程度
城乡基础实力	0.655	0.813	0.693	0.651	0.811	0.693
城乡关联强度	0.619	0.799	0.617	0.619	0.796	0.616
城乡统筹能力	0.601	0.793	0.677	0.600	0.794	0.673
城乡竞争潜力	0.598	0.758	0.609	0.599	0.760	0.600
均值	0.618	0.791	0.649	0.617	0.790	0.646

表 7 - 29　两轮征询专家意见协调系数比较

	第一轮征询	第二轮征询
指标个数	82	33
协调系数 w	0.23	0.47
卡方值	200.91	211.73
P 值	0.005	0.003

表 7 - 30　两轮征询筛选指标界值

单位：%

第一轮征询	均值	标准差	界值	第二轮征询	均值	标准差	界值
满分频率	35.11	19.81	15.30	满分频率	47.22	13.91	33.31
算术均数	3.99	0.57	3.42	算术均数	4.16	0.40	3.76
变异系数	0.66	0.39	1.05	变异系数	0.58	0.30	0.88

经过两轮征询，根据界值法并充分结合专家意见，选取以城乡一体化为主题的二级指标 33 个（见表 7 - 31）。

表 7 - 31　本地人口导出与经济强劲推动模式下经济发展拉动系统评价指标体系

	一级指标	二级指标	单位	方向
本地人口导出与经济强劲推动模式下经济发展拉动系统评价指标体系	城乡基础实力	人均国内生产总值	元/人	正向
		国内生产总值增速	%	正向
		农产品单位面积产值	元/每亩	正向
		单位农业机械总动力	千瓦/公里^2	正向
		农业家庭经营效率指数	—	正向
		单位城镇用地非农产值	万元/公里^2	正向
		工业化率	%	正向
		轻重工业结构	%	正向
		城镇化与工业化协调发展指数	—	正向
		第三产业产值所占比重	%	正向
	城乡关联强度	常住人口城镇化率	%	正向
		户籍人口城镇化率	%	正向
		户籍人口城镇化率增速	%	正向
		土地城镇化率	%	适度

续表

	一级指标	二级指标	单位	方向
本地人口导出与经济强劲推动模式下经济发展拉动系统评价指标体系	城乡关联强度	人口经济城镇化协调指数	—	正向
		小城镇发育指数	—	正向
		基层居民点社区化率	%	正向
		农村劳动力绝对转移就业数量	万人	正向
	城乡统筹能力	人均固定资产投资额	元/人	正向
		非农产业固定资产投资额占全社会固定资产投资额比重	%	—
		招商引资实际到位资金	亿元	正向
		人均地方财政收入	亿元	正向
		地方财政支出占 GDP 比重	%	正向
		财政支出占财政收入的比重	%	—
		农业贷款占金融机构贷款比重	%	正向
	城乡竞争潜力	全要素生产率	%	正向
		劳动生产率	%	正向
		人均社会消费品零售额	元/人	正向
		地区消费品零售额占社会消费品零售总额比重	%	正向
		社会融资规模增量	亿元	正向
		交通网络密度	公里/公里^2	正向
		货运总量	万吨	正向
		客运总量	万人	正向

（三）指标体系的权重

本书在评价指标的权重处理上，综合考虑各指标对应数据的复杂性，分别运用 AHP 和熵值法，对指标在体系内的权重进行求取，再依据所求得的权重结果进行综合集成赋权，最终形成指标在体系内的综合权重，以确保各指标值在体系中能够实现合理的权重表达。计算结果见表 7 - 32。

表 7 - 32　本地人口导出与经济强劲推动模式下各指标权重计算结果

一级指标	二级指标	AHP	熵值法	综合权重
城乡基础实力 （0.3873） （0.3020） （0.3449）	人均国内生产总值	0.0737	0.0650	0.0694
	国内生产总值增速	0.0629	0.0462	0.0546
	农产品单位面积产值	0.0188	0.0228	0.0208
	单位农业机械总动力	0.0153	0.0187	0.0170

续表

一级指标	二级指标	AHP	熵值法	综合权重
城乡基础实力 (0.3873) (0.3020) (0.3449)	农业家庭经营效率指数	0.0207	0.0257	0.0232
	单位城镇用地非农产值	0.0475	0.0370	0.0423
	工业化率	0.0839	0.0715	0.0777
	轻重工业结构	0.0336	0.0334	0.0335
	城镇化与工业化协调发展指数	0.1574	0.1432	0.1503
	第三产业产值所占比重	0.0616	0.0457	0.0537
城乡关联强度 (0.2478) (0.3041) (0.2758)	常住人口城镇化率	0.0027	0.0078	0.0053
	户籍人口城镇化率	0.0326	0.0309	0.0317
	户籍人口城镇化率增速	0.0141	0.0176	0.0159
	土地城镇化率	0.0630	0.0502	0.0566
	人口经济城镇化协调指数	0.0002	0.0033	0.0017
	小城镇发育指数	0.0146	0.0185	0.0165
	基层居民点社区化率	0.0003	0.0042	0.0022
	农村劳动力绝对转移就业数量	0.0041	0.0092	0.0067
城乡统筹能力 (0.2536) (0.2630) (0.2583)	人均固定资产投资额	0.0017	0.0077	0.0047
	非农产业固定资产投资额占全社会固定资产投资额比重	0.0262	0.0277	0.0270
	招商引资实际到位资金	0.0009	0.0051	0.0030
	人均地方财政收入	0.0157	0.0228	0.0192
	地方财政支出占 GDP 比重	0.0234	0.0232	0.0233
	财政支出占财政收入的比重	0.0028	0.0083	0.0056
	农业贷款占金融机构贷款比重	0.0005	0.0043	0.0024
城乡竞争潜力 (0.1112) (0.1310) (0.1210)	全要素生产率	0.1054	0.1114	0.1084
	劳动生产率	0.0192	0.0250	0.0221
	人均社会消费品零售额	0.0115	0.0167	0.0141
	地区消费品零售额占社会消费品零售总额比重	0.0043	0.0089	0.0066
	社会融资规模增量	0.0403	0.0370	0.0386
	交通网络密度	0.0366	0.0356	0.0361
	货运总量	0.0029	0.0086	0.0057
	客运总量	0.0017	0.0069	0.0043

注：一级指标下的三组数字分别为运用 AHP、熵值法和综合集成赋权法计算的权重结果。

由本地人口导出与经济强劲推动模式下的经济发展拉动系统评价指标体系权重计算结果可知，城乡基础实力子系统的综合权重最高，为 0.3449，城乡关联强度子系统次之，为 0.2758，城乡统筹能力子系统的综合权重比城乡关联强度子系统略低，为 0.2583，表明属于此类模式的 15 个省（区、市）经济增长应倾向于提高城乡基础实力、城乡关联强度，兼顾城乡统筹能力。城乡发展潜力子系统的综合权重最小，为 0.1210。

（四） 评价指标体系的信度和效度检验

采用 Cronbach α 系数对四个维度的内部一致性信度进行评价。采用 Pearson 相关系数分析维度间得分的相关程度，评价结构效度。本书的统计分析均选择 $\alpha = 0.05$ 作为检验标准，得到的概率值均表示双侧概率。

（1） 信度检验

通过式 (6.8) 计算本地人口导出与经济强劲推动模式下经济发展拉动系统评价指标体系四个维度的 Cronbach α 系数，其结果如表 7-33 所示。

表 7-33 本地人口导出与经济强劲推动模式下经济发展拉动系统评价指标体系四个维度内部一致性信度评价结果

维度	指标数目	Cronbach α 系数
城乡基础实力	10	0.7488
城乡关联强度	8	0.6528
城乡统筹能力	7	0.6054
城乡竞争潜力	8	0.6162

本地人口导出与经济强劲推动模式下经济发展拉动系统评价指标体系四个维度的 Cronbach α 系数均达到 0.6 以上，通过信度检验。

（2） 效度检验

本地人口导出与经济强劲推动模式下经济发展拉动系统评价指标体系四个维度之间的 Pearson 相关系数主要在 0.6 以上，最高达到 0.9347，最低的为 0.6004，所有的 Pearson 相关系数在 $\alpha = 0.05$ 的检验水平上均具有统计学意义（见表 7-34）。

表 7 - 34　本地人口导出与经济强劲推动模式下经济发展拉动系统评价指标体系四个维度之间的 Pearson 相关系数

Pearson 相关系数	城乡基础实力	城乡关联强度	城乡统筹能力	城乡竞争潜力
城乡基础实力	1.0000			
城乡关联强度	0.8370 (0.0069)	1.0000		
城乡统筹能力	0.6258 (0.0020)	0.9347 (0.0315)	1.0000	
城乡竞争潜力	0.6004 (0.0165)	0.7707 (0.0207)	0.7737 (0.0087)	1.0000

二　经济发展拉动系统状态评价

运用加权求和法，分别计算得出本地人口导出与经济强劲推动模式区域的经济发展拉动总指数及各子系统指数（见表 7 - 35）。变化趋势见图 7 - 5。

表 7 - 35　1992～2016 年本地人口导出与经济强劲推动模式下经济发展拉动总指数及各子系统指数变化

年份	城乡基础实力指数	城乡关联强度指数	城乡统筹能力指数	城乡竞争潜力指数	总指数
1992	0.0406	0.1927	0.1503	0.0108	0.1071
1993	0.0443	0.2220	0.1451	0.0113	0.1152
1994	0.0493	0.2532	0.1559	0.0127	0.1285
1995	0.0546	0.2726	0.1546	0.0140	0.1355
1996	0.0622	0.2881	0.1471	0.0151	0.1406
1997	0.0722	0.3109	0.1358	0.0176	0.1477
1998	0.0857	0.3422	0.1220	0.0205	0.1577
1999	0.0977	0.3325	0.1010	0.0233	0.1541
2000	0.1099	0.2985	0.0842	0.0267	0.1449
2001	0.1306	0.2644	0.0770	0.0321	0.1414
2002	0.1459	0.2315	0.0640	0.0394	0.1351
2003	0.1550	0.1971	0.0537	0.0417	0.1263
2004	0.1784	0.1641	0.0468	0.0519	0.1246
2005	0.2032	0.1312	0.0398	0.0631	0.1236
2006	0.2192	0.1097	0.0348	0.0702	0.1226

年份	城乡基础实力指数	城乡关联强度指数	城乡统筹能力指数	城乡竞争潜力指数	总指数
2007	0.2388	0.0986	0.0313	0.0772	0.1262
2008	0.2549	0.0910	0.0288	0.0825	0.1296
2009	0.2721	0.0974	0.0268	0.0838	0.1370
2010	0.3000	0.1038	0.0240	0.0878	0.1481
2011	0.3282	0.1166	0.0228	0.0957	0.1619
2012	0.3109	0.1266	0.0232	0.0974	0.1590
2013	0.3422	0.1342	0.0264	0.1038	0.1734
2014	0.3853	0.1408	0.0298	0.1080	0.1914
2015	0.4148	0.1464	0.0332	0.1166	0.2050
2016	0.4743	0.1469	0.0380	0.1266	0.2280

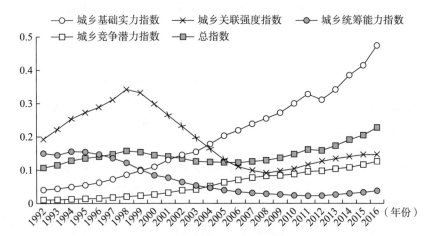

图 7 - 4　1992～2016 年本地人口导出与经济强劲推动模式下经济发展拉动总指数及
各子系统指数变化趋势

由表 7 - 35 和图 7 - 4 可知，1992～2016 年属于本地人口导出经济强劲推动模式的 15 个省（区、市）的经济发展拉动总指数在波动中有所增长，但增长缓慢，从 1992 年的 0.1071，增长到 2016 年的 0.2280（最大值），仅浮动 0.1209。从具体维度看，城乡基础实力指数呈上升趋势，上升幅度最大，带动着经济发展拉动总指数增长，由 1992 年的 0.0406 上升到 2016 年的 0.4743，虽然涨幅显著，但基础实力指数依旧偏低，发展到 2016 年也没有超过 0.5。城乡关联强度指数先是大幅度提升，在 1998 年到达顶点后迅速下滑，至 2009

年才开始缓慢增长，说明最初市场经济确立后带动整个中国高速发展，但随着要素资源过度集中在城市，城乡差距逐步扩大，尤其是公关资源和公关服务方面，差距明显，农村发展滞后。因为城乡差距的扩大，城乡统筹能力一直处于下降趋势，但在2004年后趋于平缓。城乡竞争潜力指数有所提升，技术扩散对整个社会经济发展的贡献都有所提高。经济发展拉动总指数和各分指数的变化趋势都明显说明中国近三十年农村的发展滞后于城市，中国发展的薄弱环节在农村。

2016年属于本地人口导出与经济强劲推动模式的各省（区、市）经济发展拉动总指数方面，排名前三位的为重庆、湖北、吉林，指数分别为0.306284、0.299831、0.295001；排名后三位的为贵州、云南、甘肃，指数分别为0.157734、0.139124、0.136489。其中，重庆之所以位居榜首，主要是因为其城乡基础实力指数名列第1，为0.63442；城乡关联强度指数名列第4，为0.200962；城乡统筹能力指数名列第1，为0.048011；城乡竞争潜力指数名列第3，为0.162364。甘肃之所以排名垫底，主要是因为其城乡基础实力指数名列第15，为0.28497；城乡关联强度指数名列第6，为0.105626；城乡统筹能力指数名列第15，为0.020835；城乡竞争潜力指数名列第14，为0.030487（见表7-36）。

表7-36　2016年属于本地人口导出与经济强劲推动模式的各省（区、市）经济发展拉动总指数及各子系统指数

省（区、市）	城乡基础实力指数	城乡关联强度指数	城乡统筹能力指数	城乡竞争潜力指数	总指数
河北	0.45387	0.100239	0.029247	0.111537	0.205236
吉林	0.54838	0.271428	0.031433	0.189135	0.295001
黑龙江	0.41916	0.268599	0.023803	0.140148	0.241754
安徽	0.43401	0.104748	0.031506	0.078938	0.196269
江西	0.43424	0.068379	0.032778	0.061145	0.184493
河南	0.46674	0.094954	0.024368	0.105741	0.206256
湖北	0.60199	0.213223	0.038086	0.194715	0.299831
湖南	0.49558	0.093886	0.025643	0.116544	0.217545
广西	0.38102	0.081488	0.021652	0.059939	0.166734
重庆	0.63442	0.200962	0.048011	0.162364	0.306284

续表

省（区、市）	城乡基础实力指数	城乡关联强度指数	城乡统筹能力指数	城乡竞争潜力指数	总指数
四川	0.44651	0.097913	0.029274	0.110558	0.201945
贵州	0.37956	0.059361	0.032953	0.016034	0.157734
云南	0.34221	0.037596	0.0257	0.033787	0.139124
陕西	0.57266	0.136748	0.038737	0.114769	0.259118
甘肃	0.28497	0.105626	0.020835	0.030487	0.136489

对属于本地人口导出与经济强劲推动模式的各省（区、市）城乡基础实力指数、城乡关联强度指数、城乡统筹能力指数、城乡竞争潜力指数和总指数进行聚类分析，可将2016年属于本地人口导出与经济强劲推动模式的15个省（区、市）的城乡一体化发展绩效大致分为四类，见表7-37、图7-5。

表7-37　2016年本地人口导出与经济强劲推动模式下各省（区、市）经济发展拉动系统总指数及各子系统指数

聚类类别	省（区、市）	子系统指数				总指数排名
		城乡基础实力指数	城乡关联强度指数	城乡统筹能力指数	城乡竞争潜力指数	
第1类	重庆	1	4	1	3	1
	湖北	2	3	3	1	2
	吉林	4	1	7	2	3
第2类	陕西	3	5	2	6	4
	黑龙江	11	2	13	4	5
第3类	湖南	5	11	11	5	6
	河南	6	10	12	9	7
	河北	7	8	9	7	8
	四川	8	9	8	8	9
	安徽	10	7	6	10	10
	江西	9	13	5	11	11
第4类	广西	12	12	14	12	12
	贵州	13	14	4	15	13
	云南	14	15	10	13	14
	甘肃	15	6	15	14	15

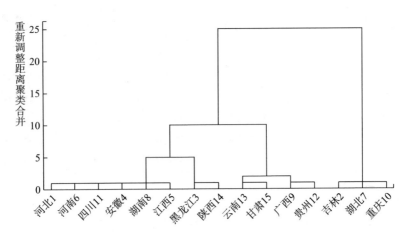

图 7－5   2016 年本地人口导出与经济强劲推动模式下各省（区、市）城乡一体化
发展绩效聚类分析结果

第 1 类，经济发展拉动总指数大于 0.29500，共 3 个省（区、市），分别为重庆（0.306284）、湖北（0.299831）、吉林（0.295001）。其中，重庆的城乡基础实力指数和城乡统筹能力指数排名第 1，城乡竞争潜力指数排名第 3，城乡关联强度指数排名第 4，可见对重庆而言，下一步要将城乡关联强度作为城乡一体化发展的重点。湖北的城乡竞争潜力指数排名第 1，城乡基础实力指数排名第 2，城乡关联强度指数和城乡统筹能力指数排名第 3，可见湖北在城乡一体化方面的综合实力是很强的，没有明显的短板。吉林的城乡关联强度指数排名第 1，城乡竞争潜力指数排名第 2，城乡基础实力指数排名第 4，但城乡统筹能力指数只排到第 7，说明对吉林而言，下一步城乡一体化发展的重点在城乡统筹能力相关方面的发展上。

第 2 类，经济发展拉动总指数大于 0.24175，且小于 0.29500，共两个省（区、市），分别为陕西（0.259118）和黑龙江（0.241754）。其中，陕西的城乡统筹能力指数排名第 2，城乡基础实力指数排名第 3，城乡关联强度指数排名第 5，城乡竞争潜力指数排名第 6，总指数及分指数排名都较靠前，城乡一体化发展较均衡。黑龙江的城乡关联强度指数排名第 2，城乡竞争潜力指数排名第 4，但城乡基础实力指数和城乡统筹能力指数仅分别排名第 11 和 13，黑龙江作为农业大省和老工业基地，其资源转化能力不强，产业结构的不合理制约了其经济的发展，因此调整产业结构，是黑龙江发展面临的当务之急。

第3类，经济发展拉动总指数大于0.18450且小于0.24175，共6个省（区、市），分别为湖南（0.217545）、河南（0.206256）、河北（0.205236）、四川（0.201945）、安徽（0.196269）、江西（0.184493）。湖南城乡基础实力指数排名第5，城乡关联强度指数排名第11，城乡统筹能力指数排名第11，城乡竞争潜力指数排名第5，整体排名第6。河南城乡基础实力指数排名第6，城乡关联强度指数排名第10，城乡统筹能力指数排名第12，城乡竞争潜力指数排名第9，整体排名第7。河北城乡基础实力指数排名第7，城乡关联强度指数排名第8，城乡统筹能力排名第9，城乡竞争潜力指数排名第7，整体排名第8。四川城乡基础实力排名第8，城乡关联强度指数排名第9，城乡统筹能力排名第8，城乡竞争潜力指数排名第8，整体排名第9。安徽城乡基础实力指数排名第10，城乡关联强度指数排名第7，城乡统筹能力指数排名第6，城乡竞争潜力指数排名第10，整体排名第10。安徽全省经济发展大体呈现南高北低、东高西低、中部凸起的空间格局。皖江地区经济实力较强，以皖江为轴、合肥和芜湖为"双核"的经济发展格局初步形成，皖北、皖西发展滞后。与经济格局相反，人口分布北多南少，经济发展落后的皖北地区是全省人口比重最大的地区，城乡之间和不同区域之间生活水平差距大。2016年安徽城镇化率为43.30%，比全国平均水平57.35%低了14.05个百分点，大城市，特别是带动性强的区域性大城市数量少，中小城市发展不足。江西城乡基础实力指数排名第9，城乡关联强度指数排名第13，城乡统筹能力指数排名第5，城乡竞争潜力指数排名第11，整体排名第11。

第4类，经济发展拉动总指数大于0.13648且小于0.16674，共有4个省（区、市），广西（0.166734）、贵州（0.157734）、云南（0.139124）、甘肃（0.136489）。广西的城乡基础实力、城乡关联强度、城乡统筹能力、城乡竞争潜力四个指数均排名靠后，分别排第12、12、14、12名，可见广西无论整体还是各维度的发展都是滞后的。贵州的城乡基础实力指数排名第13，城乡关联强度指数排名第14，城乡统筹能力指数排名第4，城乡竞争潜力指数排名第15，整体排名第13。贵州虽然城乡统筹能力排名靠前，但这也说明贵州无论城市还是农村发展都相对落后。贵州山地多平地少，耕地质量总体偏差，中低水平产田占全省可利用耕地面积的 80.7%，农村经济社会发展总体滞后，工业化、城镇化水平低。云南城乡基础实力指数排名第 14，城乡关联强度指数排名第 15，城乡统筹能力指数排名第 10，城乡竞争潜力指数排名第 13，整体排名第 14。云南人均生产总值不到全国平均水平的一半，经济过于集中在昆明、曲靖、玉溪和楚雄 4 个州市，这 4 个州市以全省 1/4 的土地面积集中 1/3 的人口创造全省近 2/3 的经济总量，昆明更是以全省 1/20 的土地面积和 1/7 的人口创造全省近 1/3 的生产总值，云南城镇化水平不足全国平均水平的一半。甘肃城乡基础实力指数排名垫底，城乡关联强度指数排名第 6，城乡统筹能力指数排名第 15，城乡竞争潜力指数排名第 14，整体排名垫底。在甘肃城乡关联强度子系统中，权重较大的城乡二元对比系数和城乡二元反差系数取值较低，因此甘肃城乡关联强度指数整体排名靠前，但这也反映出甘肃城市和农村整体的经济实力偏弱。甘肃是一个多山地高原、少平原川地的省份，山地占全省面积的 25.97%、高原占 29.50%、戈壁沙漠占 14.99%，仅有 12.6% 的耕地，城市建设用地占全省土地面积的 2.15%，仅有 0.97 万平方公里。甘肃土地资源的特殊性，对其经济发展有所限制。

三 经济增长潜力分析

通过主成分分析，提取本地人口导出与经济强劲推动模式下城乡一体化发展的公因子，在此基础上分析本地人口导出与经济强劲推动模式区域的经济发展潜力。

（一）模型构建

（1）经济增长动因剖析

为定量分析城乡一体化发展状态演变的主导动因及内在规律，选择 SPSS 用主成分分析法对本地人口导出与经济强劲推动模式下经济发展拉动系统评价指标体系中的 33 项指标进行处理。

本书采用 Bartlett 球形检验法，判断数据是否适合运用因子分析模型。检验结果如表 7-38 所示。

表 7 - 38　指标相关性和适用性检验结果

KMO 值	Bartlett 球形检验	
	F 值	P 值
0.943	34321.873	0.002

　　经检验，KMO 值为 0.943，本地人口导出与经济强劲推动模式下经济发展拉动系统评价指标体系适合做因子分析，Bartlett 球形检验 F 值表明，样本数据之间相关性较强，因此，本地人口导出与经济强劲推动模式下经济发展拉动系统评价指标体系是适合进行因子分析的。

　　由表 7 - 39 可知，前 6 个成分的特征值均大于 1，这 6 个主成分的累计贡献率达到 95.64%，表明其包含的原始分析指标的信息量已足够解释城乡一体化发展质量。

表 7 - 39　主成分特征值与方差贡献率

单位：%

成分	初始特征值			提取平方和载入			旋转平方和载入		
	特征值	方差	累计方差	特征值	方差	累计方差	特征值	方差	累计方差
1	13.9346	36.23	36.23	13.935	36.23	36.23	13.1549	35.16	25.16
2	7.1439	20.21	56.44	7.1439	20.21	56.44	7.9124	23.42	48.58
3	4.6428	16.21	72.65	4.6428	16.21	72.65	4.7726	21.49	70.07
4	3.8475	12.20	84.85	3.8475	12.20	84.85	3.7289	20.85	90.92
5	1.0992	9.01	93.86	1.0992	2.26	87.11	1.1897	3.42	94.34
6	1.0043	6.14	100.00	1.0043	2.07	89.19	1.0491	1.30	95.64
7	0.9123	4.06	100.00						
8	0.7347	3.67	100.00						
9	0.6942	3.21	100.00						
10	0.5675	2.05	100.00						
11	0.0391	1.49	100.00						
12	0.0235	0.98	100.00						
13	0.0688	0.70	100.00						
14	0.0286	0.50	100.00						
15	0.0437	0.30	100.00						

续表

成分	初始特征值			提取平方和载入			旋转平方和载入		
	特征值	方差	累计方差	特征值	方差	累计方差	特征值	方差	累计方差
16	0.0744	0.28	100.00						
17	0.0365	0.20	100.00						
18	0.0283	0.19	100.00						
19	4.33E−11	2.26E−13	100.00						
20	4.15E−11	1.80E−13	100.00						
21	9.29E−11	1.59E−13	100.00						
22	2.94E−11	4.82E−13	100.00						
23	5.02E−12	9.21E−14	100.00						
24	3.13E−11	2.82E−14	100.00						
25	5.64E−11	1.16E−13	100.00						
26	1.49E−11	2.33E−13	100.00						
27	2.76E−11	7.42E−14	100.00						
28	2.7E−12	1.01E−13	100.00						
29	3.42E−11	1.36E−14	100.00						
30	1.3E−11	1.27E−13	100.00						
31	4.83E−12	6.12E−14	100.00						
32	6E−12	2.52E−14	100.00						
33	1.85E−11	3.19E−14	100.00						

表 7 − 40 主成分旋转载荷矩阵显示：

①人均国内生产总值（x_1）、工业化率（x_7）、第三产业产值所占比重（x_{10}）、小城镇发育指数（x_{16}）、非农产业固定资产投资额占全社会固定资产投资额比重（x_{20}）、人均地方财政收入（x_{22}）、人均社会消费品零售额（x_{28}）、地区消费品零售额占社会消费品零售总额比重（x_{29}）、社会融资规模增量（x_{30}），在第一主成分上载荷较大，亦即与其相关系数较高。表征着研究城乡经济发展的投入产出水平，即城乡内生动力因子。

②国内生产总值增速（x_2）、全要素生产率（x_{26}）、劳动生产率（x_{27}）、交通网络密度（x_{31}）在第二主成分上载荷较大，与其有较强正相关关系，即城乡发展潜力因子。

③农产品单位面积产值（x_3）、单位农业机械总动力（x_4）、农业家庭经营效率指数（x_5）在第三主成分上的载荷也较大，与其有较强相关关系，

即农业现代化程度因子。

④轻重工业结构（x_8）、城镇化与工业化协调发展指数（x_9）在第四主成分上载荷较大，与其有较强相关关系，即结构优化潜力因子。

⑤户籍人口城镇化率增速（x_{13}）、土地城镇化率（x_{14}）在第五主成分上载荷较大，与其有较强相关关系，即增长有序水平因子。

⑥户籍人口城镇化率（x_{12}）、人口经济城镇化协调指数（x_{15}）在第六主成分上的载荷也较大，与其有较强相关关系，即人口转型程度因子。

表 7 - 40　主成分旋转载荷矩阵

指标	主成分					
	1	2	3	4	5	6
x_1	0.839072	0.032964	0.028272	0.025282	0.021693	0.017961
x_2	0.023532	0.818205	0.014951	0.012457	0.010394	0.108075
x_3	0.068847	0.054702	0.941397	0.032188	0.024780	0.020204
x_4	0.028615	0.022557	0.818266	0.014439	0.011009	0.008134
x_5	0.043729	0.033632	0.926436	0.017880	0.011747	0.007079
x_6	0.074352	0.156896	0.042005	0.029796	0.020764	0.016056
x_7	0.936514	0.025943	0.017411	0.011691	0.009690	0.008342
x_8	0.028335	0.022360	0.017373	0.814308	0.011662	0.010462
x_9	0.044204	0.039000	0.235097	0.930503	0.024991	0.022137
x_{10}	0.822681	0.100692	0.281654	0.065571	0.052330	0.034501
x_{11}	0.184204	0.075902	0.065201	0.057814	0.047403	0.034775
x_{12}	0.050875	0.035336	0.025251	0.019353	0.014187	0.910745
x_{13}	0.042878	0.029818	0.023167	0.018929	0.914964	0.012531
x_{14}	0.033019	0.026836	0.021766	0.117132	0.813032	0.008890
x_{15}	0.125377	0.111114	0.093073	0.169706	0.053151	0.934833
x_{16}	0.880101	0.059047	0.043116	0.030994	0.222630	0.017259
x_{17}	0.243304	0.033435	0.026766	0.022648	0.018095	0.016051
x_{18}	0.041548	0.031755	0.026291	0.020726	0.015903	0.013480
x_{19}	0.092943	0.079734	0.069779	0.058700	0.048132	0.038508
x_{20}	0.729397	0.021987	0.016612	0.012365	0.009213	0.007503
x_{21}	0.305024	0.004239	0.003672	0.003171	0.002800	0.002254
x_{22}	0.931277	0.024074	0.019332	0.015371	0.011615	0.008993

续表

指标	主成分					
	1	2	3	4	5	6
x_{23}	0.156398	0.044129	0.035852	0.028184	0.023363	0.019027
x_{24}	0.014888	0.011974	0.009983	0.008652	0.007481	0.006330
x_{25}	0.027590	0.022086	0.017776	0.012915	0.010001	0.008146
x_{26}	0.002703	0.902311	0.001814	0.001624	0.001340	0.001066
x_{27}	0.034150	0.924807	0.018822	0.015089	0.012007	0.109154
x_{28}	0.713042	0.010226	0.008704	0.007339	0.006198	0.105262
x_{29}	0.904828	0.004085	0.003298	0.002892	0.002556	0.002324
x_{30}	0.905998	0.004988	0.004433	0.003762	0.003180	0.002270
x_{31}	0.118508	0.815671	0.013391	0.011472	0.009734	0.008001
x_{32}	0.037284	0.037943	0.035055	0.031738	0.026511	0.220969
x_{33}	0.120891	0.102875	0.108130	0.094477	0.077323	0.061588

（2）模型构建

本书对属于本地人口导出与经济强劲推动模式的 15 个省（区、市）2009 ~ 2016 年城乡一体化发展质量及效率的驱动情况进行分析，构建面板数据模型。考虑到模型可能存在异方差而导致估计结果的偏误，为确保拟合效果，将模型两边取对数形式：

$$\ln Y_{it} = \alpha_i + \sum_{j=1}^{6} \beta_j \ln x_{j,it} + \varepsilon_{it} \tag{7.26}$$

式（7.26）中，Y_{it} 为属于本地人口导出与经济强劲推动模式的 i 省（区、市）在第 t 年的城乡一体化发展质量综合指数（$i = 1, 2, \cdots, 15$），β_j 为第 j 个因子的回归系数，$x_{j,it}$ 为第 i 个省（区、市）第 t 年第 j 个因子，即城乡内生动力因子、城乡发展潜力因子、农业现代化程度因子、结构优化潜力因子、增长有序水平因子和人口转型程度因子。ε_{it} 为随机干扰项。

（二）模型检验

（1）序列平稳性检验

为保证回归结果的有效性，本书同时采用 LLC 检验和 Fisher-ADF 检验对所选变量对数化后的数据进行面板单位根检验。检验结果表明 7 个变量在

95%的置信度下均为平稳序列（所有 P 值均小于 0.05），可以建立数据回归模型（见表 7 – 41）。

表 7 – 41 城乡一体化发展质量面板数据模型的单位根检验

变量	LLC 检验			Fisher-ADF 检验		
	统计量	P 值	结论	统计量	P 值	结论
$\ln Y$	– 18.7515	0.000	平稳	163.8933	0.000	平稳
$\ln x_1$	– 9.8086	0.000	平稳	70.7306	0.0069	平稳
$\ln x_2$	– 2.1454	0.000	平稳	103.6517	0.000	平稳
$\ln x_3$	– 8.7362	0.000	平稳	177.2629	0.000	平稳
$\ln x_4$	– 17.0411	0.000	平稳	74.4171	0.0013	平稳
$\ln x_5$	– 5.7178	0.000	平稳	74.7538	0.0021	平稳
$\ln x_6$	– 7.8311	0.000	平稳	49.6207	0.000	平稳

注：LLC 检验和 Fisher-ADF 检验选择的检验类型初次均为"Level"，其中 $\ln x_4$ 与 $\ln x_5$ 的 Fisher-ADF 检验"Level"序列不平稳，一阶差分后均平稳，而 LLC 检验均平稳。所有变量检验形式为"Individual intercept and trend"。显著水平为 5% 。

（2）协整检验

为检验变量之间的长期稳定均衡关系，根据 Pedroni 提出的检验方法，本书对面板数据进行了协整检验。检验结果表明：被解释变量"城乡一体发展质量综合指数"与 6 个解释变量之间存在协整关系，结果见表 7 – 42。

表 7 – 42 城乡一体化发展质量面板协整检验结果

检验形式	$\ln Y$ 与 $\ln x_1$			$\ln Y$ 与 $\ln x_2$			$\ln Y$ 与 $\ln x_3$		
	统计量	P 值	结论	统计量	P 值	结论	统计量	P 值	结论
Panel v-Statistic	1.078	0.069	否	– 1.769	0.877	否	3.586	0.001	协整
Panel rho-Statistic	– 2.292	0.000	协整	– 3.557	0.000	协整	– 2.263	0.008	协整
Panel PP-Statistic	– 12.124	0.000	协整	– 11.881	0.000	协整	– 9.664	0.000	协整
Panel ADF-Statistic	– 12.629	0.000	协整	– 10.069	0.000	协整	– 15.624	0.000	协整
Group rho-Statistic	– 1.384	0.038	协整	– 8.991	0.341	否	0.758	0.697	否
Group PP-Statistic	– 10.311	0.000	协整	– 0.657	0.000	协整	– 14317	0.000	协整
Group ADF-Statistic	– 14.229	0.000	协整	– 17.473	0.000	协整	– 11.689	0.000	协整
结论	存在协整关系			存在协整关系			存在协整关系		

续表

检验形式	$\ln Y$ 与 $\ln x_4$			$\ln Y$ 与 $\ln x_5$			$\ln Y$ 与 $\ln x_6$		
	统计量	P 值	结论	统计量	P 值	结论	统计量	P 值	结论
Panel v-Statistic	1.332	0.102	否	2.236	0.007	协整	0.117	0.422	否
Panel rho-Statistic	-3.903	0.000	协整	-6.191	0.000	协整	-1.105	0.106	否
Panel PP-Statistic	-10.150	0.000	协整	-13.516	0.000	协整	-9.529	0.000	协整
Panel ADF-Statistic	-9.107	0.000	协整	-12.651	0.000	协整	-9.463	0.000	协整
Group rho-Statistic	-0.719	0.401	否	-2.431	0.017	协整	1.964	0.899	否
Group PP-Statistic	-10.788	0.000	协整	-23.966	0.000	协整	-3.158	0.000	协整
Group ADF-Statistic	-11.332	0.000	协整	-15.435	0.000	协整	-15.017	0.000	协整
结论	存在协整关系			存在协整关系			存在协整关系		

（三）分析结果

常见的面板数据模型有三种，即混合面板模型、固定效应模型、随机效应模型。本书使用 F 检验法、Hausman 检验法对三个模型进行检验，进而选择适合的评价模型。通过 Eviews 软件拟合混合面板模型，结果如表 7-43 所示。

表 7-43　城乡一体化发展质量混合面板模型估计结果

Variable	Coefficient	Std. Error	t-Statistic	Prob.
C	3.0305	0.2643	8.0652	0.0000
$\ln x_1$	0.3557	0.0200	30.1525	0.0000
$\ln x_2$	0.5781	0.0074	55.0316	0.0013
$\ln x_3$	0.0093	0.0007	9.0217	0.0000
$\ln x_4$	0.5189	0.1135	5.0930	0.0000
$\ln x_5$	0.0171	0.0016	12.4311	0.0000
$\ln x_6$	0.3050	0.0026	82.4676	0.0006
R-squared	0.7262	Mean dependentvar		0.7998
Adjusted R-squared	0.6977	S. D. dependentvar		0.3177
SE of regression	0.0866	Akaike info criterion		-2.1813
Sum squaredresld	1.3677	Schwarzcrnterion		-1.1882
Log likelihood	219.3316	Hannan-Quwinncriter.		-2.0870
F-statistic	123.5851	Durbin-Watson stat		0.7832
Prob （F-satistic）	0.000000			

模型的拟合优度系数 R-squared = 0.7262，拟合优度偏低。一般而言，模型拟合优度低，表明个体之间差异大，混合面板模型的估计结果表明"不同个体之间不存在显著性差异、不同截面之间也不存在显著性差异的假定"可能与事实不相符。进行修正，继续拟合固定效应模型。固定效应模型一般有三种：个体固定效应模型、时刻固定效应模型、时刻个体固定效应模型。首先拟合比较常见的个体固定效应模型，结果如表 7 - 44 所示。

表 7 - 44　城乡一体化发展质量个体固定效应模型估计结果

Variable	Coficdent	Std. Error	t-Statistic	Prob.
C	2.3296	0.1 299	15.1111	0.0000
$\ln x_1$	0.4220	0.0139	25.0904	0.0000
$\ln x_2$	0.5470	0.0106	38.3343	0.0000
$\ln x_3$	0.0022	0.0009	9.3175	0.0313
$\ln x_4$	0.5363	0.1353	3.7973	0.0075
$\ln x_5$	0.0289	0.0018	14.2198	0.0000
$\ln x_6$	0.2594	0.0008	210.42389	0.0081

Effects Specification

Cross-section fixed（dummy variables）

R-squared	0.9840	Mean dependentvar	0.7408
Adjusted R-squwared	0.9441	S. D. depencdentvar	0.4198
SEofregress/ou	0.0219	Akalke info criterion	- 4.1567
Sum squaredresid	0.1232	Schwarz criterion	- 3.0321
Log likelihood	587.2311	Hannan-Qwinncriter.	- 5.2445
F-statistic	324.6806	Durbin-Watson stat	0.7133
Prob（F-statistic）	0.00002		

比较表 7 - 43、表 7 - 44 的模型估计结果，个体固定效应模型的拟合优度比混合面板模型的拟合优度大幅度提高，R-squared 取值为 0.9840。

计算 F 统计量：

$$F = \frac{(SSE_r - SSE_u)/[(NT-2)-(NT-N-1)]}{SSE_u/(NT-N-1)} = 94.918545 \qquad (7.27)$$

式（7.27）中，SSE_r、SSE_u 分别表示混合面板模型和个体固定效应模型的残差平方和。

查 F 分布表得到 F 统计量的临界值为：$F_{0.05}$（14，104）= 1.77763。

因为 F = 94.918545 > 1.77763，所以相比混合面板模型，应该建立个体固定效应模型。进一步拟合随机效应模型，结果见表7－45。

表7－45　城乡一体化发展质量随机效应模型估计结果

Variable	Coefficient	Std. Error	t-Statistic	Prob.
C	2.0329	0.0122	0.1111	0.0000
$\ln x_1$	0.4182	0.0073	0.0590	0.0000
$\ln x_2$	0.5547	0.1006	0.0334	0.0000
$\ln x_3$	0.0055	0.0003	0.0317	0.0000
$\ln x_4$	0.5336	0.0998	0.0797	0.0000
$\ln x_5$	0.0268	0.0268	0.0219	0.0000
$\ln x_6$	0.2259	0.0075	0.0042	0.0000
Effects Specification				
			S. D.	Rho
Cross-section random			0.0307	0.6828
Idiosyncratic random			0.0272	0.3259
Weighted Statistics				
R-squared	0.9240	Mean dependent var		0.7248
Adjusted R-squared	0.9141	S. D. dependent var		0.3102
S. E. of regression	0.0419	Sum squared resid		0.3940
F-statistic	551.22	Durbin-Watson stat		0.4149
Prob（F-statistic）	0.00001			
Unweighted Statistics				
R-squared	0.5341	Mean dependent var		5.2048
Sum squared resid	3.7130	Durbin-Watson stat		0.0599

根据随机效应模型，进行 Hausman 检验，结果见表7－46。

表 7 – 46　Hausman 检验结果

Test cross-section random effects			
Test Summary	Chi-Sq. Satistic.	Chi-Sq. d. f	Prob.
Cross-section random	400. 0185	6	0. 0000

通过 Hausman 检验可看出应当选择个体固定效应模型，因此本书以个体固定效应模型作为最终模型。

在个体固定效应模型的拟合优度系数表达中，R-squared = 0.9840，表明 6 个公因子能够解释被解释变量的 98% 以上（见表 7 – 44）。从模型拟合估计结果中还可看到，城乡内生动力因子每提高 1%，推动城乡一体化发展质量综合指数提高 0.4220%；城乡发展潜力因子每提高 1%，推动城乡一体化发展质量综合指数提高 0.5470%，这两个因子都对城乡一体化有较大正向作用。表明提高人力资本水平，从而提高劳动生产率和全要素生产率，加快经济增长速度对我国城乡一体化发展起到了重要作用。农业现代化程度因子每提高 1%，推动城乡一体化发展质量综合指数提高 0.0022%，该回归系数对应 P 值为 0.0313，在 95% 的置信度下小于 0.05，所以通过了参数的显著性检验。从弹性系数看，其作用相对较小，这可能跟农业产值占 GDP 比重相对较小有关。结构优化潜力因子的比重每提高 1%，推动城乡一体化发展质量综合指数提高 0.5363%，可见结构调整、优化对城乡一体化发展质量至关重要。增长有序水平因子每提高 1%，推动城乡一体化发展质量综合指数提高 0.0289%，对城乡一体化发展有正向作用，且通过了显著性检验。人口转型程度因子比重每提高 1%，推动城乡一体化发展质量综合指数提高 0.2594%。通过模型结果，可知要大力发展城乡一体化的内在增长动力，建立健全城镇发展的产业复合结构，增强地区经济增长对劳动力、资本、技术等基本要素的拉力，形成城乡一体化对劳动力转移的吸纳、消化和转化动力，提升城乡一体化的质量和层次，推动非农产业转化和工业产业的不断升级。

第四节　本章小结

（1）对外来人口导入与经济强劲推动模式下经济发展拉动系统的分析

表明，1992～2016 年，经济实力指数有较大幅度提升，对经济增长的贡献度最大；经济潜力子系统虽然权重最小，但对经济增长贡献作用较大，经济发展拉动总指数和经济潜力指数的变化时间点基本保持一致；经济结构维度是制约经济增长质量提高的显著负向作用因素。经济增长潜力分析结果显示，劳动产出弹性和资本产出弹性受到结构变化影响出现下降，全要素生产率和人力资本产出弹性受到结构变化影响出现明显上升。表明江苏、浙江、广东和福建由于产业结构的转型，劳动产出弹性和资本产出弹性发生的变化将使其经济增长逐渐面临要素报酬递减的状况，而创新驱动和人力资本结构的升级将使其经济增长逐渐走向要素报酬递增。

（2）相对封闭的本地自发型流动模式区域中，西部占了四个省（区、市），尤其是青海、宁夏、新疆四个子系统指数都偏低，因此四个子系统指数和总指数波动范围都较小。这类地广人稀的省（区、市）具有可城市化的基本自然资源条件，应加速要素流动，形成产业集聚、资本集聚，吸引农村劳动力迁入，在数量上、进程上和质量上尽快完成市民化。对该类模式区域经济增长潜力分析结果表明，在山东，人口集聚和技术集聚对经济增长的贡献更大；在内蒙古、辽宁和青海、宁夏和新疆，资本集聚对经济增长的贡献相对更大；而在海南和山西，资本集聚和人口集聚对经济增长的贡献较大。由此可见，技术集聚的增长效应仅在山东较为明显，在属于该类模式的其他地区相对较弱。应进一步发挥山东技术集聚的增长效应，同时提升其他地区技术水平，从而提高经济效率，提升经济增长潜力。

（3）1992～2016 年，属于人口导出与经济强劲推动模式的 15 个省（区、市）的经济发展拉动总指数在波动中有所增长，但增长缓慢。城乡基础实力指数呈上升趋势，上升幅度最大，带动着总指数增长。城乡关联强度指数先是大幅度提升达顶点后迅速下滑，至 2009 年后才开始缓慢增长，说明最初市场经济确立后带动整个中国高速发展，但随着要素资源过度集中在城市，城乡差距逐步扩大，尤其是公关资源和公关服务方面，差距明显，农村发展滞后。城乡竞争潜力指数有所提升，技术扩散对整个社会经济发展的贡献都有所提高。经济发展拉动总指数和各分指数的变化趋势都明显说明中国近三十年农村的发展滞后于城市，中国发展的薄弱环节在农村。经济增长潜力角度的分析表明，要大力发展城乡一体化的内在增长动力，建立健全城镇发展的产业复合结构，增强地区经济增长对劳动力、资本、技术等基本要素的拉力，形成城乡一体化对劳动力转移的吸纳、消化和转化动力，提升城乡一体化的质量和层次，推动非农产业转化和工业产业的不断升级。

第八章　农村劳动力转移经济发展与社会公平综合动力评价

经济增长促进社会发展，通过再分配调节从而进一步推动社会公平，因此经济发展与社会公平之间正向相关。基于此，本章从耦合的角度构建经济发展与社会公平测量模型，定量考察经济发展和社会公平的协调统一性。

第一节　测算综合动力的模型与方法

耦合作为一个物理学上的概念，主要是指两组电子元件或模块之间相互作用的能量传输关系。这一概念被引入社会科学研究中，主要用来表达复杂系统中不同的主体要件在同一环境下彼此作用的相关机理。耦合理论常用于系统工程、生态环境等方面的研究，近年来经济学、管理学研究中借鉴系统耦合理论成果，研究社会经济发展中关系相近或存在因果关系的两个或两个以上的系统及其相互作用机理。这其中，耦合度就是比较常用的概念之一。

耦合度是指两种或两组并存于同一系统内的主体，相互之间彼此作用的密切关系程度。采取合理的方法，对耦合度进行测量，不仅能够反映两者之间的关系程度，也能进一步考察两者相互作用的基本状态。

（1）耦合度的测量方法

国内外研究中关于耦合度测量的方法主要有五种，包括指数法、系数法、空间法、序列法和关联法。

①指数法

指数法是指在系统研究中，基于指数综合加成对需要表达的各个指标进行转化后，建立加总指标再进行综合评价，从而实现对被评价系统内部各要素协调性的考察的方法。指数法的具体操作步骤是：首先，构建各子系统的协调指标体系；其次，利用主成分分析等综合评价方法计算各子系统的协调发展指数；最后，按子系统权重计算综合协调度指数。

②系数法

系数法是指将被评价单位的各系统参量，进行以序为基的总体核算。这种方法的理论基础是协同论，核算出来的协调度函数是对各序参量功效系数的表达，其计算公式为：

$$C_n = \{ (u_1 u_2 \cdots u_n) / [\Pi (u_i + u_j)] \}^{1/n} \tag{8.1}$$

其中，$u_i = \sum_{j=1}^{m} \lambda_{ij} u_{ij}$，$\sum_{j=1}^{m} \lambda_{ij} = 1$。$u_i$ 为耦合系统中第 i 个子系统的综合序参量，用来衡量该子系统对总耦合系统的有序功效贡献；u_{ij} 为第 i 个序参量的第 j 个指标值 x_{ij} 对系统有序的功效系数，根据 x_{ij} 的实测值及系统稳定临界点上序参量的上、下限值求得；λ_{ij} 为各序参量的权重。

假设 α_{ij} 为系统稳定临界点上序参量的上限值，即设计目标值或经验获得的最优值，β_{ij} 为系统稳定临界点上序参量的下限值，即设计最低值或经验获得的最小允许值。当 x_{ij} 为正向指标时，其对系统的功效贡献为正，功效系数为 $u_{ij} = \dfrac{x_{ij} - \beta_{ij}}{\alpha_{ij} - \beta_{ij}}$；当 x_{ij} 为负向指标时，其对系统的功效贡献为负，功效系数为 $u_{ij} = \dfrac{\alpha_{ij} - x_{ij}}{\alpha_{ij} - \beta_{ij}}$。

③空间法

空间法是指在系统研究中，充分考虑各参与元素的空间变异，并利用变异系数或协调系数来反映变异程度，最终获得系统的协调度指数，从而完成对耦合度的测量的方法，其计算公式为：

$$C = [f(X) g(Y) / \{ [f(X) + g(Y)] / 2 \}^2]^k \tag{8.2}$$

其中，$f(X) = \sum_{i=1}^{m} a_i X_i$、$g(Y) = \sum_{j=1}^{n} b_j Y_j$，分别表示各子系统的综合水平评价函数，$X_i$、$Y_j$ 为描述子系统的特征指标，a_i、b_j 为指标权重，$k \geq 2$，为调节系数。

④序列法

序列法又称弹性系数法，主要是指基于序列动态变化的耦合测度。该方法用微分法反映序列的时间或空间的动态变化。寇晓东、薛惠锋（2007）在运用序参量功效系数测度系统有序度时综合考虑了时间动态变化，将系统协调度进一步划分为绝对协调度和相对协调度。

绝对协调度计算公式为：

$$cc_a = \omega \sqrt{\left| \prod_{j=1}^{2} (c_j^i - c_j^0) \right|, \min\{c_j^i - c_j^0 \neq 0\}} / \left| \min\{c_j^i - c_j^0 \neq 0\} \right| \qquad (8.3)$$

其中，c_j^i 为 t_i 时刻子系统 j 的序参量有序度，c_j^0 为 t_0 时刻子系统 j 的序参量有序度。

相对协调度计算公式为：

$$cc_r = [(c_1^{i+1} - c_1^i) / c_1^i] / [(c_2^{i+1} - c_2^i) / c_2^i] \qquad (8.4)$$

其中，c_j^i（$j = 1$，2）、c_j^{i+1} 分别为子系统 j 在 t 时刻和 $t+1$ 时刻的有序度。

⑤关联法

其计算公式为：

$$C(t) = \sum_{i=1}^{m} \sum_{j=1}^{n} \xi_{ij}(t) / mn \qquad (8.5)$$

其中，$\xi_{ij}(t) = \dfrac{\min_i \min_j | X_i^t(t) - Y_j^t(t)| + \rho \max_i \max_j | X_i^t(t) - Y_j^t(t)|}{| X_i^t(t) - Y_j^t(t)| + \rho \max_i \max_j | X_i^t(t) - Y_j^t(t)|}$。

$\xi_{ij}(t)$ 为参考序列 $X_i^t(t)$ 和比较序列 $Y_j^t(t)$ 在 t 时刻的灰色关联系数，$\rho \in [0, 1]$，为分辨系数。

（2）耦合度测量方法选择

耦合度测量的五种方法中，指数法和系数法只能测算耦合发生的节点性行为，对趋势性的测量不准，而序列法和关联法的模型或数据要求又较为复杂。综合对比之下，本书拟采用原理清晰、建构便捷的空间法来测度经济发展与社会公平的耦合度。

本书拟构建的耦合模型如下：假设经济发展与社会公平是相互关联的，各自的发展水平用 $Q_e(X)$、$Q_s(Y)$ 表示，经济社会系统的总效益 T 由经济发展 $Q_e(X)$ 和社会公平 $Q_s(Y)$ 共同决定，公式如下：

$$T = A[Q_e(X)]^\alpha [Q_s(Y)]^\beta \qquad (8.6)$$

其中，T 测度了由经济发展与社会公平组成的更高级复合系统的发展程度

（发展度），A 为外生参数，α 和 β 分别为经济发展和社会公平的产出弹性。

协调度可以用来衡量两系统之间的协调程度，用偏离系数表示。例如，经济发展和社会公平的协调度可表示为：

$$C = \left[\frac{Q_e(X) * Q_s(Y)}{\{[Q_e(X) + Q_s(Y)]/2\}^2} \right]^k \tag{8.7}$$

其中，k 为调节系数。当 $Q_e(X) = Q_s(Y)$ 时，协调度 C 取得最大值 1，表明经济发展与社会公平达到最优协调状态。C 值越小则表明两者的偏差越大，协调性越弱。

经济社会系统的协调发展度（耦合度）D，由经济发展和社会公平二者的发展度和协调度来测量：

$$D = \sqrt{C * T} \tag{8.8}$$

根据耦合测度模型可知，耦合程度由协调程度和发展程度共同决定，不同的协调程度和发展程度组合体现出不同的耦合状态，为了对耦合程度判断标准做出科学的划分，必须综合考虑协调程度和发展程度水平，以协调程度和发展程度所处的区间来具体划分耦合程度。

在图 8 - 1 中，发展程度分为高度发展和低度发展，协调程度也分为高度协调和低度协调，协调程度和发展程度的不同组合状态体现了不同的耦合程度。本书根据发展程度和协调程度的不同组合划分出耦合程度的四种

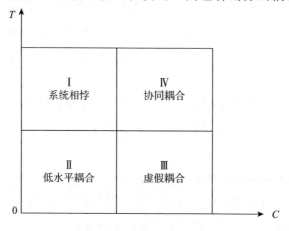

图 8 - 1　耦合程度划分标准

状态，即系统相悖、低水平耦合、虚假耦合和协同耦合。

第一象限表明，当复合系统的耦合测度结果显示为高水平发展和低水平协调时，系统的耦合状态处于 I 区间的系统相悖。在该情况下，由于复合系统的协调度较低，其较高的发展度必然是某一子系统的高度发展带动的，高度发展的系统与滞后发展的系统因明显的不一致趋势而使得整体复合系统出现系统相悖状态。

第二象限表明，当复合系统的耦合测度结果显示为低水平发展和低水平协调时，系统的耦合状态处于 II 区间的低水平耦合。在该情况下，复合系统的协调程度较低，发展程度也较低，表明各系统都处于较低的发展水平，并且各系统之间的协同性也较差，体现出低发展水平系统间显著的无序性，因而其耦合程度处于低水平耦合状态。

第三象限表明，当复合系统的耦合测度结果显示为低水平发展和高水平协调时，系统的耦合状态处于 III 区间的虚假耦合。在该情况下，复合系统的协调程度较高，发展程度较低，表明系统在较低发展水平下实现了协同效应。然而，系统处于低水平发展下的良好协调状态本质上并不是真正的稳定耦合，系统要么会跃迁至较高的耦合状态，要么会锁定在低发展水平下的耦合陷阱中产生发展停滞。因此，在这一区间的耦合程度为虚假耦合。

第四象限表明，当复合系统的耦合测度结果显示为高水平发展和高水平协调时，系统的耦合状态处于 IV 区间的协同耦合。在该情况下，复合系统的协调程度和发展程度均较高，表明各系统均处于较高的发展水平，并且相互之间具有良好的协同一致性，因而其耦合程度为协同耦合状态。

第二节　外来人口导入与经济强劲拉动模式区域经济发展与社会公平综合动力评价

基于空间变异的耦合测度方法，根据式（8.6）、（8.7）、（8.8）对外来人口导入与经济强劲拉动模式区域经济发展与社会公平的演变趋势进行耦合分析，发展度、协调度、耦合度测量结果见表 8 - 1。

表 8 - 1　1992～2016 年外来人口导入与经济强劲拉动模式区域经济发展与
社会公平耦合度测量结果

年份	发展度	协调度	耦合度
1992	0.5785	0.5696	0.5740
1993	0.6040	0.6338	0.6187
1994	0.6370	0.6368	0.6369
1995	0.6676	0.6321	0.6496
1996	0.6856	0.6477	0.6664
1997	0.7072	0.6825	0.6947
1998	0.7583	0.6685	0.7119
1999	0.8711	0.7031	0.7826
2000	0.9377	0.7190	0.8211
2001	0.9959	0.7202	0.8469
2002	1.1122	0.7455	0.9106
2003	1.1729	0.7856	0.9599
2004	1.1745	0.7203	0.9198
2005	1.1813	0.7026	0.9111
2006	1.1880	0.6446	0.8751
2007	1.1994	0.6212	0.8632
2008	1.2001	0.5612	0.8207
2009	1.2142	0.5187	0.7936
2010	1.2301	0.5076	0.7902
2011	1.2600	0.4308	0.7367
2012	1.3898	0.3724	0.7194
2013	1.3994	0.3375	0.6873
2014	1.4038	0.3345	0.6852
2015	1.4375	0.2905	0.6462
2016	1.4510	0.2285	0.5757

根据表 8 - 1 耦合度测量结果及图 8 - 2 耦合度变化趋势，外来人口导入
与经济强劲拉动模式区域经济发展与社会公平的耦合状态大致分为三个阶
段：1992～1998 年为第一阶段，1999～2003 年为第二阶段，2004 年以后为
第三阶段。

1992～1998 年，该区域经济发展与社会公平二者之间的发展度、协调

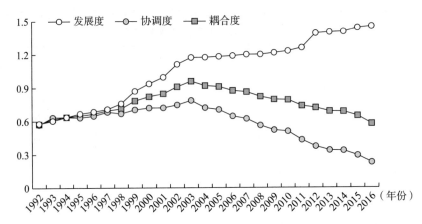

图 8 - 2　1992~2016 年外来人口导入与经济强劲拉动模式区域经济
发展与社会公平耦合度变化趋势

度及耦合度呈现较一致的变动轨迹。因经济发展评价指标体系中经济结构
和经济效率所占权重较大，这一阶段发展度上升并不明显，从 1992 年的
0.5785 上升到 1998 年的 0.7583，上升了 31.1%。协调度与发展度基本保持
一致，在 0.5 到 0.7 范围内波动。耦合度从 1992 年的 0.5740 上升至 1998
年的 0.7119，仅变动了 0.1379，上升幅度有限。按照耦合程度划分标准，
这一阶段经济发展与社会公平的发展度和协调度都不高，属于 II 区间的低
水平耦合状态。1999~2003 年，经济发展与社会公平之间的发展度、协调
度都显著上升，带动耦合度的增幅攀升。1999 年至 2003 年，发展度从
0.8711 上升至 1.1729，增幅达到了 34.7%。同一时期，协调度从 0.7031 上
升至 0.7856，始终保持在 0.7 以上的较高水平。在发展度和协调度均上升
的共同作用下，耦合度也呈现上升趋势，耦合度从 1999 年的 0.7826 上升至
2003 年的 0.9599。根据耦合程度划分标准，这一阶段协调度较高，发展度
也相对提高，因此耦合程度从 II 区间的低水平耦合状态向 IV 区间的协同耦
合状态发展。

2004 年是外来人口导入与经济强劲拉动模式区域经济社会发展的转折
点，从此开始，这一模式区域的发展度与协调度分道扬镳，从而导致耦合
度也开始逐年下降。从经济增长与社会公平的发展度来看，2004 年至 2016
年，发展度由 1.1745 提升到 1.4510，而同一时期的协调从 0.7203 逐年加
速下降至 0.2285，下降幅度为 68.3%。尽管这十多年来的发展度指数增幅

明显，尤其是 2012 年以后发展度指数实现跃迁，但自 2003 年以后协调度指数持续下滑的趋势始终未能好转，由此导致耦合度指数呈现明显的下降趋势，从 2004 年的 0.9198 下降至 2016 年的 0.5757，下降幅度为 37.4%。根据耦合程度划分标准，这一阶段发展度较高，协调度加速下降，因此耦合程度从Ⅳ区间的协同耦合状态向Ⅰ区间的系统相悖状态变动。

综合以上分析，1992～1998 年，外来人口导入与经济强劲拉动模式区域经济发展与社会公平的发展度增长缓慢，但两者的协调度和耦合度趋势基本保持一致。2004 年是外来人口导入与经济强劲拉动模式发展的分水岭，从此以后经济社会发展进入新的环境和状态，即发展度在不断增强，但经济社会的协调度却呈现显著的退步，最终导致耦合度不太理想。根据耦合程度划分标准，这一阶段协调度较低，发展度大幅提高，因此，其耦合程度表现为未在Ⅳ区间的协同耦合状态稳定发展而是退步至系统相悖状态。

第三节　相对封闭的本地自发型流动模式区域经济发展与社会公平综合动力评价

基于空间变异的耦合测度方法，根据式（8.6）、（8.7）、（8.8）对相对封闭的本地自发型流动模式区域经济发展与社会公平的演变趋势进行耦合分析，发展度、协调度、耦合度测量结果见表 8-2。

表 8-2　1992～2016 年相对封闭的本地自发型流动模式区域经济发展与社会公平耦合度测量结果

年份	发展度	协调度	耦合度
1992	0.3457	0.3810	0.3629
1993	0.3357	0.3515	0.3435
1994	0.3130	0.3580	0.3347
1995	0.3260	0.4105	0.3658
1996	0.3370	0.4200	0.3762
1997	0.3487	0.4355	0.3897
1998	0.3453	0.4555	0.3966
1999	0.3477	0.4285	0.3860
2000	0.3423	0.3955	0.3680

续表

年份	发展度	协调度	耦合度
2001	0.2943	0.3855	0.3368
2002	0.3463	0.4355	0.3884
2003	0.3490	0.4805	0.4095
2004	0.3507	0.4720	0.4068
2005	0.3390	0.5190	0.4195
2006	0.3223	0.5820	0.4331
2007	0.3270	0.5950	0.4411
2008	0.3440	0.5620	0.4397
2009	0.3497	0.5940	0.4557
2010	0.3510	0.6675	0.4840
2011	0.3503	0.6620	0.4816
2012	0.3513	0.7030	0.4970
2013	0.3513	0.7695	0.5200
2014	0.3513	0.8280	0.5394
2015	0.3377	0.8510	0.5361
2016	0.3507	0.8935	0.5598

从表 8 - 2 经济发展与社会公平耦合度测量结果和图 8 - 3 经济发展与社会公平耦合度变化趋势可知，相对封闭的本地自发型流动模式区域经济发展和社会公平具有平稳的发展度，1992～2016 年其发展度在 0.29 到 0.36 的范围内波动，协调度的平均值为 0.5454。发展度一直较稳定，协调度的上升趋势自 2004 年以后增幅加大，而在此影响下，相对封闭的本地自发型流动模式区域经济发展与社会公平耦合度呈现稳中有升的状态。1992～2001 年，区域发展的协调度波动性较强，致使耦合度也处于波动态势，未出现显著上升。2001～2007 年，协调度呈增长态势，从 0.3855 上升至 0.5950，耦合度指数也从 0.3368 逐渐提升至 0.4411。2008 年协调度有小幅下降，但此后涨幅显著，从 2008 年的 0.5620 提高到 2016 年的 0.8935，增加了 0.3315。总体上看，1992～2016 年相对封闭的本地自发型流动模式区域，虽然表面看经济发展与社会公平的协调程度增势明显，但发展平缓，按耦合程度的划分标准，其耦合程度表现为虚假耦合。

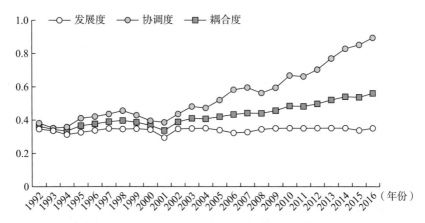

图 8 - 3　1992～2016 年相对封闭的本地自发型流动模式区域经济发展与
社会公平耦合度变化趋势

第四节　本地人口导出与经济强劲推动模式区域经济 发展与社会公平综合动力评价

　　基于空间变异的耦合测度方法，根据式（8.6）、（8.7）、（8.8）对本地 人口导出与经济强劲推动模式区域经济发展与社会公平的演变趋势进行耦 合分析，发展度、协调度、耦合度测量结果见表 8 - 3。

表 8 - 3　1992～2016 年本地人口导出与经济强劲推动模式区域经济发展与
社会公平耦合度测量结果

年份	发展度	协调度	耦合度
1992	0.0721	0.1292	0.0965
1993	0.0876	0.1308	0.1070
1994	0.0974	0.1352	0.1148
1995	0.1099	0.1391	0.1236
1996	0.1122	0.1438	0.1271
1997	0.1224	0.1451	0.1332
1998	0.1340	0.1510	0.1422
1999	0.1453	0.1576	0.1514
2000	0.1583	0.1228	0.1394

年份	发展度	协调度	耦合度
2001	0.2062	0.1178	0.1559
2002	0.2298	0.1174	0.1643
2003	0.2626	0.1087	0.1690
2004	0.2849	0.1055	0.1734
2005	0.3260	0.1038	0.1839
2006	0.3626	0.0917	0.1823
2007	0.3898	0.0990	0.1965
2008	0.4089	0.1128	0.2148
2009	0.4143	0.1249	0.2274
2010	0.4283	0.1376	0.2427
2011	0.4522	0.1477	0.2585
2012	0.4557	0.1601	0.2701
2013	0.4749	0.1792	0.2917
2014	0.4955	0.1604	0.2819
2015	0.5088	0.1629	0.2879
2016	0.5291	0.1673	0.2975

从表8-3耦合度测量结果及图8-4耦合度变化趋势可知，1992~2016年本地人口导出与经济强劲推动模式区域经济发展与社会公平的协调度一直处于较低水平，协调度的变化范围也仅是0.0917~0.1792。1992~2000年，协调度、发展度和耦合度基本重合，"低发展度—低协调度"组合导致耦合度也较低，这一阶段该类模式区域处于低水平耦合状态。2001年后，本地人口导出与经济强劲推动模式区域经济发展与社会公平耦合情况出现了明显变化，区域经济社会的发展度一路上扬，协调度则是呈波动变化，总体上的耦合度在平稳之中上升缓慢。协调度从2001年的0.1178波动性地增长到2016年的0.1673。发展度和协调度共同作用导致耦合度发展缓慢，从2001年的0.1559发展到2016年的0.2975。

分析表明，1992~2000年，本地人口导出与经济强劲推动模式区域经济发展与社会公平的协调度一直处于较低水平，这一时期发展度也较低，导致耦合度也较低。2001年后，发展度大幅提升，但协调度一直处于较低水平，因此耦合状态也并不理想，耦合度仅仅依靠发展度的提高而有所增长，但协调度却对耦合产生了负面效应，发展度的显著提升难以抵消协调度的低迷，导致耦合度增长缓慢。1992～2016年本地人口导出与经济强劲推动模式区域经济发展与社会公平耦合程度从低水平耦合发展到了"高发展—低协调"的虚假耦合。

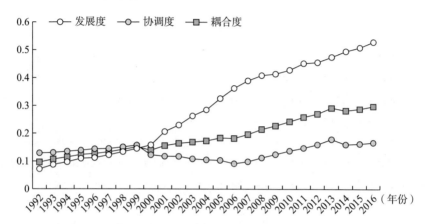

图8-4　1992～2016年本地人口导出与经济强劲推动模式区域经济发展与社会公平耦合度变化趋势

第五节　不同模式区域经济发展与社会公平综合动力比较分析

对第Ⅱ类外来人口导入与经济强劲拉动模式、第Ⅲ类相对封闭的本地自发型流动模式和第Ⅳ类本地人口导出与经济强劲推动模式区域的经济发展与社会公平综合动力进行评价后，本节对三类模式区域经济发展与社会公平的发展度、协调度和耦合度进行比较研究（见表8-4）。

表8-4　农村劳动力转移不同模式区域的发展度、协调度和耦合度汇总

年份	发展度			协调度			耦合度		
	第Ⅱ类模式	第Ⅲ类模式	第Ⅳ类模式	第Ⅱ类模式	第Ⅲ类模式	第Ⅳ类模式	第Ⅱ类模式	第Ⅲ类模式	第Ⅳ类模式
1992	0.5785	0.3457	0.0721	0.5696	0.3810	0.1292	0.5740	0.3629	0.0965
1993	0.6040	0.3357	0.0876	0.6338	0.3515	0.1308	0.6187	0.3435	0.1070

年份	发展度			协调度			耦合度		
	第Ⅱ类模式	第Ⅲ类模式	第Ⅳ类模式	第Ⅱ类模式	第Ⅲ类模式	第Ⅳ类模式	第Ⅱ类模式	第Ⅲ类模式	第Ⅳ类模式
1994	0.6370	0.3130	0.0974	0.6368	0.3580	0.1352	0.6369	0.3347	0.1148
1995	0.6676	0.3260	0.1099	0.6321	0.4105	0.1391	0.6496	0.3658	0.1236
1996	0.6856	0.3370	0.1122	0.6477	0.4200	0.1438	0.6664	0.3762	0.1271
1997	0.7072	0.3487	0.1224	0.6825	0.4355	0.1451	0.6947	0.3897	0.1332
1998	0.7583	0.3453	0.1340	0.6685	0.4555	0.1510	0.7119	0.3966	0.1422
1999	0.8711	0.3477	0.1453	0.7031	0.4285	0.1576	0.7826	0.3860	0.1514
2000	0.9377	0.3423	0.1583	0.7190	0.3955	0.1228	0.8211	0.3680	0.1394
2001	0.9959	0.2943	0.2062	0.7202	0.3855	0.1178	0.8469	0.3368	0.1559
2002	1.1122	0.3463	0.2298	0.7455	0.4355	0.1174	0.9106	0.3884	0.1643
2003	1.1729	0.3490	0.2626	0.7856	0.4805	0.1087	0.9599	0.4095	0.1690
2004	1.1745	0.3507	0.2849	0.7203	0.4720	0.1055	0.9198	0.4068	0.1734
2005	1.1813	0.3390	0.3260	0.7026	0.5190	0.1038	0.9111	0.4195	0.1839
2006	1.1880	0.3223	0.3626	0.6446	0.5820	0.0917	0.8751	0.4331	0.1823
2007	1.1994	0.3270	0.3898	0.6212	0.5950	0.0990	0.8632	0.4411	0.1965
2008	1.2001	0.3440	0.4089	0.5612	0.5620	0.1128	0.8207	0.4397	0.2148
2009	1.2142	0.3497	0.4143	0.5187	0.5940	0.1249	0.7936	0.4557	0.2274
2010	1.2301	0.3510	0.4283	0.5076	0.6675	0.1376	0.7902	0.4840	0.2427
2011	1.2600	0.3503	0.4522	0.4308	0.6620	0.1477	0.7367	0.4816	0.2585
2012	1.3898	0.3513	0.4557	0.3724	0.7030	0.1601	0.7194	0.4970	0.2701
2013	1.3994	0.3513	0.4749	0.3375	0.7695	0.1792	0.6873	0.5200	0.2917
2014	1.4038	0.3513	0.4955	0.3345	0.8280	0.1604	0.6852	0.5394	0.2819
2015	1.4375	0.3377	0.5088	0.2905	0.8510	0.1629	0.6462	0.5361	0.2879
2016	1.4510	0.3507	0.5291	0.2285	0.8935	0.1673	0.5757	0.5598	0.2975

　　通过发展度的比较可见，三类模式区域中，外来人口导入与经济强劲拉动模式区域的发展度一直高于相对封闭的本地自发型流动模式区域以及本地人口导出与经济强劲推动模式区域，尤其是自1998年以来，外来人口导入与经济强劲拉动模式的发展度一直处于持续攀升状态，从1998年的0.7583上升至2003年的1.1729，2003年至2011年外来人口导入与经济强劲拉动模式的发展度处于平稳上升状态，增幅较为平缓，直到2012年开始

进入另一个攀升时期，到 2016 年增长至 1.4510。相对封闭的本地自发型流动模式区域的发展度一直处于相对较为平稳状态，数值不高但上下浮动幅度不大，2001 年略有下降，1992 年至 2016 年总体保持在 0.2943 与 0.3513 之间，数十年来的进步不明显。相比以上两种模式，本地人口导出与经济强劲推动模式区域的发展度处于一直稳步上升状态，1992 年至 2005 年间，本地人口导出与经济强劲推动模式区域的发展度一直低于相对封闭的本地自发型流动模式区域，更远低于外来人口导入与经济强劲拉动模式区域。但 2005 年以后，本地人口导出与经济强劲推动模式区域的发展度连年超过相对封闭的本地自发型流动模式区域，2016 年更是高出后者 0.1784，与外来人口导入与经济强劲拉动模式区域保持了相近的增幅，但仍大幅低于其具体发展度数值（见图 8 - 5）。

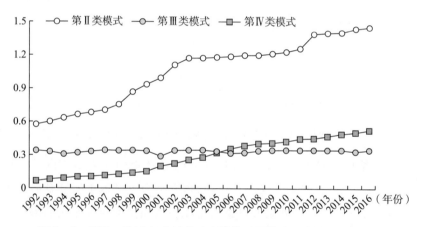

图 8 - 5　1992～2016 年农村劳动力转移不同模式区域的发展度比较

从协调度的比较来看，外来人口导入与经济强劲拉动模式区域的协调度出现了先扬后抑的大幅波动，以 2003 年为界可以分为前后两段。其中，1992 年至 2003 年外来人口导入与经济强劲拉动模式区域的协调度出现了小幅攀升，从 1992 年的 0.5696 上升到 2003 年的 0.7856，随后出现猛烈的持续下降，每年的降幅相似，到 2016 年已经下降到了 0.2285，与同时期相对封闭的本地自发型流动模式区域的上升趋势形成鲜明对比，到 2016 年仅比本地人口导出与经济强劲推动模式区域的协调度高出 0.0612，与相对封闭的本地自发型流动模式区域的协调度拉开不小差距。从时间上看，相对封闭的本地自发型流动模式区域的协调度出现了波动式上升状态，1992 年至

2002 年间在起起伏伏中小幅上升，一直到 2008 年以后，协调度出现大幅上升迹象，接下来的 8 年间，协调度的增幅加大，超过外来人口导入与经济强劲拉动模式早期的峰值，最终达到 0.8935。相对而言，本地人口导出与经济强劲推动模式区域的协调度一直处于低空运行状态，1992 年至 2016 年的波动幅度不超过 0.2，在经历了一段下降后于 2007 年开始上升，但最终仍低于外来人口导入与经济强劲拉动模式区域的协调度，与同期一直处于大幅攀升状态的相对封闭的本地自发型流动模式区域更是有大幅差距（见图 8-6）。

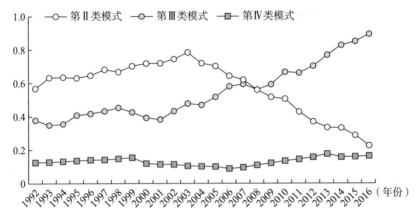

图 8-6 1992~2016 年农村劳动力转移不同模式区域的协调度比较

从耦合度的比较来看，外来人口导入与经济强劲拉动模式区域的耦合度一直高于其他两类模式区域，尽管以 2003 年为界呈现了先攀升后回落的"人"字形起伏状态，但外来人口导入与经济强劲拉动模式区域的耦合度始终大幅高于本地人口导出与经济强劲推动模式区域，而相对封闭的本地自发型流动模式区域的耦合度基本上处于这三种模式区域的中间数值状态，直到 2016 年与一直下降的外来人口导入与经济强劲拉动模式区域的耦合度几乎相同。从具体数值来看，1992 年外来人口导入与经济强劲拉动模式区域的耦合度已经基本处于高位，达到了 0.5740，后来一路攀升增长到 2003 年，2001~2003 年三种模式区域的耦合度拉开最大差距。相对封闭的本地自发型流动模式区域的耦合度出现了小幅波动起伏，但总体情况是逐渐向好的，2001 年出现了最低值，2016 年达到峰值。本地人口导出与经济强劲推动模式区域的耦合度从 1992 年起基本处于匀速攀升状态，但始终在三种模式区域中最低，与其他两类模式区域的最大差距出现在 2003 年，与相对封闭的本地自发型流动模式区域的耦合度差距基本在 0.2 以上，本地人口导出与经济强劲推动模式区域的耦合度也在 2016 年达到峰值，为 0.2975（见图 8 - 7）。

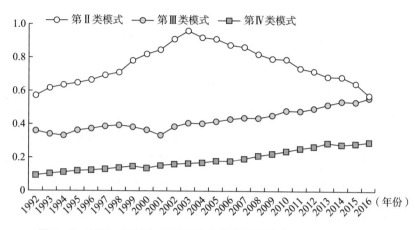

图 8 - 7　1992～2016 年农村劳动力转移不同模式区域的耦合度比较

第六节　本章小结

本章通过测量经济发展与社会公平的耦合度，考察农村劳动力转移不同模式区域经济发展与社会公平的综合动力。根据发展程度和协调程度的不同组合划分出耦合程度的四种状态，即"高发展—低协调"组合，其耦合程度为系统相悖；"低发展—低协调"组合，其耦合程度为低水平耦合；"低发展—高协调"组合，其耦合程度为虚假耦合；"高发展—高协调"组合，其耦合程度为协同耦合。

对第Ⅱ类外来人口导入与经济强劲拉动模式区域的发展度、协调度的分析表明，1992～1999 年，外来人口导入与经济强劲拉动模式区域的经济发展与社会公平的发展度增长缓慢，但两者的协调度和耦合度基本保持一致趋势。从 2004 年开始，经济社会发展逐渐偏离最优路径，虽然发展度不断向高级演化，但协调度的显著降低导致经济发展与社会公平的耦合度出现明显下降趋势。根据耦合程度划分标准，这一阶段协调度较低，发展度大幅提高，因此，其耦合程度表现为未在Ⅳ区间的协同耦合状态稳定发展而是退步至系统相悖状态。

第Ⅲ类相对封闭的本地自发型流动模式区域的经济发展与社会公平具有平稳的发展度，1992～2016 年其发展度在 0.29 到 0.36 的范围内波动，协调度的平均值为 0.5454。由于发展度一直较稳定，经济发展与社会公平的耦合度变化主要受其协调度的影响，协调度与耦合度的变动规律较相似。分析表明，1992～2016 年相对封闭的本地自发型流动模式区域，虽然表面看经济发展与社会公平的协调程度增势明显，但发展平缓，按耦合程度的划分标准，其耦合程度表现为虚假耦合。

对第Ⅳ类本地人口导出与经济强劲推动模式区域的发展度、协调度的分析表明，1992～2000 年，本地人口导出与经济强劲推动模式区域经济发展与社会公平的协调度一直处于较低水平，这一时期发展度也较低，导致耦合度也较低。2001 年后，发展度大幅提升，但协调度一直处于较低水平，因此耦合状态也并不理想，耦合度仅仅依靠发展度的提高而有所增长，但协调度却对耦合产生了负面效应，发展度的显著提升难以抵消协调度的低迷，导致耦合度增长缓慢。1992～2016 年本地人口导出与经济强劲推动模式区域的耦合程度从低水平耦合发展到了"高发展—低协调"的虚假耦合。

第九章　主要结论与政策建议

农村劳动力转移是改革开放以来中国经济发展的重要推动因素之一。劳动力是经济实现增长的重要因素，农村劳动力持续转移是我国劳动力空间布局优化的重要途径，同时也是促进区域协调发展、加快产业合理分工、推动社会协调发展的重要方式。通过总结分析评价不同模式区域的劳动力转移动力，在把握劳动力转移现状和趋势的基础上，制定合理的区域发展、人口城镇化和社会保障政策，及时调整农村劳动力转移的相关战略与决策，是进一步提高城镇化质量、促进经济社会和谐发展的关键举措。

第一节　研究结论

一　农村劳动力转移规模

农村转移劳动力的数量与规模是开展研究的基础，由于数据收集的复杂性，除了国家五年一度的人口普查数据以外，年度的人口调查数据相对缺失，2016 年之前国家统计局在农民工监测报告中只按照东、中、西的区域划分，对农村转移劳动力进行了抽样调查和估算。根据学界已有研究成果，本书构建了乡村劳动力平衡模型估算 31 个省（区、市）农村劳动力输出数量，构建劳动力平衡模型估算 31 个省（区、市）农村劳动力输入数量。这两个劳动力平衡模型中的一个关键变量为农业实际劳动力需求量，通过比较学术界所使用的主要估算方法的优劣，最终确定采用工日法估算该变量。在此基础上，估算了 31 个省（区、市）2009 ~ 2016 年农村劳动力输出数量和输入数量，按照国家统计局的区域划分整合数据，与农民工监测报告中相应的数据进行比较，验证估算结果的科学性。根据净输入率对31个省（区、市）进行了划分，基本类别为高度集中输入型地区、中度输入型地区以及净输出型地区。三类情况如下。

第一类为高度集中输入型地区。这些地区的经济发展水平普遍较高，经济发展态势良好，对劳动力的需求旺盛，本地的农村劳动力明显不能满足增长需求，再加上产业发展对劳动力的吸纳能力不断增强，导致劳动力大量涌入。这一类型以北京、上海、天津为代表。

第二类为中度输入型地区。这些地区以中部、东部部分省（区、市）为代表，农村劳动力跨区域流动度均值为0.85。这些区域内外的劳动力流动频繁，但总体对劳动力的需求能够基本得到满足，外来劳动力与地区内劳动力处于平衡状态，本地区的经济发展具有较强的劳动力吸纳和消化能力，吸引了西部部分省（区、市）劳动力流入。

第三类为净输出型地区。这些地区绝大部分为中部、西部省（区、市），其特征是本地经济发展相对较为缓慢，劳动生产水平和工资水平明显低于其他地区，农村劳动力人口基数较大，本地区的产业发展很难吸纳和消化大量的农村劳动力，因此需要向东部或中部外流。河南、湖北和四川是中部地区的人口大省和劳动力传统输出大省，是这一类型地区的典型。

二 农村劳动力转移模式

基于对农村劳动力转移的规模测算，本书通过聚类分析法将我国农村劳动力转移模式划分为五类。

第 I 类为超大规模城市与超强人口集聚模式，主要包括三大直辖市，三地均已实现经济的快速发展和就业的非农化，农村劳动力处于高强度输入状态，地区产业结构完善、劳动力市场化程度高、职工收入水平高都是吸引农村劳动力向这类地区集聚的重要原因。

第 II 类为外来人口导入与经济强劲拉动模式，主要包括江苏、浙江、福建、广东4个省，代表着东部沿海地区所特有的"外来的农村劳动力强力流入与经济快速发展"相互交织的模式。这些地区的经济社会发展水平高于全国平均水平，地区工业化和城镇化进程较快，建设用地增长快，土地开发强度高，人口转移总量和空间结构不合理，人口数量规模超过资源环境承载能力，经济发展和环境保护的矛盾突出。

第Ⅲ类为相对封闭的本地自发型流动模式，主要包括山东、内蒙古、辽宁、山西、海南、青海、宁夏、新疆等 8 个省（区、市），这些地区处于农村劳动力输出和输入基本平衡状态，整体而言略有净输入。根据农村劳动力转移净输入和区域经济社会发展水平，将相对封闭的本地自发型流动模式继续划分为四小类。山东经济社会发展水平较高，并且净输入的农村劳动力也多，属于"高—高"组合；内蒙古和辽宁城镇发展不足，空间利用效率不高，未能形成集中、集聚、集约发展的格局，劳动力流入较少，因此属于"高—低"组合；海南、山西的农村劳动力净输入较多，经济增速较慢，属于"低—高"组合；青海、宁夏和新疆三个省（区、市）的人均可利用土地潜力非常大，有条件吸纳农村劳动力流入，但产业集聚水平较低，经济发展缓慢，因此属于"低—低"组合。

第Ⅳ类为本地人口导出与经济强劲推动模式，除西藏和前三类区域以外的 15 个省（区、市）属于该模式，这类模式区域的人口占全国总人口的55.59%，农村户籍人口占全国农村户籍人口的64.09%，但土地面积仅占全国土地面积的38.71%，人均可利用土地资源十分紧张。

第Ⅴ类为西藏模式，其农村劳动力输入输出情况与区域经济社会发展水平表现出一定的独特性，经济发展水平很低，同时发展速度也十分缓慢；劳动力流动强度微弱，人口处于低水平净导入状态，城镇产业支撑不足，就业吸纳能力弱，要素集聚能力低，空间利用效率低。

基于以上五类模式分析，本书在研究中构建回归模型，通过面板数据分析农村劳动力净输入（或净输出）对每类转移模式的经济增长的贡献，分析结果表明第Ⅱ类外来人口导入与经济强劲拉动模式、第Ⅲ类相对封闭的本地自发型流动模式、第Ⅳ类本地人口导出与经济强劲推动模式中农村劳动力转移对其经济增长具有显著的贡献。

三　农村劳动力转移动力

我国区域经济差异大、发展不平衡，与城乡经济发展不平衡、社会群体收入不平衡一起，构成我国经济发展不平衡的主要方面。本书从农村劳动力转移动力评价的视角，对各省（区、市）在自然资源禀赋、经济发展程度、社会文化结构等方面的明显差异进行了详细分析。

通过理论分析，本书认为，我国农村劳动力持续转移动力包括内部动力和外部动力两部分。其中内部动力为农村劳动力人力资本，其关键要素有思想观念、受教育水平、劳动素质与能力等，但城乡人力资本投资的差异、二元劳动力市场的影响和农村教育投资困境导致我国现期农村劳动力能力禀赋低，因此应建立良好的外部动力环境，激励农村劳动力自发提升其人力资本水平。外部动力包括社会公平推动和经济发展拉动，其中社会公平推动包括就业收入公平、教育文化公平、医疗卫生公平和社会保障公平四个关键要素。

本书重点对外部动力经济发展拉动的情况做出分析，并通过实证分析，确定第Ⅱ类外来人口导入与经济强劲拉动模式的经济发展拉动关键要素为经济实力、经济结构、经济效率和经济潜力；确定第Ⅲ类相对封闭的本地自发型流动模式的经济发展拉动关键要素为产业集聚、资本集聚、人口集聚和技术集聚；确定第Ⅳ类本地人口导出与经济强劲推动模式的经济发展拉动关键要素为城乡基础实力、城乡关联强度、城乡统筹能力和城乡竞争潜力。具体结论如下。

（1）内生增长与外来人口导入与经济强劲拉动模式

充足的劳动力是经济获得快速发展的动力之源，改革开放以来，江苏、浙江、福建、广东4省得风气之先，吸引了大量的农村劳动力，在工业化和城镇化方面走在全国其他省（区、市）的前列。这一模式中的农村劳动力转移的社会公平集中体现经济发展带来的社会效应，例如充足的就业岗位、稳定的工资水平等，从经济发展的动力来看，经济质量增长的发展指数逐年上升，经济增长模式亟待从要素投入驱动型增长转向内生增长。从社会公平与经济发展的动力耦合分析情况来看，属于这一模式的省（区、市）1992～2016年的耦合程度存在低水平、协同、相悖三个阶段，在未来的经济和社会发展中要更加注重经济社会的协调发展。因此，针对目前这一模式下存在的建设用地增长快、土地开发强度高、人口转移总量和空间结构不合理、人口数量规模超过资源环境承载能力、经济发展和环境保护的矛盾突出等问题，在制定本区域发展政策时要合理引导人口分布和产业布局，使劳动力配置与经济发展需求相平衡、人口分布与资源环境承载能力相适应，对农村转移劳动力的吸纳要控制优化。

（2）要素集聚与相对封闭的本地自发型流动模式

农村劳动力持续转移对经济增长的贡献已经确有定论，但具体到某一省（区、市），农村劳动力的输出或输入的经济增长效应不尽相同，这也与本地经济发展所处阶段、经济社会发展基础状况密切相关。山东、内蒙古、辽宁、海南、山西、青海、宁夏、新疆等8个省（区、市）的农村劳动力输出和输入基本处于平衡状态，从与其他地区相比的输入输出总量上来看，这些地区又可被称作"相对封闭"。8个省（区、市）中的教育文化公平、医疗卫生公平方面的优势明显，城市和工业对农村劳动力持续转移的拉力作用突出。但从经济增长的动力因素来看，农村转移劳动力作为一种宝贵的人力资本资源，与自然资源、资本、技术等其他生产要素一起构成经济增长的基础力量，属于这一模式的省（区、市）普遍存在产业集聚水平较低，经济发展缓慢的现象，因此处于经济产业结构调整、进一步优化组合、提升效率的关键阶段。从经济社会发展的耦合分析来看，1992～2016年相对封闭的本地自发型流动模式区域，虽然表面看两者的协调状态增势明显，但发展平缓，按耦合程度的划分标准，"高发展—低协调"呈现的是虚假耦合状态。因此，这类地广人稀的省（区、市），具有可城市化的基本自然资源条件，在推动农村劳动力持续转移的过程中，应加速要素流动，形成产业集聚、资本集聚，更进一步地吸引农村劳动力迁入这类地区，在数量上、进程上和质量上促进劳动力的本地化转移和转化。进一步分析可知，技术集聚的增长效应仅在山东较为明显，在该类模式中的其他地区相对较弱。应进一步发挥山东技术集聚的增长效应，也要使其他地区技术水平有所提升，从而提高经济效率，提升经济增长潜力。

（3）城乡一体化与本地人口导出与经济强劲推动模式

农村劳动力的持续转移不仅是生产要素的流动，更是资源配置的优化过程，不过有一些省（区、市）由于发展阶段的落后，农村劳动力的转移一直处于向外流动的模式，属于这一模式的省（区、市）共有15个，是五个模式中包含省（区、市）最多的，其中，重庆、湖南、湖北属于农村劳动力净输出和区域经济社会发展水平双高型；吉林和陕西的区域经济社会发展水平走高，但两省的农村劳动力净输出水平不高；四川、安徽、河南、江西、贵州、云南、广西作为农村劳动力净输出大省，区域经济社会发展水平相对落后，本区域内劳动力吸纳能力很强；河北、黑龙江、甘肃三省的区域经济社会发展水平与农村劳动力净输出均相对较低。在这类模式区域四个通过显著性检验的变量中，产业结构、经济集聚程度和经济市场化程度三个变量对经济增长的作用为正向，农村劳动力净输入量对经济增长的作用为负向。属于这一模式的 15 个省（区、市），普遍存在人口负担较重、资源分配紧张、相对劣势非常突出，尤其是教育文化公平令人担忧等问题。尽管近年来该类地区的社会公平发展指数还是提高了，但依旧是建立在资源禀赋紧张、人口密度集中、增长乏力的基础之上，其社会公平发展的可持续性、增长的潜力、增长效率都处于劣势地位。从经济社会发展的耦合分析来看，1992 ~ 2000 年，本地人口导出与经济强劲推动模式的协调度一直处于较低水平，这一时期发展度也较低，导致耦合度也较低。2001年后，发展度大幅提升，但协调度一直处于较低水平，因此耦合状态也并不理想，耦合度仅仅依靠发展度的提高而有所增长，但协调度却对耦合产生了负面效应，发展度的显著提升难以抵消协调度一直低迷而导致耦合度增长缓慢。1992 ~ 2016 年本地人口导出与经济强劲推动模式的耦合度从低水平耦合发展到了"高发展—低协调"的虚假耦合状态。因此，在这一模式下，需要大力发展城乡一体化的内在增长动力，建立健全城镇发展的产业复合结构，增加地区经济增长对劳动力、资本、技术等基本要素的拉力，形成城乡一体化对劳动力转移的吸纳、消化和转化动力，促进城乡一体化的质量和层次，推动非农产业转化速度和工业产业的不断升级。

第二节　政策建议

农村劳动力的持续转移不仅是实现经济增长的重要因素，更是社会发展进步的重要方面，推动劳动力合理有序、深入持续转移是实现我国城镇化目标、提升经济增长质量的重要抓手。经济增长与社会进步需要全体社会成员的共同努力，经济社会发展的成果应当由全体劳动人民公平共享。从促进农村劳动力持续转移的视角来看，我国经济社会建设的成果丰富、前景广阔，在未来的经济社会政策取向上应遵循以人为本、因地制宜、兼顾公平的三项原则。

首先，推动农村劳动力持续转移要始终坚持以人为本的基本原则。劳动力是任何一个经济社会发展的基本要素，也是经济社会建设的最终指向。农村劳动力的持续转移源于经济社会发展的实际需要，也在不断推动和促进我国经济社会的向前进步。以人为本是现代经济社会发展进步的基本标志，就农村劳动力的持续转移来说，要坚持提升劳动力的素质、改善劳动者工作环境、加强劳动者的社会保障、提升劳动力报酬待遇，加大对劳动者尤其是转移出来的农村劳动力的社会关注和政策支持，从政策保障、人文环境、经济支持等多方面形成农村劳动力持续转移的综合拉力，解决转移转化的后顾之忧，从而为经济发展社会转型提供高质量的人力资本、社会资源，实现共建共享、共同富裕。

其次，推动农村劳动力持续转移要坚持因地制宜的科学原则。我国各个区域发展不平衡、有差异的基本国情决定了各个省（区、市）不可能采用统一的发展模式、发展思路，要根据具体的资源禀赋、劳动力流动特点制定相应的发展战略规划，从而在全国经济建设的大局中形成互动互补、差序提升、共同进步的节奏与步伐。例如，在超大规模城市中要积极进行人口与产能疏解，而在以外来人口导入为主的苏、浙、闽、粤四省，要根据农村劳动力转移特点以及产业转型升级的需要，加强对高素质人才的吸引和培养，提升已转入劳动力的素质能力，适应经济发展社会进步的实际状况，实现经济向内生增长模式的顺利转型。在相对封闭的本地自发流动的山东、内蒙古、辽宁、海南、山西、青海、宁夏、新疆等8个省（区、市），要切实注重提高要素集聚的规模效应和提升经济发展的效率质量，着重从经济产业结构调整、进一步优化组合提升效率入手，积极发挥资本集聚和人口集聚对促进经济增长的积极影响，同时，加大技术集聚规模，从而提升经济增长的潜力。在以本地人口导出为主的重庆、湖南、湖北、四川、安徽、河南、江西、贵州、云南、广西、吉林、陕西、河北、黑龙江、甘肃15个省（区、市）要大力挖掘发展城乡一体化的内源力，依靠城镇非农产业的发展拉动地区经济增长和吸纳农村劳动力，解决转移劳动力的就业问题。

最后，推动农村劳动力持续转移要坚持兼顾公平的原则。人力资本、经济发展和社会公平是影响农村劳动力转移的三大关键因素，从与经济社会发展平衡耦合的角度来看，促进农村劳动力持续转移的政策要始终做到兼顾公平的基本要求。效率是农村劳动力持续转移的经济因素和主要动力之一，公平则构成了农村劳动力持续转移的社会因素和外部动力，因此，在推进农村劳动力持续转移方面，兼顾社会公平不仅是经济发展的实际需要，更是提高农村劳动力持续转移质量的基本指标。

一 提升农村劳动力群体的人力资本

农村劳动力的个体人力资本因素是影响转移决策的最基本条件。只有促进农村劳动力的人力资本提升，才能进一步推动农村劳动力群体的持续转移。提升农村劳动力人力资本有两个主要途径：一是加强农村劳动力转出区域的基础教育投资，实现转出劳动力素质的基础保证。二是加大对转出农村进入城市的农民工队伍的职业技能培训，提高他们在劳动力就业市场的竞争力。

首先，要调整对农村基础教育的资源分配，加大对农村基础教育的政策、资金投资扶持力度，培育优质劳动力资源的成长环境。农村转移劳动力的基础教育决定了再就业市场上的起点与选择公平权，也决定了劳动力的报酬水准，从现有的教育资源分配情况来看，农村劳动力的成长环境中，教育资源分配偏向城市导致了农村劳动力成长过程中的先天营养不良，引起农村转移劳动力在市场中的被动歧视，这对劳动力转移造成客观上的阻碍，也造成经济增长要素中的人口红利不能持续，进而影响经济质量转型和产业升级。当前，农村基础教育底子薄、潜力弱，根源在于教育资源分配过于倾向城市，导致城市对农村教育资源形成巨大的抄底式的吸力。因此政府要保证教育资源分配的公平、公正、合理，加大对农村基础教育的投入，改善农村劳动力的成长环境，促进优质劳动力人才的成长。

其次，要大力加强针对农村转移劳动力的职业教育和技术培训，尤其是加强农村职业教育和技术教育，这既是农村转移劳动力个人提升人力资本的实际需求，也是提升整体劳动者技能素质的实际需要。当前，新经济时代来临，对劳动力素质的需求由原来的以体力型劳动力为主转向以技术型劳动力为主，掌握一门技术在劳动力市场上能够获得更多的就业机会和就业报酬，已经成为农村转移劳动力的共识。因此，按照本地区的劳动力转移特点，结合地区经济发展的产业、行业需求，因地制宜地开展职业教育和技术培训，能够为劳动力持续深入转移注入最大活力，为当地经济、社会发展提供支持。

从经济发展与社会公平耦合的角度来说，提升农村转移劳动力的人力资本，既是促进人的全面发展，实现教育公平、就业公平的主要途径，也是提高劳动力投入产出弹性的重要手段。从社会公平推动系统评价指标体系的主要构成因素情况来看，教育和就业方面的公平占据主要地位，而对于农村转移劳动力来说，只有获得更多的教育机会，才能在就业市场上获得更多的岗位和报酬，才能实现在城市就业、工作和生活，才能够为深入持续地完成彻底转移打下基础。农村转移劳动力要与经济结构的转型需求相适应，就是要通过教育和培训来提升人力资本，完成转移劳动力群体的数量红利向质量红利的转变，为经济社会发展做出更多贡献。

根据农村劳动力转移的模式分析，15个省（区、市）属于本地人口导出与经济强劲推动模式，重庆、湖南、湖北、四川、安徽、河南、江西、贵州、云南、广西、吉林、陕西、河北、黑龙江、甘肃等地在人口负担重、资源紧张情况下，更应当注重推进教育文化公平。从经济社会发展的耦合分析来看，本地人口导出与经济强劲推动模式的协调度一直处于较低水平，基本处于低水平耦合发展向虚假耦合转换的状态。因此，这些省（区、市）需要大力发展城乡一体化的内在增长动力，加强本区域内劳动力素质提升，更进一步调整教育经济资源分配，实现劳动力群体的人力资本整体提升，全面推进城乡一体化建设水平。

二　促进农村转移劳动力与经济社会协调发展

农业劳动力转移对于经济的增长效应毋庸讳言，但如何更好地推动劳动力转移与经济社会协调发展，是做好农村劳动力持续深入转移的基本出发点。因此推动农村劳动力转移与经济社会协调进步，对政府、企业和个人都是长期性课题。从农村劳动力转移的模式划分来说，相对封闭的本地自发型流动模式在协调处理劳动力转移与经济社会协调发展方面，大有文章可做，也能为其他模式下的区域发展提供借鉴。

农村劳动力持续转移对经济增长的效应与本地经济发展所处阶段、经济社会发展基础状况密切相关。山东、内蒙古、辽宁、海南、山西、青海、宁夏、新疆等 8 个省（区、市）的农村劳动力输出和输入基本处于平衡状态。从经济社会发展的耦合分析来看，属于这一模式的区域，协调状态发展平缓，仍呈现虚假耦合状态。因此要进一步把农村转移劳动力资源与自然资源、资本、技术等其他生产要素一起构成对经济增长的基础力量，加快经济产业结构调整、进一步优化组合、提升各要素投入产出的效率。在推动农村劳动力持续转移过程中，应加速要素流动，形成产业集聚、资本集聚，更进一步地吸引农村劳动力迁入这类地区，在数量上、进程上和质量上促进劳动力的本地化转移和转化。推进农村劳动力的持续转移和转化，要着重处理好产业升级和城镇化战略推进两个方面的问题。

第一，要把农村转移劳动力纳入产业结构升级总体规划布局。当前经济增长与社会发展普遍面临的问题就是产业机构优化升级的压力。但任何一个地方产业结构的调整都离不开对人的因素的考虑，尤其是对劳动力因素的关注。农村转移劳动力作为仍然能够为产业发展发挥巨大人口红利作用的劳动者大军，对产业结构升级具有深远影响，因此要结合本地区农村劳动力转移的基本特点，充分考虑农村转移劳动力的总量和结构特点，在稳定就业的基础上，为行业、产业的转型升级提供相应的服务支持，特别是能够容纳大量转移劳动力的第三产业，给予扶持的同时，扩大农村转移劳动力在这些产业的广阔就业和长远发展。

第二，要把农村劳动力转移与城镇化发展战略充分结合，实现劳动、资本、土地、环境等全要素增长，促进经济社会协调发展。我国的农村劳动力转移与西方发达国家的市民化不尽相同，转移劳动力与农村、土地之间的联系并未一刀切断，我国在实施城镇化战略的过程中鼓励农村转移劳动力有条件实现市民化。我国农村转移劳动力在城市就业与返乡创业之间可以自由选择，城镇化发展的战略也并不主张走大中城市无限制扩张的道路，这就给农村劳动力转移和城镇化推进留出足够空间，赋予其主体性自我选择的权利。为此，加快农村劳动力的持续转移，要充分统筹好城镇战略发展与劳动力全面就业的现实问题，既不向农村乡镇基层甩包袱，也不能把压力全部推向转移劳动力个人，要多角度、全方位地促进实现城乡良性互动格局的实现，尤其是要通过加大对农村基础设施的投资，改善农村生活环境，深化城镇与农村的医疗保险和公共卫生体系的一体化改革，提升农村转移劳动力就业的外溢效应，促进经济社会协调发展。

三　推进农村劳动力流入地的社会公平

推进农村劳动力转移是一项长期性、综合性的社会工程，需要政府、社会、个人多方面综合发力。对于农村劳动力流入地的省（区、市）而言，重点做好针对农村劳动力转移的社会公平方面的工作，将有助于持续深入推进劳动力群体素质提升和社会进步，促进建设成果全民共享的分配机制改革，从而形成经济持续增长、社会稳定进步的良性循环。

对农村劳动力个人来说，向城市的转移并不仅仅意味着从事行业的变化、生活环境改变或者活动地域的移动，而是具有深远和持续意义的长久融合，因此对于劳动力转入地来说，持续推进社会公平，既是吸纳劳动力向本地转移的动力，也是促使劳动力在转入地尽快本地化的重要手段。

按照劳动力转移不同模式划分，属于外来人口导入与经济强劲推动模式的省（区、市）更有条件积极推进劳动力转移方面的社会公平建设。从经济发展与社会公平耦合度的测量情况来看，2004 年以后的江苏、浙江、福建、广东四省社会发展度不断增强，但由于协调度的退步导致整体发展的协同耦合状态转变为系统相悖状态。整体社会发展的系统相悖从耦合的协调、和谐发展方面为这些省（区、市）按下警示键钮，只有在处理好经济社会协调发展的角度才能够更好地实现经济增长的质量转型。因此，属于外来人口导入与经济强劲拉动模式的四省要推进劳动力转入的社会公平各项政策落实落地，促进社会进步与经济增长同频同步。

结合农村劳动力转移的主要影响因素，促进社会公平的主要手段有三个方面。

一是增进城市基本公共服务共享水平。长期以来，我国城乡二元经济体制下，就业、教育、医疗、社会保障等基本公共服务向城市居民倾斜，农村转移劳动力在共享公共服务方面遭遇歧视，因此要实现城市公共服务向非城市居民的开放，尤其是向转入的农村劳动力逐步开放。

二是从就业公平入手，逐步推进城乡就业及相关服务的公平共享。农村劳动力向城市转移的首要条件就是以劳动者的身份加入城市就业，获得城市的岗位和就业机会。无论是由于农村转移劳动力本身的人力资本条件还是由于户籍歧视等原因，他们在获得就业岗位方面，难以得到公平机会。在获得岗位进入工作场所以后，用工单位更难以在劳动管理上一视同仁，在签订劳动合同、薪酬待遇、工作环境、休假机会、保险缴纳等方面歧视对待时有发生。因此，政府和企业在农村转移劳动力就业公平的各个方面要做出改变，采取有效措施打破城乡壁垒，促进农村转移劳动力在城镇充分就业的同时，获得同工同酬、同福利、同保障的待遇。

三是有条件推进户籍管理制度改革，把需要与户籍相关联的服务补上来，与户籍相关联的歧视减下去。农村劳动力转移的深入持续发展，就是要使有条件的转移劳动力彻底融入城市生活，目前的户籍管理制度在有些省（区、市）尚不能发挥对劳动力和人才的吸引作用，反而起到相反的阻碍作用。对于属于外来人口导入与经济强劲拉动模式的江苏、浙江、福建、广东来说，要勇于尝试探索为户籍管理制度解困脱敏，真正实现户籍随人走、户籍留人才的管理功效，为劳动力的升级转移提供支持，要使户籍制度成为促进本区域经济社会协调发展的助力因素，吸纳更多高质量、有专业技术技能的劳动力人才队伍大军进入经济质量增长的良性循环，实现经济社会的耦合发展。

参考文献

艾文卫，王家庭．三次产业间劳动力流动对城乡收入差距的影响［J］.当代经济管理，2016（3）：62 – 68.

敖荣军，李家成，唐嘉韵．基于新经济地理学的中国省际劳动力迁移机制研究［J］.地理与地理信息科学，2015（1）：74 – 79.

巴曙松．"刘易斯拐点"是经济转型契机［J］.理论学习，2011（11）：44 – 45.

蔡昉．论市场对城乡劳动力资源的重新配置［J］.广东社会科学，2003（1）：34 – 41.

蔡昉．人口转变、人口红利与刘易斯转折点［J］.经济研究，2010（4）：4 – 13.

蔡昉．中国的人口红利还能持续多久［J］.经济学动态，2011（6）：3 – 7.

蔡昉．中国经济增长如何转向全要素生产率驱动型［J］.中国社会科学，2013（1）：56 – 71.

曹飞．新型城镇化质量测度、仿真与提升［J］.财经科学，2014（12）：69 – 78.

陈吉元．中国农业劳动力转移［M］.北京：人民出版社，1993：13.

陈建军．要素流动、产业转移和区域经济一体化［M］.杭州：浙江大学出版社，2009.

陈明生．身份转换、产业升级与我国农业转移人口的渐进式市民化［J］.经济问题探索，2015（1）：157 – 161.

陈先运．农村剩余劳动力测算方法研究［J］.统计研究，2004（2）：50 – 52.

程名望．中国农村劳动力转移：机理、动因与障碍［D］.上海交通大学，2007：14

仇保兴．新型城镇化：从概念到行动［J］.行政管理改革，2012（11）：

11 – 18.

崔占峰 . 农业剩余劳动力转移就业问题研究——走中国特色的农业劳动力转移就业道路 [M].北京：经济科学出版社，2008.

邓大松，孟颖颖 . 中国农村剩余劳动力转移的历史变迁：政策回顾和阶段评述 [J].贵州社会科学，2008 (7)：4 – 12.

丁守海 . 反哺农业的新视角：促进隐蔽性失业向剩余劳动力转化 [J].经济与管理研究，2005 (8)：15 – 18.

杜鹰 . 农村劳动力流动的宏观背景分析 [J].经济研究参考，1997 (75)：42.

杜宇 . 城镇化进程与农民工市民化成本核算 [J].中国劳动关系学院学报，2013 (6)：46 – 50.

杜宇 . 大数据时代下劳动经济统计的优化刍议 [J].中国劳动关系学院学报，2016 (1)：9 – 12.

杜宇，刘俊昌 . 城镇化率核算方法的改进——基于农民工市民化的视角 [J].中国劳动关系学院学报，2014 (2)：68 – 71.

杜宇，刘俊昌 . 农民工市民化难点与新型城镇化战略 [J].当代经济管理，2014 (12)：42 – 46.

段小梅 . 人口流动模型与我国农村剩余劳动力转移研究 [J].农村经济，2003 (3)：62 – 65.

范剑勇 . 市场一体化、地区专业化与产业集聚趋势——兼谈对地区差距的影响 [J].中国社会科学，2004 (6)：39 – 51.

封进，张涛 . 农村转移劳动力的供给弹性——基于微观数据的估计 [J].数量经济技术经济研究，2012 (10)：69 – 82.

冯奎 . 突出农民工问题　提升城镇化质量 [J].中国发展观察，2012 (1)：12 – 14.

冯奎 . 中国城镇化转型研究 [M].北京：中国发展出版社，2013.

甘海侠 . 中国城镇化质量的评价研究 [D].西北大学，2017.

高双，高月，陈立行 . "有限剩余"阶段东北地区农村劳动力转移路径研究 [J].人口学刊，2017 (6)：103 – 112.

顾朝林，于涛方，李王鸣，等 . 中国城市化：格局·过程·机理 [M].北京：

科学出版社，2008：220.

关海玲，丁晶珂，赵静．产业结构转型对农村劳动力转移吸纳效率的实证分析 [J].经济问题，2015 (2)：81 - 85.

郭金兴.1996—2005 年中国农业剩余劳动力的估算——基于随机前沿模型的分析 [J].南开经济研究，2007 (4)：72 - 81.

国务院发展研究中心课题组．农民工市民化对扩大内需和经济增长的影响 [J].经济研究，2010 (6)：4 - 16.

韩洪云，梁海兵，郑洁．农村已婚女性就业转移意愿与能力：一个经验检验 [J].南京农业大学学报 (社会科学版)，2013 (5)：9 - 16.

韩纪江．中国农村劳动力的剩余分析 [J].中国农村经济，2003 (5)：18 - 81.

韩增林，刘天宝．中国地级以上城市城市化质量特征及空间差异 [J].地理研究，2009 (6)：1508 - 1515.

何建新．城市化进程中农村转移劳动力的配置结构与配置效率研究 [D].华中农业大学，2014：83 - 94.

何微微．新生代农村劳动力转移动因研究——1109 份调查数据的实证分析 [J].现代财经 (天津财经大学学报)，2016 (11)：11 - 20.

胡安宁．倾向值匹配与因果推论：方法论述评 [J].社会学研究，2012 (1)：221 - 242.

胡红宇，陈政．居住空间、社会交往和主观地位认知——农民工身份认同研究 [J].农村经济与科技，2018 (20)：189.

贾康，苏京春．中国的坎：如何跨越"中等收入陷阱" [M].北京：中信出版社，2016：42.

贾小玫，郑坤拾，张喆．人口迁移对我国经济差距的收敛与发散效应分析 [J].统计观察，2013 (19)：109 - 112.

金相郁，段浩．人力资本与中国区域经济发展的关系——面板数据分析 [J].上海经济研究，2007 (10)：22 - 30.

寇晓东，薛惠锋.1992—2004 年西安市环境经济发展协调度分析 [A]，"建设资源节约型、环境友好型社会"高层论坛论文集 [C]，2007.

劳昕，沈体雁．基于人口迁移的中国城市体系演化预测研究 [J].人口与经济，2016 (6)：35 - 47.

雷超超. 中国农业劳动力转移的动因及机理研究（1978—2011）[D]. 华南理工大学，2013.

雷光和，傅崇辉，张玲华，曾序春，王文军. 中国人口迁移流动的变化特点和影响因素——基于第六次人口普查 [J]. 西北人口，2013（5）：1-8.

李建平，邓翔. 我国劳动力迁移的动因和政策影响分析 [J]. 经济学家，2012（10）：58-64.

李健，王芳，钟惠波. 中国经济增长质量的驱动因素分析 [M]. 北京：国家行政学院出版社，2016.

李晶晶，苗长虹. 长江经济带人口流动对区域经济差异的影响 [J]. 地理学报，2017（2）：197-212.

李莉. 劳动力流动的理论演变与最新研究进展 [J]. 高等财经教育研究，2018（3）：61-65.

李明秋，郎学彬. 城市化质量的内涵及其评价指标体系的构建 [J]. 中国软科学，2010（12）：182-186.

李强. "双重迁移"女性的就业决策和工资收入的影响因素分析——基于北京市农民工的调查 [J]. 中国人口科学，2012（5）：104-110.

李荣彬，王国辉. 省际省内流动人口的分布、关联及影响因素 [J]. 城市问题，2016（10）：51-58.

李瑞芬，何美丽，郭爱云. 农村劳动力转移：形势与对策 [M]. 北京：中国农业出版社，2006.

李若建，闫志刚，等. 走向有序：地方性外来人口管理法规研究 [M]. 北京：社会科学文献出版社，2007：86-87.

李诗韵，梅志雄，张锐豪，赵书芳. 中国省际人口迁移空间特征与影响因素分析 [J]. 华南师范大学学报（自然科学版），2017（3）：84-91.

李实. 中国农村劳动力流动与收入增长和分配 [J]. 中国社会科学，1999（2）：16-33.

李铁，乔润令，等. 城镇化进程中的城乡关系 [M]. 北京：中国发展出版社，2013.

李铁，邱爱军，等. 促进城镇健康发展的规划研究 [M]. 北京：中国发展出版社，2013.

李铁. 新型城镇化路径选择 [M]. 北京：中国发展出版社，2016.

李卫东，李树茁，M. W. 费尔德曼. 性别失衡背景下农民工心理失范的性别差异研究 [J]. 社会，2013（3）：65-88.

李小军，方斌. 基于突变理论的经济发达地区市域城镇化质量分区研究——以江苏省13市为例 [J]. 经济地理，2014（3）：65-71.

李晓娟. 浅析我国农村劳动力转移模式 [J]. 人口与经济，2010（1）：15-16.

李怡涵，牛叔文，王君萍. 中国不同职业省际迁移人口的空间分布特征及影响因素研究 [J]. 西北人口，2016（6）：10-16.

李颖，周敏丹. 对农村剩余劳动力转移方式的思考 [J]. 东华理工学院学报（社会科学版），2006（2）：127-131.

李映照，龙志和. 要素流动与企业集聚形成 [M]. 北京：中国经济出版社，2007.

李钊. 2000—2010年中国农村剩余劳动力的估算及结构分析 [D]. 华南理工大学，2012：8.

李中建，张艺冉. 新时代下以农民工为主体的产业工人队伍建设 [J]. 河南工业大学学报（社会科学版），2018（6）：19-24.

连蕾. 我国人口迁移过程中的空间效应实证研究 [J]. 人口与经济，2016（2）：30-39.

梁海兵，卢海阳. 生存或发展：农民工工作匹配机制识别 [J]. 华南农业大学学报（社会科学版），2014（2）：59-68.

廖永伦. 基于农村就地城镇化视角的小城镇发展研究 [D]. 清华大学，2016.

刘传江，徐建玲. "民工潮"与"民工荒"——农民工劳动供给行为视角的经济学分析 [J]. 财经问题研究，2006（5）：73-80.

刘寒波，等. 空间财政：公共服务、要素流动与经济增长 [M]. 北京：中国人民大学出版社，2016.

刘洪银. 我国农村劳动力非农就业的经济增长效应 [J]. 人口与经济，2011（2）：23-27.

刘怀廉. 农村剩余劳动力转移新论 [M]. 北京：中国经济出版社，2004：6-9.

刘慧，伏开宝，李勇刚. 产业结构升级、劳动力流动与城乡收入差距——基于中国 30 个省级面板数据实证分析 [J].经济经纬，2017 (5)：93 - 98.

刘建进.中国农村劳动力转移实证研究 [J].中国劳动经济学，2006 (1)：
48 - 81.

刘军辉，张古.户籍制度改革对农村劳动力流动影响模拟研究——基于新经
济地理学视角 [J].财经研究，2016 (10)：80 - 93.

刘世锦.中国经济增长十年展望 (2018—2027)：中速平台与高质量发展
[M].北京：中信出版社，2018.

刘万霞.职业教育对农民工就业的影响——基于对全国农民工调查的实证分
析 [J].管理世界，2013 (5)：64 - 75.

刘望保，汪丽娜，陈忠暖.中国省际人口迁移流场及其空间差异 [J].经济地
理，2012 (2)：8 - 13.

刘伟.我国教育投资与经济增长的互动研究 [D].西北大学，2007.

刘向兵.中国特色社会主义新时代背景下的产业工人队伍建设改革 [J].中国劳
动关系学院学报，2017 (6)：1 - 7.

卢海阳，梁海兵.“城市人”身份认同对农民工劳动供给的影响——基于身份
经济学视角 [J].南京农业大学学报 (社会科学版)，2016 (3)：66 - 76.

陆铭.教育、城市与大国发展——中国跨越中等收入陷阱的区域战略 [J].
学术月刊，2016 (1)：75 - 86.

马传洋.江苏城市化及质量效率研究 [D].南京财经大学，2013.

马林靖，周立群.快速城市化时期的城市化质量研究 [J].云南财经大学学
报，2011 (6)：119 - 125.

马小龙.我国农村剩余劳动力合理转移的制度改革研究 [D].兰州理工大
学，2011.

马晓河，马建蕾.中国农村劳动力到底剩余多少？ [J].中国农村经济，2007
(12)：4 - 9.

孟传慧.农村剩余劳动力流动对城镇化的影响机制 [J].农村经济，2018
(1)：117 - 122.

牛晓春，杜忠潮，李同昇.基于新型城镇化视角的区域城镇化水平评价——
以陕西省 10 个省辖市为例 [J].干旱区地理，2013 (2)：354 - 363.

欧阳峣，张杰飞.发展中大国农村剩余劳动力转移动因——一个理论模型及

来自中国的经验证据［J］.中国农村经济，2010（9）：4－16.

裴长洪，万广华.中国城镇化：路径、驱动力与作用［M］.北京：社会科学文献出版社，2016.

钱文荣，卢海阳.农民工人力资本与工资关系的性别差异及户籍地差异［J］.中国农村经济，2012（8）：16－27.

秦华，夏宏祥.对我国农村劳动力转移影响因素的实证分析［J］.经济理论与经济管理，2009（12）：47－52.

任保平.经济增长质量的逻辑［M］.北京：人民出版社，2015.

任丽君.农村劳动力开发与中国经济增长［D］.天津大学，2007.

芮旸.不同主体功能区城乡一体化研究：机制、评价与模式［D］.西北大学，2013.

盛来运.农民工的城市化及其政策建议［J］.中国统计，2010（5）：9－12.

孙波.城乡经济社会一体化背景下的农民市民化问题研究［D］.西北大学，2011.

孙婧芳.城市劳动力市场中户籍歧视的变化：农民工的就业与工资［J］.经济研究，2017（8）：171－186.

孙旭，吴忠，杨友宝.特大城市新型城镇化质量综合评价及其空间差异研究——以上海市为例［J］.东北师大学报（自然科学版），2015（3）：154－160.

檀学文.稳定城市化——一个人口迁移角度的城市化质量概念［J］.中国农村观察，2012（1）：2－12.

田帆.财富积累对身份认同影响的研究［J］.中央财经大学学报，2019（1）：109－117.

汪敏达，李建标.身份经济学理论与实验研究综述［J］.经济评论，2019（1）：148－160.

王春枝.三重拐点期城镇化质量与效率及其驱动机制研究［D］天津大学，2017.

王国平.解决城市农民工问题：坚持"离乡不离土"与"离乡又离土"两手抓［J］.政策瞭望，2008（7）：4－8.

王红玲.估算我国农业剩余劳动力数量的一种方法［J］.统计研究，1998

（1）：48 - 50.

王红玲. 关于农业剩余劳动力数量的估计方法与实证分析 [J]. 经济研究，
  1998（4）：53 - 56.

王宏伟，李平，朱承亮. 中国城镇化速度与质量的协调发展 [J]. 河北学
  刊，2014（6）：95 - 100.

王检贵，丁守海. 中国究竟还有多少农业剩余劳动力 [J]. 中国社会科学，
  2005（5）：27 - 35.

王玲，胡浩志. 我国农业剩余劳动力的界定与计量 [J]. 安徽农业科学，
  2004（4）：803 - 804.

王宁. 中国人口迁移的变化趋势及空间格局 [J]. 城市与环境研究，2016
  （1）：81 - 97.

王胜今，佟新华. 吉林省农村剩余劳动力的测算及转移对策探讨 [J]. 人口学
  刊，2005（6）：3 - 7.

王树春，王俊. 论新常态下提高城镇化质量的动力机制 [J]. 贵州社会科
  学，2016（1）：117 - 121.

王熙麟. 人口流动和中国各地区经济增长收敛 [J]. 宁夏师范学院学报（社
  会科学），2016（5）：97 - 105.

王小鲁，樊纲. 中国地区差距的变动趋势和影响因素 [J]. 经济研究，2004
  （1）：33 - 44.

王新，曹玉玲. 农村劳动力转移的非城市化模式例证 [J]. 商业时代，2009
  （22）：4 - 5.

王颖，倪超. 中国人口转变的经济效应——基于省级数据的空间面板模型分
  析 [J]. 北京师范大学学报（社会科学版），2013（1）：131 - 142.

王永培，晏维龙. 中国劳动力跨省迁徙的实证研究 [J]. 人口与经济，2013
  （2）：53 - 59.

王志刚. 小城镇建设：甘肃农村剩余劳动力转移的现实选择 [J]. 西北人
  口，2003（3）：49 - 51.

魏后凯，王业强，苏红键，郭叶波. 中国城镇化质量综合评价报告 [J]. 经
  济研究参考，2013（31）：3 - 32.

吴庆军，梁燕来，杨登. 农村剩余劳动力的数学模型研究 [J]. 商场现代

化，2006（36）：25 – 26.

吴愈晓. 劳动力市场分割、职业流动与城市劳动者经济地位获得的二元路径模式 [J]. 中国社会科学，2011（1）：119 – 137.

谢培秀. 关于中国农村剩余劳动力数量的估计 [J]. 中国人口·资源与环境，2004（1）：50 – 53.

徐鹏杰. 基于城市化的农村剩余劳动力转移影响因素及实证研究 [J]. 聊城大学学报（社会科学版），2018（4）：117 – 123.

徐姗，邓羽，王开泳. 中国流动人口的省际迁移模式、集疏格局与市民化路径 [J]. 地理科学，2016（11）：1637 – 1642.

徐晓华，朱振，苏伟峰. 2014—2030 年我国农村剩余劳动力转移趋势预测与管理 [J]. 管理评论，2018（1）：221 – 229.

杨超. 我国农村剩余劳动力转移问题研究 [D]. 山东大学，2010：6.

杨菊华，张莹，陈志光. 北京市流动人口身份认同研究——基于不同代际、户籍及地区的比较 [J]. 人口与经济，2013（3）：43 – 52.

杨胜利，段世江. 城市化进程中农民工迁移流动与市民化研究——基于区域协调发展的视角 [J]. 经济与管理，2017（2）：40 – 44.

杨世松. "就地城市化"是中国农民的伟大实践 [J]. 理论月刊，2008（7）：171 – 173.

姚林如，李莉. 劳动力转移、产业集聚与地区差距 [J]. 财经研究，2006（8）：135 – 143.

姚先国，宋文娟，钱雪亚·，李江. 居住证制度与城乡劳动力市场整合 [J]. 经济学动态，2015（12）：4 – 11.

姚洋. 村庄民主与全球化 [J]. 读书，2002（4）：72 – 79.

叶鹏飞. 农民工的城市定居意愿研究 [J]. 社会，2011（2）：153 – 169.

叶裕民. 中国城市化之路——经济支持与制度创新 [M]. 北京：商务印书馆，2001：12 – 13.

殷江滨，李郇. 中国人口流动与城镇化进程的回顾与展望 [J]. 城市问题，2012（12）：23 – 29.

于浚湜. 我国东北地区农村剩余劳动力转移问题研究 [D]. 吉林大学，2010：22.

于涛，张京祥，罗小龙．我国东部发达地区县级市城市化质量研究——以江苏省常熟市为例 [J]．城市发展研究，2010 (11)：7 – 12.

余吉祥，沈坤荣．跨省迁移、经济集聚与地区差距扩大 [J]．经济科学，2013 (2)：33 – 44.

俞德鹏．城乡社会：从隔离走向开放——中国户籍制度与户籍法研究 [M]．济南：山东人民出版社，2002：142.

岳希明．我国现行劳动统计的问题 [J]．经济研究，2005 (3)：46 – 56.

曾湘泉，陈力闻，杨玉梅．城镇化、产业结构与农村劳动力转移吸纳效率 [J]．中国人民大学学报，2013 (4)：36 – 46.

曾志伟，汤放华，易纯，宁启蒙．新型城镇化新型度评价研究——以环长株潭城市群为例 [J]．城市发展研究，2012 (3)：125 – 128.

张江雪，汤宇．中国农业转移人口市民化测度研究——基于全国 8 城市大样本数据的调查分析 [J]．人口与经济，2017 (5)：108 – 115.

张淑华，李海莹，刘芳．身份认同研究综述 [J]．心理研究，2012 (1)：21 – 27.

张笑秋，陆自荣．行为视角下新生代农民工定居城市意愿的影响因素分析——基于湖南省的调查数据 [J]．西北人口，2013 (5)：108 – 112.

张心洁，周绿林，曾益．农业转移人口市民化水平的测量与评价 [J]．中国软科学，2016 (10)：37 – 49.

张雅丽，张莉莉．工业化进程中农村劳动力转移"合力模型"的构建 [J]．经济问题，2009 (9)：90 – 92.

张延安．农村剩余劳动力转移的政策选择 [J]．经济研究参考，2008 (58)：54 – 57.

张雨林．县属镇中的"农民工" [J]．社会学研究通讯，1984 (1)：12 – 19.

张智勇．社会资本与农民工就业 [J]．经济社会体制比较，2007 (6)：123 – 126.

章铮．民工供给量的统计分析——兼论"民工荒" [J]．中国农村经济，2005 (1)：17 – 25.

赵峰，星晓川，李惠璇．城乡劳动力流动研究综述：理论与中国实证 [J]．中国人口（资源与环境），2015 (4)：163 – 170.

赵楠，王涛．中国农业剩余劳动力的区域特征研究 [J]．云南民族大学学报

（哲学社会科学版），2016（1）：145－150.

赵胜雪．农村剩余劳动力动态估算方法的研究及应用［D］．东北农业大学，2016.

赵卫军，焦斌龙，韩媛媛．1984～2050年中国农业剩余劳动力存量估算和预测［J］．人口研究，2018（2）：54－69.

郑晓云，徐卫彬．关于我国农村剩余劳动力数量测算方法的研究述评［J］．西北人口，2010（6）：70－75.

钟德友．农民工融入城市的困境与出路［J］．农村经济，2010（7）：119－122.

周蕾，谢勇，李放．农民工城镇化的分层路径：基于意愿与能力匹配的研究［J］．中国农村经济，2012（9）：50－60.

周密，张广胜，黄利．新生代农民工市民化程度的测度［J］．农业技术经济，2012，（1）：90－98.

朱江丽，李子联．长三角城市群产业－人口－空间耦合协调发展研究［J］．中国人口资源与环境，2015（2）：75－82.

朱农．论收入差距对中国乡城迁移决策的影响［J］．人口与经济，2002（5）：10－17.

朱战辉．农民城市化的动力、类型与策略［J］．华南农业大学学报（社会科学版），2018（1）：69－77.

A. Bhattacharyya, E. Parker. Labor Productivity and Migration in Chinese Agriculture：A Stochastic Frontier Approach［J］. China Economic Review, 1999（10）：59－74.

A. Bisin, E. Patacchini. Ethnic Identity and Labour Market Outcomes of Immigrants in Europe［J］. Economic Policy, 2011（65）：57－92.

A. Hamilton, G. Mitchell, S. YliKarjanmaa. The BEQUEST toolkit：a Decision Support System or Urbansustainability［J］. Building Research Information, 2002, 30（2）：109－115.

Arunava Bhattacharyya, Elliott Parker. Labor Productivity and Migration in Chinese Griculture：A Stochastic Frontier Approach［J］. China Economic Review, 1999, 10（1）：59－74.

B. Ulengin, U. Guven. A Multidimensional Approach to Urban Quality of Life：

The Case of Istanbul ［J］. European Journal of Operational Research, 2001, 130 （2）: 361 – 374.

C. C. Fan. Econmic Opportuities and Internal Migration: A Case Study of Guangdong Province China ［J］. The Professional Geographer, 1996.

Charles I. Jones. R&D-Based Models of Economic Growth ［J］. Journal of Political Economy, 1995 （4）: 61.

Charles M. Becker, Jeffery G. Williamsonand Edwin S. Mills. Indian Urbanization and Economic Growth since 1960 ［M］. Baltimore: John Hopkins Press, 1992: 22 – 23.

D. Blackaby, LeslieDetal. Unemployment Among Britain Ethnic Minorities ［J］. The Manchester School, 1999 （1）: 1 – 20.

D. Vlahov, S. Galea. Urbanization, Urbanicity, and Health ［J］. Journal of Urban Health, 2002, 79 （4）: 1 – 12.

E. G. Ravenstein. The Laws of Migration ［J］. Journal of the Statistic Society, 2015 （11）.

Gary S. Fields. A Welfare Economic Analysis of Labor Market Policies in the HarrisTodaro Model ［J］. Journal of Development Economics, 2005, 76 （1）: 127 – 146.

H. F. Zhang, The Hukou System's Constraints on Migrant Workers' Job Mobility in Chinese Cities ［J］. China Economic Review, 2010 （21）: 51 – 64.

J. Elhorst. Applied Spatial Econometrics: Raising the Bar ［J］. Spatial Economic Analysis, 2010, 5 （1）: 9 – 28.

J. Harris, M. Todaro. Migration, Unemployment andDevelopment: A Two Sector Analysis, American Economic Review, 1970, 60: 126 – 142.

J. Jassbi, F. Mohamadnejad, H. A. Nasmllahzadeh. Fuzzy DEMATEL Framework for Modeling Cause and Effect Relationship of Strategy Map ［J］. Expert Systems with Applications, 2011, 38 （1）: 5969 – 5972.

J. J. Heckman. What has been Learned about Labor Supply in the Past Twenty Years ［J］. The American Economic Review, 1993 （2）: 116 – 121.

J. Knight, L. Yueh, Job. Mobility of Residents and Migrants in Urban China ［J］.

Journal of Comparative Economics, 2004 (32): 637 – 660.

Jorgenson. The Development of a Dual Economy [J]. TheEconomic Journal, 1961, 71: 309 – 334.

J. R. Taylor. Rural Employment Trends and the Legacy of Surplus Labour, 1978— 1986 [J]. The China Quarterly, 1988 (116): 736 – 766.

L. A. Sjaastad. The Costs and Returns of Human Migration [J]. Journal of Political Economy, 1962, 70 (5): 80 – 93.

L. G. Ying. Understanding China's Recent Growth Experience: A spatial Econometric Perspective [J]. Annals of Regional Science, 2007 (4): 613 – 628.

L. Nekby, M. Rodin. Acculturation Identity and Employment Among Secondand Middle Generation Immigrants [J]. Journal of Economic Psychology, 2010 (1): 35 – 50.

M. Bils, P. J. Klenow . Does Schooling Cause Growth? [J]. American Economic Review, 2000: 1160 – 1183.

M. Chen, W. Liu, X. Tao. Evolution and Assessment on Chinas Ubanization 1960 – 2010 [J]. Habitat International, 2013 (38): 25 – 33.

Michael P. Todaro. A Model for Labor Migration and Urban Unemployment in Less Developed Countries [J]. American EconomicReview, 1969, 95 (1): 138 – 148.

Oded Stark, J. Edward Taylor. Migration Incentives, Migration Types: The Role of Relative Deprivation [J]. The Economic Journal, 1991, 101 (408), 1163 – 1178. .

OECD. China in the World Economy: The Domestic Policy Challenges. Paris: OECD, 2002.

P. Doeringer, M. Piore. Internal Labor Markets and Manpower Analysis [M]. MA: Lexington, M E Sharpe Inc, 1971.

P. LeSage, R. Pace. Introduction to Spatial Econometrics [M]. Florida: CRC Press, Taylor & Francis Group, 2009.

P. W. Liu, J. Zhang. Economic Returns to Communist Party Membership: Evidencefrom Urban Chinese Twins [J]. The Economic Journal, 2007 (117): 1504 – 1520.

R. Hall, S. C. I. Jones. Why do Some Countries Produces so much more Output Perworker than others? [J]. The Quarterly Journal of Econmics, 1999, 114 (1): 83 – 116.

R. Lucas: Life Earnings and RuralUrban Migration [J]. Journal of Political Economy, 2004 (1).

R. W. Helsley, W. C. Strange. Matching and Agglomeration Economies in a System of Cities [J]. Regional Science and Urban Economics, 1990 (2).

S. Fan, P. G. Pardey. Research, Productivity, and Output Growth in Chinese Agriculture [J]. Journal of Development Economics, 1997 (53): 115 – 137.

S. I. A. Lotfi, H. Hataminejad. A Study of Urban Quality of Life in a Developing-Country [J]. Journal of Social Sciences, 2011, 7 (2): 232 – 240.

S. Lotfi, K. Solaimani. An Assessment of Urban Quality of Life by Using Analytic Hierarchy Process Approach Case Study: Comparative Study of Quality of Life in the North of Japan [J]. Journal of Social Sciences, 2009, 5 (2): 123 – 133.

T. Casey, C. Dustmann. Immigrants' Identity Economic Outcomes and the Transmission of Identity Across Generations [J]. The Economic Journal, 2010 (542): 31 – 51.

T. G. Rawski, R. W. Mead. On the Trail of China's Phantom Farmers [J]. World Development, 1998, 26 (5): 767 – 781.

V. Chandra, M. A. Khan. Foreign Investment in the Presence of an Informal Sector [J]. Economica, 1993, 60 (237): 79 – 103.

W. A. Lewis. Economic Development with Unlimited Supplies of Labor [J]. Manchester School of Economic and Social Studies, 1954, 22 (2): 139 – 191.

Y. C. Ng, S. Li and S. Tsang. The Incidence of Surplus Labor in Rural China: A Nonparametric Estimation [J]. Journal of Comparative Economics, 2000 (28): 565 – 580.

后 记

关注农村劳动力转移问题最初缘于我作为主要成员所参与的省部级委托课题，我从收集农村劳动力转移的基础材料和原始数据开始做起，最后以《城镇化背景下的农民工市民化和农地制度改革》报告结项。这是非常具有现实意义的题目，社会现实与实践的变化速度不比学术研究的进步逊色。我从试图探讨农民工市民化的绩效到研究农民工市民化的国家战略，再到现在聚焦农村劳动力转移的外部动力分析，对这一主题始终保持关注，不断学习钻研，也不断更新认识、探索提升。

本书是在我的博士论文基础上修改而成的，在此，我非常感谢我的导师刘俊昌教授，没有刘老师及时的点拨和帮助，我可能还一直在黑暗中摸索、在庞大的资料海洋中迷失方向，更遑论写出相对比较完整的作品了。写作的过程中，刘老师总是很耐心、很宽容地给予指导和帮助，鼓励我大胆思考、勇于尝试。初稿完成后，刘老师逐字逐句批阅，一页页详尽、明确的修改意见，着实让我感动万分。刘老师不仅是我专业探索道路上的领路人，更是指导我踏实追求学问的人生导师。刘老师有着严谨认真的治学理念、精益求精的学问追求态度，是我最好的学习榜样。

自 2006 年在北京林业大学跟随刘老师攻读硕士研究生以来，经济管理学院的各位老师对学生一直都是鼓励有加。非常感谢论文完成过程中陈文汇教授从研究设计、论文写作等方面给予的指导。感谢参加论文预答辩和各位匿名评阅的专家，为我提出了非常中肯的修改意见和建议，对我帮助极大。

一路求索，一路成长，离不开师长、朋友的扶持、相伴。感谢我所在工作单位的领导、老师、同事给予我的鼓励和支持，特别感谢中国劳动关系学院把此书列为青年学者项目，为出版提供资金支持，感谢社科文献出版社的任文武老师、张丽丽老师、公靖靖老师，他们的热心细心、敬业专业精神，促成了本书的顺利出版。

　　我还要把一份深深的谢意送给我的父母。在写作期间，我经历了生子、育儿的痛楚和幸福，没有父母的帮助我想我是支撑不下来的。他们不仅给予了我经济上的帮助，而且还不辞劳苦地帮我照顾孩子。每每想到父母的艰辛，我都觉得内心有愧，只能更加努力。我的先生和孩子对我的意义不言而喻，儿子现在还不能理解我有时候的缺席，希望以后我们都能有更多的时间相互陪伴，他的笑容总能让我感受到作为一名母亲的自豪。

　　最后，感谢一直关心和帮助我的老师、同事和朋友们！我知道在学术的道路上我不算是勤快人，希望在你们的鼓励和鞭策下，我还能持续努力，积下跬步，遥望千里！

图书在版编目（CIP）数据

发展与公平：农村劳动力空间转移动力研究／杜宇
著 . -- 北京：社会科学文献出版社，2022.6
（中国劳动关系学院青年学者文库）
ISBN 978 - 7 - 5228 - 0160 - 5

Ⅰ.①发… Ⅱ.①杜… Ⅲ.①农村劳动力 - 劳动力转
移 - 研究 - 中国 Ⅳ.①F323.6

中国版本图书馆 CIP 数据核字（2022）第 088047 号

中国劳动关系学院青年学者文库
发展与公平：农村劳动力空间转移动力研究

著 者／杜 宇

出 版 人／王利民
组稿编辑／任文武
责任编辑／张丽丽
文稿编辑／公靖靖
责任印制／王京美

出 版／社会科学文献出版社·城市和绿色发展分社（010）59367143
 地址：北京市北三环中路甲 29 号院华龙大厦 邮编：100029
 网址：www. ssap. com. cn
发 行／社会科学文献出版社（010）59367028
印 装／三河市龙林印务有限公司

规 格／开本：787mm × 1092mm 1/16
 印 张：16 字 数：253 千字
版 次／2022 年 6 月第 1 版 2022 年 6 月第 1 次印刷
书 号／ISBN 978 - 7 - 5228 - 0160 - 5
定 价／88.00 元

读者服务电话：4008918866